# A pulseira de CLEÓPATRA

# J. W. ROCHESTER
### Arandi Gomes Teixeira

# A pulseira de
# CLEÓPATRA

CorreioFraterno

© 2010 Arandi Gomes Teixeira

Editora Espírita Correio Fraterno
Av. Humberto de Alencar Castelo Branco, 2955
CEP 09851-000 – São Bernardo do Campo – SP
Telefone: 11 4109-2939
correiofraterno@correiofraterno.com.br
www.correiofraterno.com.br

Vinculada ao  www.laremmanuel.org.br

2ª edição – Março de 2016
Do 6.001º ao 8.500º exemplar

A reprodução parcial ou total desta obra, por qualquer meio, somente será permitida com a autorização por escrito da editora. (Lei nº 9.610 de 19.02.1998)

Impresso no Brasil
*Presita en Brazilo*

COORDENAÇÃO EDITORIAL
Cristian Fernandes

REVISÃO
Rita Foelker

CAPA
André Stenico

PROJETO GRÁFICO DE MIOLO
Bruno Tonel

CATALOGAÇÃO ELABORADA NA EDITORA

Rochester, J. W. (espírito)
    A pulseira de Cleópatra / J. W. Rochester (espírito); psicografia de Arandi Gomes Teixeira. – 2ª ed. – São Bernardo do Campo, SP : Correio Fraterno, 2016.
    256 p.

    ISBN 978-85-98563-61-9

1. Romance espírita. 2. Psicografia. 3. Espiritismo. 4. Literatura brasileira. 5. Tailândia. I. Teixeira, Arandi Gomes. II. Título.

CDD 133.93

## PRÓLOGO

NUMA ESTRADA LAMACENTA, as rodas de uma carruagem toda negra marcam fortemente o chão. Por ela, um estranho veículo que parece saído do Inferno, conduzido por mãos perversas, corre debaixo de assombrosa tempestade, que faz os elementos da Terra estremecerem.

Raios e coriscos iluminam, a intervalos irregulares, a expressão de pavor estampada no rosto, macilento e sinistro, de um homem que foge. Acuado, ele estremece a cada relâmpago e, em desespero, procura esconder-se atrás das árvores ou dos tufos de vegetação.

Seu aspecto é aterrador: quase desnudo, veste apenas uma espécie de tanga, branca, já muito suja. Seus cabelos e barbas compridos estão desgrenhados; as unhas, sujas; os pés, descalços...

É flagrante que fora agredido e despojado das suas roupas e calçados, pois seu corpo exibe inúmeras escoriações, notadamente no pescoço, rosto, mãos, braços e peito.

Num tremor labial, ele murmura blasfêmias, ao mesmo tempo em que ensaia desesperadas rogativas.

Seus olhos, afundados nas órbitas e cercados por olheiras muito negras, reluzem e se movimentam, alucinados, rápidos, quase sem direção, na tentativa de situar-se para se defender.

Encharcado pela chuva torrencial, ele aguça os ouvidos para ouvir além do ribombar dos trovões. Em meio aos elementos desequilibrados (conquanto purificadores) este ser completamente desfigurado e desfeito busca um refúgio salvador. A água se precipita como o rufar de tambores sobre o solo e sobre seu corpo trêmulo e enregelado.

Magérrimo, alto, flexível, ágil como um felino, ele exibe o poder que carrega e a violência que o caracteriza. Seus movimentos são ao mesmo tempo de ataque e de defesa.

Balbucia pragas ininteligíveis e petições absurdas. Em pânico, dirige-se aos poderes que parece conhecer muito bem, mas dos

quais parece dissociado.
Agacha-se aqui e ali, na suspeição de estar sendo seguido. Difícil saber se em suas faces correm lágrimas ou apenas a água da chuva lhe encharca as feições. Nesses momentos trágicos, todavia, quando os poderes dos céus clamam através dos elementos, os próprios animais poderão verter lágrimas, mesmo que irracionais...
Enquanto isso, a carruagem prossegue derrapando ou patinhando sobre o lamaçal. Este aguaceiro monumental nos remete a outro que se transformou em um dilúvio parcial na história da Terra...
De onde viera este homem? De que, ou de quem, foge ele? Como explicar sua gritante decadência física?...
De súbito, como se nos ouvisse, seu olhar, desvairado e magnético, incide em nossa direção e, num tom cavernoso, meus caros leitores, ele nos fala, com voz trêmula e descompassada.
Ouçamo-lo:
– *O que vieram ver? Um caniço batido ao vento?! Um ser desesperado e mergulhado no remorso?! O que vieram ver, afinal?*
Esquadrinhando-nos, apertando os olhos para ver melhor, ele conclui num sorriso amargo e irônico, que não deixa de ser ameaçador:
– *Cuidem-se! Conheço-os a todos e a cada qual! Ora, se conheço! Por acaso, julgam-se superiores a mim? Acima das minhas misérias? Ledo engano! Percorro as trilhas que levam aos seus corações, com alguma facilidade, por conhecer-lhes os caminhos; e leio, sem muita dificuldade, as suas mentes, às vezes, muito tortuosas! Lembrem-se: não devemos julgar sem autoridade moral! "Aquele que estiver sem pecado, que atire a primeira pedra!" Vale lembrar também que, quase sempre, ignoramos os reais motivos desta ou daquela transgressão às leis dos homens ou às leis de Deus.*
*Quem poderá se dizer inocente e livre de erros? Assim fosse, e não estaríamos neste mundo, tão sofrido e desavorado, que se revolve, atormentado, nas dores de um parto, extremamente difícil, para trazer à luz uma Nova Era!*
*Portanto, não me julguem, porque cada um carrega as próprias idiossincrasias de passados milenares já vencidos, mas nem sempre redimidos! Identifico cada olhar e cada mente... Somos velhos conhecidos!*
*Nesse desespero no qual me encontro, e cujas razões por ora não lhes deve interessar, minha visão se amplia e consigo sondar aqueles que comi-*

go, um dia, aqui ou ali, peregrinaram ao meu lado... Nem sempre no bem, devo dizer. Muitas vezes percorremos caminhos escusos...

O Criador vela-nos esses passados, confiando na nossa transformação íntima, que se fará, mais cedo ou mais tarde, através do exercício do nosso livre-arbítrio, nas diversas oportunidades de vida que nos são concedidas por acréscimo da Sua misericórdia! Ao "nascer, viver, morrer e renascer sempre", quantas vezes for preciso, iremos lapidando a pedra bruta que ainda é a nossa alma imperfeita.

Tudo isso digo não apenas para defender-me, acuado e em pânico – como negar? Digo para lembrar que, por mais complicada nos pareça a situação do outro, seja ele quem for ou como for, venha ele de onde vier, será, sempre, não adianta negar, nosso irmão em Humanidade!

Aqui e agora, em aflição, exausto, numa situação limite, desencantado e sofrido, preciso crer que amanhã, bafejado pela benesse de uma nova oportunidade, numa situação mais confortável, quem sabe nos seus lares ou nos lares dos seus parentes, rosado e "inocente", envolvido em panos e esperanças mil daqueles que me tenham aguardado durante longos meses, eu receba acolhimento, proteção, orientação e, sobretudo amor! Feliz, eu seria! Minha alma venturosa se abriria, enfim, à sensibilidade, à emoção, à delicadeza, à doçura! E poderia desenvolver, dentro do coração, virtudes que fariam de mim uma pessoa melhor, mais esperançosa, mais confiante na vida, enquanto me redimiria dos meus erros passados, como sói acontecer a tantos outros!

Conquanto desatentos e insensíveis, um dia ouvimos:

"O espírito sopra onde quer e não sabeis de onde ele vem e nem para onde ele vai!"

Nesses momentos cruciais consigo pensar com mais clareza e, ao mesmo tempo, beiro à loucura...

Numa visão muito ampla, revejo passados, analiso o presente e prevejo futuros. Miserável que fui, desbaratando tantos talentos!

Nosso personagem cai dentro da lama, meio encoberto por alguma vegetação, exausto. Encolhendo-se sobre si mesmo, como um réptil enrolado, ele se esconde.

Neste estranho monólogo, no qual somos o seu público, ele desabafa para sentir-se vivo, atuante, esquecendo por momentos fugidios, aquilo que em breves horas o alcançará, desgraçadamente...

(Enfim, meus caros leitores, enquanto caminhamos juntos, trabalhemos! Que seja por uma boa causa, e esta é das melhores!)

Ele passa as mãos sobre o rosto na tentativa, inútil, de enxugá-lo e defender os olhos do aguaceiro, enquanto prossegue o seu monólogo:
— Réprobo, sou! Pária entre os homens e desgraçado ante a divindade! O que será de mim?! Enfrentarei despreparado, oh, terror, a Grande Lei! A incorruptível Nêmesis já fez as suas anotações competentes e justas... Há muito, ela me observa... Avisou-me um sem-número de vezes! Eu, surdo e louco, atrevi-me a ignorá-la, e mais, tive a audácia de sorrir, desdenhando-a! Nesses instantes, trágicos, ouço-lhe o riso cristalino...

Dobro a cerviz e submeto-me ao seu poder; respeitável censora, vigilante, fiel aos poderes celestiais!

Esgotei, imprudente, os recursos que recebi da misericórdia divina! Julgava-me imortal, por acaso? O meu saber deveria, antes de tudo, proteger-me, fazer-me feliz! Feliz de verdade! Ah, se eu não soubesse! Menos culpado seria... Todavia, os meus conhecimentos intelectuais e científicos superam os da maioria, cobrando-me maiores responsabilidades...

O que me levou a escolhas tão trágicas? Ora, como se eu não soubesse! ... O orgulho, a vaidade, o egoísmo e, sobretudo, a ambição desmedida, que encontrou, nos três outros vícios morais, os mais poderosos cúmplices!

O que deplorar? As minhas opções ao longo da fieira de existências, naturalmente! Em muitas delas, estivemos envolvidos em erros clamorosos, acordes com tudo que nos falava às nossas imperfeições, tão bem preservadas no patente exercício do nosso milenar livre-arbítrio...

Eis que o meu castelo de areia cai por terra, fragorosamente.

Não, não me julguem, nem tenham piedade apenas de mim, mas de todos nós, que desbaratamos tantas vidas e oportunidades, plantando espinhos, ao invés de flores, nos caminhos pelos quais nós mesmos haveríamos de novamente passar!

Sim, sim, ouço-lhes as indagações... Nossas almas são velhas conhecidas, lembram-se?...

Estou clamando no deserto? Falta-me autoridade para dar conselhos?!

Sou consciente disso, todavia, que os seus olhares de censura se voltem, primeiro, para dentro de vocês mesmos!

Não, não são pregações, nem vaidade intelectual, creiam, são reflexões íntimas e desesperadas!

Por que não me modifico? Afinal, de que estamos falando? Não percebem que este sofrimento atroz me transforma, me abate, me humilha diante de mim mesmo e diante de vocês? Que remédio melhor para o

*orgulho e a vaidade, contumazes?*
  *Estou muito cansado... O cansaço físico, porém, nem de longe se compara à lassidão de minha alma...*
  *Já peregrinamos por mundos melhores, mas fomos expurgados, por não merecê-los, ainda... Um dia, viemos para cá, exilados, revoltados e muito envergonhados... O objetivo da "queda": o reinício da caminhada evolutiva, desta vez, em meio a grandes desafios materiais e espirituais; num mundo que começava a caminhar rumo a um futuro de evolução.*
  *Nele nos instalamos, invigilantes, explorando-o, quase sempre, impiedosamente, e aos daqui oriundos, usando para tanto a nossa indiscutível superioridade intelectual, mas em contrapartida, exibindo, sem rebuços, a nossa incipiência moral...*
  *Mea culpa! Preciso me redimir! Minha alma está pesada como chumbo...*
  *Nas suas orações, não se esqueçam dos réprobos, como eu, que precisam de boas vibrações para se desembaraçar da antiga carapaça, refratários que somos, ainda, ao bem e ao verdadeiro amor!*
  *Reconhecendo-os, peço perdão por tudo, enquanto perdoo-os, igualmente. Muitos de vocês, esquecidos hoje, têm grandes responsabilidades pela minha atual situação espiritual...*
  *Exercitemos, desde já, a indulgência, uns para com os outros. Quem pode dela prescindir?!*
  *Necessitamos, também, e urgentemente, palmilhar caminhos redentores...*
  *Somos filhos do Criador e herdeiros desta Terra, que caminha para tempos de gloriosa redenção!*
  *Espero do fundo do meu coração que, tendo sido obstinado no mal, o seja, de futuro, tanto quanto, no bem!*
  *Oxalá, nossa velha conhecida e respeitada Nêmesis ouça-me os novos anseios e creia neles...*
  *Oh, ela me olha e sorri complacente... Afável, me diz que o Pai não quer a morte do pecador, mas a sua transformação...*
  *Grato, serva fiel da divindade!*
  *E vocês, companheiros de antigas jornadas? Suspeitam da minha sinceridade? Sim, eu sei... Quantas vezes aventei estes mesmos propósitos, esquecendo-me, invigilante, de realizá-los depois, não foi? É verdade!*
  *Eu mesmo temo que, superados, de uma forma ou de outra, esses trágicos momentos, esqueça-me das promessas que faço nesta hora aziaga.*

*Ouvirei a voz daqueles que me auxiliam, apesar das minhas misérias, ou seguirei, mais uma vez e sempre, as minhas tendências inferiores?!*
*Oh, tormentos e incertezas! Dependerei de tantas coisas, de tantas circunstâncias, para me redimir!*

Tomara encontre mais corações amigos e abnegados ao longo da caminhada, porque, senão, o velho espírito se revoltará e passará a agredir, cobrando, surdamente, o tesouro de amor que lhe estará sendo negado!

O quê? Como colher amor sem tê-lo semeado?

Falei em corações amigos e abnegados, lembram? Nestes, o amor é espontâneo e constante. Com estes, conto eu, assim como outros espíritos desorientados!

Além disso, acima da minha ou da vontade de quem quer que seja, estamos submetidos à lei da reencarnação, compulsória; que nos apavora, mas que nos serve, vez por outra, para nos tolher ações largamente condicionadas no mal.

Como personagem vivo, que sou, desta nova história do valoroso conde Rochester; velho conhecido de nossa alma, saúdo-os, agradeço a atenção e tudo mais que possam fazer por mim!

Agora deixem-me, eu suplico!

Aqui ficarei, por ora, nesta situação insegura e incerta! Devo estar atento!

Onde esconder-me?! O que será de mim?! Oh, quão desgraçado sou!

Deixemos nosso personagem, meus caros leitores, como ele mesmo pediu, na sua necessidade de escapar para sobreviver, e vamos nos inteirar dos fatos que deram início a tudo isso.

Voltando no tempo, chegamos a um arrabalde de Bangcoc, na Tailândia.

Localizamos e adentramos um casarão antigo, modelo arquitetônico de templo, feito num grande bloco de pedra estratificada nos seus filetes sobrepostos, amarelados, com depressões escuras, algo em ruínas, testemunhas daqueles que ali viveram ou por ali passaram...

Apurando os sentidos, ouvimos rumores de vozes e respirações mal contidas.

Um grupo de pessoas, moradoras dali, cerca, em patente aflição e ansiedade, belíssima morena que, apesar da imobilidade aparente, sofre as dores de um parto doloroso, sem esperança de melhora e sem auxílio competente.

Bagas de suor produzem gotículas que escorrem por seu corpo de pele bronzeada. Os olhos, grandes, esgazeados pela dor, brilham intensamente. Seus traços, apesar da extrema palidez revelam uma beleza admirável. A boca bonita e sedutora já fascinou muitos corações, mas apenas a um homem, de beleza notável, elegância ímpar, e muitas posses, ela se entregou, perdidamente apaixonada.

Ele a envolveu com promessas que, jamais, em tempo algum, pretendia cumprir.

Tomou-a para si, arrebatando-a do lar e da família que, apesar da pobreza, concedia-lhe amor, proteção e sustento.

E ela, tal qual borboleta esvoaçante, foi-se, prelibando a felicidade que parecia surgir no horizonte de sua vida tão acanhada e sem nenhum colorido, com aquele homem sedutor, de voz encantadora, olhos negros como a noite sem lua e sem estrelas, e que atravessara, por mercê dos deuses (Quantas vezes agradeceu-Lhes, reverente, por isso!), o seu caminho.

Acreditava-se amada, acarinhada, protegida...

Sim! Teria um futuro pleno de amor e de paz!

Quando o viu, pela primeira vez, enfeitou-se com as mais belas flores; adornou os cabelos perfumados, os pulsos e os tornozelos. Dançou só para ele que, extasiado, não despregara os olhos do seu corpo que voluteava, e das linhas de sua beleza singular.

Dhara era, então, um fruto saboroso e tentador que se oferecia sem reservas...

Ele não se fez de rogado. Aceitou-a, confessando-se no mesmo patamar de sentimentos e expectativas quanto ao futuro. Sua família a prevenira tantas vezes! Ela, porém, só tinha ouvidos para os próprios desejos...

Seu velho pai adoeceu, gravemente, ao ser informado sobre tal relação.

A filha querida há tão pouco tempo brincava com o irmão e os amiguinhos numa vida louçã, ingênua e pura... Tudo parecia correr tão bem!...

(O tempo, todavia, passa e as crianças crescem... O livre-arbítrio, então, se instala, retratando as escolhas que elas passam a fazer, a despeito da vontade de quem quer que seja.)

Seu pai sempre temera algo assim.

Dhara, ingênua por natureza, mas ambiciosa; lindíssima por artes da vida que dela fizera um quadro de cores admiráveis, deixou-se embalar por sonhos loucos, sem bases sólidas, sem prudência...

Ignorando as admoestações paternas, firmou-se sobre os pés e se impôs.

A mãe, zelosa, alertou-a, em perene aflição, mas, obstinada, ela sequer lhe deu ouvidos.

Em sua ingenuidade e falta de experiência, sonhava com um futuro de riqueza e poder. Arrancaria os seus da miséria.

E assim, num dia pior que os anteriores para sua família, ela fez uma trouxa com seus poucos pertences e se foi, entre lágrimas de despedida e tristeza, declarando que ninguém conseguia entender-lhe os anseios. Julgava-os, a todos, muito pessimistas; inclusive seu querido irmão, amigo de todas as horas, companheiro de folguedos, que a abraçou, em pranto, sem consolo.

Seguindo à risca as orientações do seu amor, foi morar, provisoriamente, numa pensão.

Ali, ela o aguardava, ansiosa e apaixonada, todos os dias. Ele, quando podia, livre das grandes responsabilidades que carregava, ia ao seu encontro, arrancando-lhe as melhores sensações, como quem bebe a linfa, pura, até saciar a sede.

Mas... Com o passar do tempo, suas visitas escassearam.

Mil explicações eram utilizadas para as suas ausências, que se tornavam cada vez mais prolongadas...

Certo dia... Dhara descobriu-se grávida. Num susto incomensurável, viu-se só, distante dos seus e sem a presença do homem ao qual se entregara!

Alguns meses se passaram sem que ele voltasse.

Possuía alguns pontos de referência quanto à sua localização e atuação, mas jamais se atreveria a procurá-lo.

Concluiu, muito tarde e dolorosamente, que os seus pais tinham razão: Este homem, apesar de amá-la, não assume na sua vida o lugar que lhe cabe. Sente-se, portanto, esquecida e menosprezada...

Sozinha, numa gravidez complicada, ela passou a vivenciar toda a sorte de carências; físicas, materiais e, principalmente, morais.

Ele precisava aparecer! Dar-lhe a necessária proteção, mormente em tal circunstância!...

A areia fina da ampulheta do tempo escorre inexorável, e sua gravidez continua doentia.

O pequenino ser que habita o seu corpo se movimenta e se altera, reagindo contra a falta de alimento...

Por vezes, Dhara deseja que ele pereça antes de nascer, tal o seu desespero. Tentando iludir-se, imagina que seu amado esteja enfrentando dificuldades insuperáveis.

Enquanto pôde, Dhara trabalhou. Sempre fora forte, esforçada.

As dores cruciantes a arrancam das suas reflexões. Parece-lhe que o sopro de vida vai abandoná-la de vez.

*

Há alguns meses ficou sabendo (oh, infelicidade!) que seu velho pai morrera com uma forte dor no peito; aquele peito amigo, no qual adormecera tantas vezes, aconchegada, feliz, tranquila!... Sente-se culpada...

Seu pai sonhava vê-la casada com Guilherme, amigo de sempre, solidário. Este lhe pedira tantas vezes em casamento!... Pobre e querido Guilherme!... Ficou tão desiludido com a sua saída de casa!...

Soube, também, que após a morte de seu pai, sua mãe se desequilibrou de tal forma, que foi preciso interná-la em nosocômio especializado e distante para tratamento.

E seu querido irmão? Também ele – oh, céus! –, se fora para longe, em busca de trabalho que garantisse o tratamento da mãe. Mudara-se para as proximidades do hospital, onde diuturnamente comparecia, em busca de notícias ou, mesmo, para vê-la, quando permitido.

Quando Dhara, completamente só, não teve mais como pagar a pensão, corpo pesado, sem rumo, chegou àquela antiga construção, onde passou a viver junto aos párias, das migalhas que esses infelizes, apiedados da sua sorte, lhe concediam.

(Assim são os desafortunados do mundo: solidários, uns com os outros, sabedores e experimentados em toda forma de carências.)

De Guilherme, ela perdera a direção, propositadamente. Não desejava sua piedade. Não o merecia.

Seu corpo de mulher quase-mãe lhe trouxe todos os avisos que a Natureza prodigaliza às fêmeas e, hoje pela manhã, as dores aumentaram e o parto se anuncia iminente.

O ser que lhe habita as entranhas se agita, se remexe, preparando-se para nascer...

As dores se repetem, a intervalos regulares, nos quais ela respira, no aguardo das próximas.

Numa sequência de fases, seu corpo expulsará o ser que já faz parte de sua existência e que chegará cobrando-lhe responsabilidades e recursos apropriados para sobreviver.

Em meio aos sofrimentos físicos e morais, praticamente insuperáveis, ela se surpreende com a chegada intempestiva de Guilherme, que conseguira, enfim, localizá-la.

Ele irrompe a sala onde ela está, empurrando, aflito, àqueles que lhe barram o caminho e, perplexo, depara-se com a sua triste situação.

Numa profunda emoção, ajoelha-se diante da mulher amada; reverente, peito arfando, lágrimas a escorrer.

Toma-lhe as mãos e lhe diz:

— Dhara, minha querida! Nunca imaginei encontrá-la assim! O que posso fazer por você? Diga-me e eu farei, seja o que for!

Apertando-lhe as mãos, grata e envergonhada, ela lhe responde:

— Guilherme, meu querido amigo, obrigada por estar aqui! Aceito o seu oferecimento. Eu realmente preciso de algo...

— Então, diga. O que deseja que eu faça?

— Que me conceda a benesse de rever o pai do meu filho! Vá buscá-lo para mim!

Guilherme empalidece mortalmente. Conhece a pessoa em questão e abomina-a.

Sua personalidade é amplamente conhecida. Somente Dhara parece ignorar-lhe a falta de caráter e de sensibilidade; sua crueldade, arrogância e tirania, criminosas.

Enquanto ele vacila, confuso, ela insiste:

— Peça-lhe que venha me ver... Quero apresentar-lhe o filho e revê-lo... Por favor, meu querido Guilherme, faça isso por mim...

Guilherme, que chora sem pejo algum, pressente que esta será a última vontade da mulher amada. As lágrimas lhe inundam os belíssimos olhos verdes-esmeralda. Aperta-lhe as mãozinhas frias e úmidas entre as suas e desabafa:

— Dhara, minha querida, quantas vezes eu lhe pedi que se casasse comigo? Por que preferiu justamente ele, que nunca mereceu o seu amor? Oh, Deus, eu a teria feito tão feliz!

Ela lhe toca a face, enxugando-lhe as lágrimas com os dedos, enquanto responde:

— Obrigada, Guilherme. Mil vezes obrigada, por tanto amor... Perdoe-me, não fui eu quem escolheu, mas o destino... Nestes momentos decisivos da minha existência, só conto com você... Preciso revê-lo, uma vez mais... Disso dependerá a minha paz, caso eu não sobreviva, e terei a chance de deixar-lhe o filho, que por certo será muito amado...

Guilherme ouve atormentado. Um azorrague aperta-lhe as fibras mais íntimas do coração.

Fita aquela que sempre foi a sua maior esperança de felicidade e decide fazer-lhe a vontade, mesmo que isso o contrarie visceralmente.
Beija-lhe as mãos e promete:
– Tranquilize este coraçãozinho, eu o trarei, nem que tenha de arrastá-lo!
Um débil sorriso se esboça nas feições de Dhara, que suspira, profundamente, enquanto conclui:
– Enfim, vou revê-lo!
Confia plenamente neste amigo que jamais lhe faltou.
Suas dores cruciantes aumentam e ela se revolve no leito duro e encardido.
Aqueles que aprenderam a lhe querer bem se revezam nos cuidados precários, apoiando a parteira que, desistindo de assumir o próprio ofício, declarou que ali só Brahma poderia decidir...
Por vezes, Dhara adormece, quase exangue. Após algum tempo, volta a agitar-se.
Beijando-lhe a testa, em meio a palavras de conforto e esperança, Guilherme se vai, peito opresso. Regressará em tempo?
As horas se passam e a situação de Dhara em nada se modifica; depois de gritar, muito, em desespero, já sem forças, ela apenas geme a intervalos regulares.
O tempo parece arrastar-se. Súbito, ouve-se um vozerio do lado de fora.
Passos e rumores se aproximam, e Guilherme surge, adentrando o recinto, acompanhado por um homem de beleza admirável, vestido luxuosamente e exalando perfume que em nada lembra a realidade do ambiente.
Enquanto olha à volta, enojado, ele se esforça para livrar-se da imposição de Guilherme, que praticamente o arrasta.
Surdamente revoltado, Guilherme lhe diz algo, enquanto alguns homens cercam-nos, ameaçadores.
Soltando-se com violência, e sem outra opção para o momento, ele se aproxima de Dhara que, adormecida, nem se dá conta daquilo que se passa à sua volta.
Inclinando-se, algo contrafeito, ele se esforça sobremaneira para ser natural:
– Minha bela Dhara! Como está, meu bem-te-vi? Veja, estou aqui!

De soslaio, ele observa Guilherme que traz a mão sobre o punhal que carrega na cintura.

Surpresa e profundamente tocada pela presença do amado e pelas palavras carinhosas, ela abre os olhos, respira fundo e intimamente agradece aos céus. Tudo não teria passado de um pesadelo; ele tomaria as rédeas da situação...

Dhara ganha um novo alento. Conclui que todas as mulheres devem passar pelas mesmas provações físicas. Sua fraqueza, a falta de recursos e a tristeza, devem tê-la prejudicado demais... Agora, com ele ao seu lado, a vida haveria de ser diferente!

Ouve-lhe a voz querida, as suas explicações... Sente-se melhor!

Esforçando-se, balbucia:

— Enfim, meu amor!

A boca seca quase a impede de falar. Suas forças se esgotam; seus lábios estão rachados.

Ele se inclina e deposita-lhe um beijo na testa úmida de suor. Conta-lhe algo concernente à sua ausência; declara que esteve em país distante, por muito tempo, quase incomunicável...

Ela sorri, reconfortada... Acredita no que ouve... Em sua mente, os pensamentos se precipitam: Imagina-se feliz, com o filho nos braços e o homem amado ao seu lado...

Sim! Concretizará seus sonhos de felicidade! Terá valido a pena o alto preço! Uma vez rica, poderá oferecer uma vida melhor à mãe doente e ao irmão. Sua mãe, bem tratada, curar-se-á e virá morar com ela e com o neto, a quem amará como a amou, abnegadamente... Seu pai, de onde estiver, junto a Brahma, há de abençoá-la!

Dhara respira fundo, relaxa... Tomara o seu filho esteja nascendo sob o signo da ventura! Ela sorri, esperançosa, recompensada...

Num último esforço, ela expulsa, dolorosamente, o ser que anseia pela vida e este, emitindo um débil vagido, cumpre, mais uma vez, o ritual divino de atravessar a "porta estreita" numa nova oportunidade de vida.

A parteira limpa o recém-nato e diz logo se tratar de um menino.

Embrulha-o nos trapos que trouxera e mostra-o à mãe que permanece, ainda, embalada em sonhos...

Dhara abre os olhos e fita aquele ser tão sofrido quanto ela. Ele será o laço forte que a unirá definitivamente ao homem amado.

Mas, enquanto divaga, surpreende-se com alterações assombrosas em si mesma:

"Que se passa comigo? Por que os meus pés gelam e adormecem? Meus braços, também; estão esfriando e tornando-se pesados!... O meu corpo está se imobilizando! Brahma! Quero falar, mas não consigo mover um músculo sequer! Oh, não! Isto não pode ser a morte! Não posso morrer agora! Meu amor! Meu filho! Não!... Deuses, não me levem! Devolvam-me a vida! Preciso viver!..."

Todo seu corpo se convulsiona sem que ela possa evitar...

Depois, uma quietude estranha, um alheamento nunca antes sentido... Agora, sua mente explode em milhares de partículas e, num movimento brusco, ela se vê do lado de fora, surpresa com os seres que a cercam, luminosos, de rostos amorosos, olhares plenos de amor e de compaixão. Seu pai se aproxima, sorri e aconchega-a de encontro ao coração, como antigamente.

Compreende, enfim. Está do outro lado da vida; nada mais pode fazer quanto ao que fica para trás...

Como se tivessem combinado, o pequenino ser se cala e exibe uma imobilidade que não deixa dúvida: está morto, também...

O PAI ENSAIA fugir, mas é retido pelas mesmas mãos fortes que o trouxeram.

Guilherme, revoltado, incapaz de expressar-se, tal o seu desespero, compreende que tudo acabou. Dhara e seu filho estão mortos...

Num átimo de segundo, arranca o feto das mãos da parteira e empurra-o de encontro ao peito do pai, com um olhar ameaçador. No desvario no qual se encontra, ninguém em sã consciência seria capaz de contrariá-lo.

Sem alternativa, o pai segura, desconcertado, o pequeno fardo, ansiando sair dali o mais rápido possível, imaginando-se em terrível pesadelo.

Perplexo, olha ao redor. Vê Dhara sem vida; baixa os olhos e fita o pequenino ser que tem nos braços... Sem controle, explode em soluços.

Causa e consequência de tudo, tremendo, mal impressionado e supersticioso, com aquele ser nos braços que não se mexe e sequer respira, ele decide e se precipita para fora, quase a correr, apesar da dificuldade, pois suas pernas estão bambas. Do lado de fora estanca e constata que ninguém o seguira. Avalia o lugar onde está e se distancia, presto, mantendo o filho colado ao seu corpo. Apressa, cada vez mais, o passo.

Minutos depois, um forte aguaceiro desaba sobre eles.

Encharcados, ambos, ele continua a andar, sem deter-se, sem tempo para pensar...

Passado um tempo que não pôde precisar, dado seu estado alterado pela emoção e revolta, ele para, olha ao redor, e distingue uma pequena elevação de terra, escura e deserta, próxima a uma árvore.

Aproxima-se, abaixa-se e depõe, ali, aliviado, o corpinho imóvel.

Respira fundo e se vai sem olhar para trás, enquanto raios e trovões o fazem estremecer.

A água cai num volume assustador. Eis que, repentinamente, o pequenino ser, aparentemente morto e ali abandonado, recebe em pleno peito a faísca de um raio que cai, com estrépito, na árvore, e a descarga elétrica reativa os laços deste espírito com a matéria.

O recém-nato emite, então, um grito lancinante, e passa a chorar estridentemente, quase sufocado pela água que, forte, se derrama sobre seus olhos, nariz, boca...

Agitando-se, em desespero, ele estica e encolhe braços e pernas, num ritmo acelerado, lutando, instintivamente, para sobreviver.

Apesar do caos que domina tudo ao redor, o pai ouve e para, vacilando entre seguir adiante ou voltar e conferir o fenômeno. Sem entender-se, retorna sobre os próprios passos, alcança-o, e inclina-se sobre ele.

Num impulso, íntimo e inesperado, ele desfaz o ato anterior – se bem, que, sejamos justos, antes, a criança parecia morta –, suspende o filho, sustenta-o nos braços e leva-o consigo.

Dentro da noite tempestuosa, ele carrega o pequenino ser, agora redivivo, e reflete quanto ao que fazer. Não o deseja, jamais o desejou. Ignorou, até mesmo a gravidez de Dhara, a qual abandonou, a fim de que ela o esquecesse. Sua vida – e suas intenções – jamais comportariam o ato afoito de levá-lo para a sua casa, para o seu palácio... Como resolver esse dilema?

Reconhece os sítios onde está, pensa em alguém e, decidido, ruma para determinado endereço. Bate à porta e aguarda, cansado, impaciente e intensamente nervoso.

Dentro da casa, um homem alto e corpulento, vestido rusticamente, levanta-se, balançando-se com movimentos semelhantes aos de um urso e, esfregando os olhos, esforça-se para despertar de vez.

Atende a porta. Ao abri-la, espantado, fala alto, quase gritando:

– Por todos os deuses! O senhor aqui?!... Debaixo desse aguaceiro?

Não demora a ver nos braços do recém-chegado a criança que não para de chorar.

– O que é isso? – indaga.
– Ajude-me, homem, e deixe de perguntas!
– Sim, sim! Entre, por favor!
Enquanto assim fala, curioso, ele não tira os olhos do pequenino fardo, quando ouve:
– Encontrei esta criança, aqui perto, abandonada! Quem teria feito isso? Tem alguma suspeita? Imagina de onde ela possa ter vindo? Fale, homem! Perdeu a língua?
Olhos arregalados, gaguejando, ele responde:
– Quem... eu? Não!... Não, senhor! Nada sei sobre esta criança! – ele declara.
– Pois eu vinha a pé e exausto, debaixo desta tormenta, já que meu cavalo quebrou a perna e tive de sacrificá-lo, quando ouvi o choro estridente deste infeliz que esbravejava!
– E onde está o seu séquito, meu senhor? Como pode viajar assim, sozinho, e debaixo deste aguaceiro?!...
– Desde quando lhe dei o direito de fazer-me perguntas, seu idiota?
Constrangido, o outro silencia e aguarda.
– Veja!
Ele abre os braços e exibe, melhor, o menino que chora e treme de frio, arroxeado, enquanto ordena autoritário:
– Vamos, mexa-se! Faça alguma coisa! Chame a megera da sua mulher para cuidar do menino!
Agitando-se, Boris obedece, sem retrucar:
– Marfa, venha aqui. Temos visitas! Rápido, mulher!
Voltando-se para o seu amo, solicita:
– Dê-me o pequeno! O meu senhor deve estar cansado! Venha, venha, assim, a Marfa vai cuidar de você...
– Onde está a gralha da sua mulher, que se demora tanto? Está em casa ou não?
– Sim, sim, ela está!
Voltando-se em direção do interior da casa, ele reclama:
– Oh, mulher, por que a demora? Venha mais rápido, atendamos ao nosso amo que nos honra com a sua presença!
Enquanto aguardam, o amo tira da bolsa, amarrada na cintura, uma boa quantia em moedas de ouro e as coloca na mão grande de Boris, enquanto avisa:

– Tome e nunca mais me fale desta criança e desta noite infeliz! Por pura generosidade livrei-a da morte, mas não quero complicações. Você mesmo encontrou-a, lembra? – ele indaga, olhos coruscantes, fazendo-se entender.
– Sim, sim, naturalmente, meu senhor! Salvei-a! Mas... Nada sei sobre ela, não senhor, nada, nada! Nenhuma informação a não ser a de tê-la encontrado debaixo desse aguaceiro, atirada fora por alguém muito insensível! Sim, é isso. Fique descansado!
– E eu, sequer estive aqui esta noite, Boris! Não se esqueça disso!
– Não esquecerei, não esquecerei!
– Muito bem! Estamos acertados!
A mulher aparece ajeitando a roupa e a touca de babados.
Boris explode revoltado:
– Onde pensa que vai, sua tola? A algum baile? Situe-se! Tome, pegue aqui este pequeno e leve-o para dentro! Ele precisa de cuidados, como pode ver.
De soslaio, ela esquadrinha o rosto, desfeito, daquele que os esmaga, com o seu poder, na sua habitual injustiça.
Ensaiando uma alegria e uma descontração que está longe de sentir, declara:
– Sim, sim, me dê, vamos! Ah, coitadinho, está todo molhado e a tremer de frio! Venha, meu pequeno, que sua Marfa vai cuidar de você!
Diante do silêncio de ambos, ela entende que é demais ali e se interna na casa, levando nos braços, grandes e gordos, o pequenino que chora sem parar.
Esperta, ela ouvira e vira tudo por detrás da velha cortina escura e engordurada, que divide os dois aposentos, quando o marido recebeu a recompensa por sua "compreensão". Por isso, havia se demorado. Astuciosa, aprendeu desde cedo a se defender. Além de avaro, Boris tem por hábito maltratá-la.
Uma vez no quarto, ela depõe o pequeno sobre um estrado de madeira, no qual se distingue um monte de palha coberta com uma colcha velha e puída, onde passa a esfregar, vigorosamente, o corpinho enregelado.
Embrulhando-o num velho cobertor, retorna à sala para observar, novamente, exibindo a criança:
– Vejam, ele já se acalma, aos poucos, aquecido e bem tratado!

O olhar duro de censura do marido a faz entender aquilo que o patrão traduz em palavras:

– Boris, diga-lhe que se controle, porque não levará vantagem alguma com estes rapapés! Quer ela cuide bem, ou não, deste enjeitado, isso não me interessa, absolutamente!

Fitando-a, Boris demonstra a desnecessidade de repetir, pois ela tem bons ouvidos, ora se tem!

Antes de sair, Marfa ouve, ainda:

– Não se esqueçam! Nunca mais me falem desta criança; viva ela o tempo que viver! Caso o façam, se arrependerão, amargamente! Fui claro?

– Sim, descanse meu senhor, nunca mais ouvirá os ecos desta noite tenebrosa, quando deixou seu coração generoso falar alto!

Sorrindo, sarcástico, diante do que ouve e que sabe ser pura hipocrisia, ele analisa constrangido, o ambiente miserável e decide sair o mais rápido possível. Apagará esta noite da memória.

Súbito, ouve:

– Que mais deseja, meu senhor? Estou às suas ordens! Seu conforto é meu conforto!

Na certeza de que este que lhe fala o apunhalaria pelas costas, na primeira oportunidade, fita-o, silencioso:

"Você é forte e trabalhador, mas muito traiçoeiro, seu velho urso! Eu nunca confiaria em você, russo rústico e cruel! E sua mulher, também, não é das melhores!..."

Saindo das suas reflexões, enfim, ordena:

– Traga-me um bom cavalo! O melhor que tiver! A quantia generosa que lhe dei cobrirá esta despesa, também.

Servil, Boris atalha, presto:

– Ora, meu senhor, por quem sois? Eu jamais cobraria pelo animal, mesmo que não tivesse me agraciado com tão bela quantia!

Com uma vontade enorme de explodir numa gargalhada, diante de tanta desfaçatez, ele aguarda que Boris saia para providenciar a montaria.

Já na saída, entretanto, Boris vacila, volta-se e aventa a hipótese:

– Poderia dormir aqui e viajar amanhã, meu senhor! A tempestade ainda não amainou!

– Dormir aqui?!... Enlouqueceu, por acaso? Ficaria melhor nas estrebarias, junto aos animais e no meio dos seus excrementos! – ele declara, exasperado.

Abaixando a cabeça, ofendido, confuso e envergonhado, Boris roga:
– Perdoe-me a ousadia, peço-lhe! Tem razão... Qualquer lugar é melhor que esta miséria...

O seu interlocutor conclui, rápido, em pensamento:
"Pior que tudo é esta sujeira nojenta!..."

Fazendo uma mesura, respeitosa e servil, Boris sai e, em poucos minutos, regressa, todo molhado, a puxar pelas rédeas um cavalo encilhado e pronto para viagem.

Sem mais, o patrão monta e logo está galopando a toda brida, rumo ao seu lar... Considera esta noite um grande pesadelo, do qual, está despertando, enfim. Deseja, desesperadamente, esquecer, mas as lembranças o assaltam, de roldão...

Recorda Dhara nos bons tempos e tenta compará-la à imagem sofrida e terminal com a qual se deparou... Seu corpo convulsionando, a imobilidade, a morte...

O filho de ambos nos seus braços, morto... O fenômeno, inesperado, devolvendo-lhe a existência, como num sortilégio. Seus vagidos desesperados sob o forte aguaceiro.

Revê-se inclinado sobre o pequeno, suspendendo-o e livrando-o da morte iminente... Por que o fizera? Que impulso mais inesperado o levara a retirá-lo de lá, onde certamente deveria ter perecido, para o bem de todos? Que tolo fora!

Conhece Boris e Marfa o suficiente, para saber que são perigosos, ardilosos, não-confiáveis.

Sobreviveu à fúria de Guilherme e temeu ser morto, ali mesmo, junto à Dhara. Pressentiu-lhe os impulsos de vingança que o alcançavam em hora tão trágica... Aquele homem de caráter jamais teve instintos assassinos, mas estava desequilibrado pela extrema dor da perda.

Aqueles que o acompanhavam demonstravam, claramente, nas suas expressões a determinação de não deixá-lo sair dali vivo.

Digno daquilo que é e sempre representou na vida, Guilherme controlou-se e salvou-o, empurrando-lhe o filho – numa dramática estratégia.

A criança lhe fora couraça e escudo; passagem livre de qualquer ação criminosa. Veículo de fuga e salvação.

Guilherme e ele foram, um dia, amigos, até suas vidas tomarem rumos diferentes. Quando seus caminhos se cruzam, atualmente, há um grande impacto, de ambas as partes, assim como o Bem e o Mal quando se defrontam, silenciosos e cientes, cada qual, daquilo que são e daquilo que representam no todo. No dia em que se decidirem por um acerto final, só um sobreviverá.

Recorda-se, revoltado, crispando as mãos, de como ele o arrastara até Dhara, audacioso, sempre, e valente como poucos. Causa-lhe estranheza terem, ambos, amado a mesma mulher. Se bem que apenas Guilherme a amara de fato.

Conhecendo-lhe os hábitos e os costumes, Guilherme pôde surpreendê-lo, como fez, levando-o até o drama instalado naquele velho casarão e que dizia respeito aos dois.

Dhara... Uma filha do povo, apenas mais bela que a maioria...

Bem servido, culto, instruído e poderoso, jamais teve a intenção de alçá-la ao seu patamar de vida. E, mesmo que o desejasse, nem poderia, era casado, e muito bem casado.

Pobre Dhara, tão ingênua! Como pôde sonhar em ser sua mulher? Será que nunca se deu conta da distância que os separava? Oh, tolinha!

Mirtes, sua mulher, a Marani do seu povo, é inglesa, e belíssima; tudo que admira e almeja para si e para a sua vida.

Loucuras têm feito ao longo dos anos, mas sua mulher, prática e ciosa de tudo que é e possui, faz vistas grossas aos seus desmandos, enquanto com vigor defende o seu espaço. Seria capaz de matar para defender aquilo que considera seu.

Pena, Dhara ter alimentado sonhos impossíveis...

Enquanto cavalga, respira, aliviado por ver-se livre dela e do filho. Minuto a minuto, sua revolta cresce:

"Como Guilherme ousou tanto? Ora, como se eu não o conhecesse! Impingir-me tal situação foi imperdoável! Ainda lhe cobrarei muito justamente os momentos aziagos que ele me proporcionou na sua maneira *sui generis* de resolver os problemas que encontra pelo caminho!"

Todavia, este lhe falava diretamente à alma.

Rememora, ponto por ponto, a ação temerária de Guilherme:

Ele irrompera nos seus aposentos particulares com o auxílio competente dos amigos que possui no palácio real, para praticamente raptá-lo.

Conhece-o desde a infância:

Engenheiro de profissão, o pai de Guilherme chegou a Bangcoc para trabalhar no palácio, sob as ordens de seu pai, o marajá. Havia ali a necessidade de uma urgente reforma.

Providenciando moradia para a sua família, perto do trabalho, a convivência dos filhos de ambos, da mesma idade, foi facilitada. Ele e Guilherme cresceram juntos, e juntos trilharam os caminhos das aventuras fáceis e das estripulias consideradas normais para jovens ricos e imaturos.

Tudo faziam de comum acordo, até que os seus verdadeiros pendores se instalaram, separando-os, naturalmente. Guilherme demonstrava um comportamento correto, banhado na nobreza de sentimentos, ao contrário dele, que exibia, sem rebuços, a sua tirania, iniquidade e orgulho desmedido. Todavia, impossível negarem os sentimentos de verdadeira amizade que foram forjados ao longo do tempo. Vendo-se raramente, sabiam, todavia, um da vida do outro.

Por causa de Dhara, uma rivalidade maior se instalou entre eles.

Guilherme era apaixonado por ela e seu amigo de infância.

Ciumento e revoltado, ele exigiu-lhe que se afastasse. Conhecia-lhe o patamar social e, sobretudo, sua situação de homem casado e infiel.

Brigaram, foram às vias de fato quando, atacando-se com facas afiadas, feriram-se e separaram-se mais ainda.

Guilherme deve ter alertado Dhara, mas ela, ingênua e apaixonada, preferiu sonhar alto...

Passando as mãos pelo rosto encharcado, na tentativa de enxergar melhor, recorda-se, agora, de como ela o inquirira sobre sua situação conjugal, cobrando-lhe entre lágrimas, em desespero:

— Você é casado, Hamendra?! O que será de mim? Você tem filhos, responsabilidades!

— Ora, minha pombinha, não é a primeira vez que alguém se casa sem amor! Casei-me por necessidade de uma aliança política! Não sei ainda como, mas resolverei a situação a contento e darei a você a posição que merece ao meu lado. Aguarde, sim? Você é o meu grande e único amor! Sem você, eu jamais serei feliz!

Dando por terminada a altercação, ele a enlaçara, sedutor, beijando-a, em transportes apaixonados, calando-lhe a linda boca que o enlouquecia de desejo. Ela, conformada e confiante, submeteu-se, esperançosa de que um dia estaria ao seu lado, como sua mulher.

Sacudindo a bela cabeça, ele explode, diante das próprias elucubrações:

– Ora, que parvo sou! Que espécie de recordações são estas que me depreciam, tão estouvadamente? Sou como quero ser e me orgulho disso! Basta! Abomino recordações tristes e detesto fantasmas! Minha vida seguirá como sempre foi: boa e confortável, a despeito de tudo e de todos!

O cavaleiro imprime maior velocidade à sua montaria, lutando para desviar os pensamentos que o assaltam, inexoráveis...

Filhos, já possui dois, em véspera do terceiro. Herdeiros do seu amor e da sua fortuna.

Pensa na alegria que representa voltar para casa e ser recebido com todas as bajulações que lhe são devidas; com o amor e a extrema dedicação de Mirtes, que nada lhe pergunta, apenas recepciona-o, aconchega-o ao coração, fala-lhe da sua saudade e lhe prodigaliza todos os confortos imagináveis.

A vinda do terceiro filho já se encontra em gestação avançada.

Enraivecido, ele constata que o cavalo já está de pernas trôpegas, cansado. O infeliz não é afeito a longas cavalgadas; parece um pangaré de puxar carroça...

Intimamente, pragueja:

"Ah, Boris! Urso velho e avarento! Você não perde por esperar!..."

Divisando, enfim, o seu palácio, observa as próprias roupas amarfanhadas e molhadas... Decide que as atirará ao fogo na primeira oportunidade... Não, Mirtes mesmo o fará, bastará pedir-lhe de olhos lânguidos, caviloso... Ela é sua fada-madrinha!

Respira, aliviado, prelibando os mimos e os confortos que o aguardam. Afinal, é o senhor de tudo e de todos!

Em casa, Boris e Marfa conversam:

— Esse pequeno rebotalho ainda pode nos valer, Boris!

Fazendo-se de desentendido, ele indaga muito mal humorado:

— Por quê?

— Como, por quê? Você sabe tanto quanto eu, ora! Pense um pouco, homem!

Avançando para ela e apanhando-a pelos cabelos, ele puxa-os com força, e avisa:

— Que ninguém saiba, jamais, o que aconteceu aqui esta noite, entendeu?

Ela geme de dor e se debate nas mãos dele, enquanto ele prossegue:

— Ouça bem, sua mulher idiota! Nós não sabemos quem é este menino, nem de onde ele surgiu! Ouvimos o seu choro estridente, abrimos a porta e nos deparamos com ele deitado no chão, a espernear loucamente, todo molhado de chuva, "lembra", Marfa?

— Sim, como poderia "esquecer", não é? Solte-me! Está arrancando os meus cabelos!

— Farei muito pior, caso não me obedeça, mulher dos demônios! Não me desautorize, pois se arrependerá amargamente!

Largando-a, com alguns fios soltos de cabelos entre os dedos, ele ainda reforça:

— Firme bem na sua cabeça esta história, pois é o que diremos a todos sobre a presença, entre nós, desse enjeitado! E, muito cuidado com sua língua solta!

Precipitada, sem nada mais dizer, Marfa sai batendo os pés e arrastando as pantufas velhas e furadas, antes que o marido decida ser mais 'convincente'.

Vai até o pequenino que, entre panos secos e macios, demonstra algum conforto. Decide providenciar-lhe alimento.

– No peito de sua mãe, meu desgraçadinho, o leite secará.

Sai e retorna sobraçando uma vasilha com leite. Mistura água numa pequena quantidade e com uma colher derrama o líquido na boquinha sedenta e faminta.

Ele suga o alimento, desesperado, a ponto de perder o fôlego e engasgar-se várias vezes.

É a vida se impondo e exigindo a sobrevivência...

Boris, na sala, caminha, pesadão e encardido, roupas surradas e sujas.

Dos seus olhos cinzentos saem faíscas, ao concluir:

"Encontrou-o pelo caminho, hein? Naquele aguaceiro! Fosse eu algum idiota para acreditar nessa história da carochinha! Ah, que nesse farelo tem muito milho, ora se tem! Dispondo-se a salvar uma criança desconhecida, expondo-se como fez? Esse comportamento não condiz com esse senhor abominável que nos massacra a todos! Por que não o levou para as vilas pobres do seu reinado? Para escondê-lo... Por que tanta revolta? Por que não deseja mais saber dele? Quanto mistério! Bem, farei a minha parte... Sempre poderá me valer, futuramente. Nisso, Marfa tem razão."

Enquanto alimenta a criança, Marfa analisa-lhe os traços e confirma as suas primeiras impressões; a criança se assemelha, admiravelmente, ao patrão:

– Principalmente os olhos – sussurra.

\*

Dia seguinte, longe dali, um cortejo fúnebre segue, a passos lentos e cadenciados, entre cânticos e mantras, carregando sobre um leito de galhos secos e coberto de flores perfumadas, o corpo, sem vida, da bela Dhara, para ser cremado.

Sustentando-a sobre seu ombro direito, na frente, Guilherme, inconsolável, chora o pranto dos desiludidos.

Nos seus pensamentos, uma tristeza só:

"Quantas vezes roguei o seu amor, mulher idolatrada? Eu a teria feito feliz! O meu amor, minha companheirinha de infância, chegaria para nós dois, mas você preferiu aquele que acabou por destruí-la!... Oh, a tantas outras ele fez o mesmo! Avisei-a, mas você preferiu não acreditar.

Oh, os mistérios da alma feminina!

Conformado com a sua escolha, pretendia ampará-la, mas você desapareceu...

Quando enfim descobri seu paradeiro era muito tarde, a morte já havia decidido o seu futuro...

O fruto do amor maldito levou você e destruiu-se a si mesmo!

Consegui, a duras penas, levar até você aquele ser ingrato e insensível. Você morreu conformada e esperançosa...

Em paz, me parece que, enfim, vislumbrou o mundo de luz no qual deve estar agora... Enquanto se harmonizava, certa de que era amada, seus laços terrenos se desprenderam, libertando-a desta vida que lhe trouxe tanta infelicidade...

Noutra situação, eu jamais teria feito o que fiz, mas sua súplica tornou-se sagrada para mim diante dos seus últimos momentos de vida.

Como sofri! Vê-la dirigir-se com tanta doçura àquele Judas! Como pode o coração de uma mulher ser tão insensato?

Ao procurá-lo, atendendo ao seu pedido, ele me mediu de alto a baixo e muito arrogante inquiriu-me:

– O que faz aqui? Não tem amor à vida? Quem lhe franqueou a entrada? Ah, que arrancarei o fígado do idiota que ousou permitir-lhe o acesso à minha pessoa!

– Pois a ninguém terá de castigar! – respondi. – Pulei os muros, como fiz tantas vezes, e os caminhos que levam a você, eu os conheço bem, lembra?

– A sua imprudência raia à loucura! A um simples chamado meu, você será feito em tiras! Invadiu os meus domínios como um reles ladrão!

– Cale essa sua língua imunda! Ladrão é você! Ladrão da honra alheia!

– Não me atormente, acuse, ou desafie, em excesso! A que vem, afinal?

– Venho lhe falar de Dhara!

– Ora, de novo?
– Hoje, é diferente, garanto-lhe... Desde ontem ela se debate nas dores de um parto difícil, quase só e abandonada!
– Sendo assim, o que faz aqui? Vá auxiliá-la e deixe-me em paz! Não lhe pedi informações que absolutamente não me interessam!

Controlando-me, preocupado com o tempo que se escoava, insisti:
– Ela está dando à luz o seu filho, o que você não pode ignorar!
– Pois, ignoro! Além disso, meus filhos são aqueles que nascem sob o meu teto e do ventre de minha mulher!

Fitando-me com um fino sorriso nos lábios, Hamendra suspeitou, indiferente e desrespeitoso:
– Quem me garante que este filho não é seu? Vocês são tão unidos! Faz tanto tempo que a deixei!...
– O tempo preciso da sua infeliz e doentia gestação, seu crápula!

Cheio de ódio, saquei a adaga afiada que trazia na cintura e coloquei-a na sua garganta, intimidando-o. Conhecemo-nos demais, para saber que não blefamos, um com o outro.

Confesso, oh, Deus! Senti vertigens na ânsia de tirá-lo do mundo!

Debati-me em meio a conflitos quase insuperáveis; temia chegar tarde e não cumprir minha promessa feita a você... Dominei-me, enfim, a despeito de tudo. Nunca fui e jamais serei um assassino!

Ameaçando ordenei:
– Venha comigo, agora! Dhara, nos seus delírios, clama por você! Leve até ela o conforto de que ela precisa, pois o parto pode ceifar-lhe a vida! É o mínimo que pode fazer por alguém que lhe entregou tudo, sem reservas!

Sem outro recurso, ele foi comigo.

Uma vez ali, ao seu lado, sob o império do medo – pois no meu desespero de homem que ama até as raias da loucura, eu poderia negar-me a mim mesmo e destruí-lo – ele fez o seu papel.

Enfim, meu amor eterno, você pôde revê-lo e falar-lhe no seu momento *in extremis*...

Agora, nestes instantes dolorosos, conduzindo-lhe os restos mortais, reflito, mais que nunca, a respeito da minha vida.

A partir deste dia aziago, modificarei, radicalmente, minha existência, que sem você ficou sem colorido, sem esperança, sem perspectivas... Você morreu para o mundo e eu farei o mesmo...

Siga em paz com os seus deuses e principalmente com Brahma, que já deve tê-la abraçado e recebido com amor!

Que as águas do rio recebam as suas cinzas, abençoando-as, e que os seus pés hoje caminhem no Nirvana junto aos eleitos!... Você será sempre, meu único e verdadeiro amor!..."

O rosto de Guilherme está lavado de pranto. O seu peito estruge de dor e de saudade antecipada... Alquebrado, inconsolável, ele secunda, dedicado, a cerimônia de cremação e soma as suas orações às daqueles que ali rogam por todos que já deixaram o mundo de *maya*...

ALGUNS ANOS SE passaram e o marajá Hamendra Sudre, na sua boa e farta vida, parece ter se esquecido daquela noite.

Melhorou o salário de Boris e Marfa e, de vez em quando, oferta-lhes algum bônus, nem sabe ao certo por quê.

Nunca mais quis saber da criança, mas uma indagação, constante, habita seu cérebro:

"Terá sobrevivido?..."

Desanuviando, porém, tais pensamentos, conclui muito prático:

"Que me importa"?...

Gostaria de ser informado da sua morte; assim enterraria, para sempre, o perigoso assunto. Mas, apesar de tudo e acima de tudo, algo lhe diz que ainda se defrontará com os ecos daquela noite e que não serão tão doces quanto Dhara.

Um leve remorso, por vezes, parece tocar-lhe as fibras mais íntimas.

Nesse instante, Mirtes, muito próxima, observa-lhe a interiorização enquanto organiza, febrilmente, um coquetel para altos dignitários das embaixadas indiana e inglesa. Atenta aos mínimos detalhes, ela já consultou a opinião do marido algumas vezes.

Elegantíssima, num esvoaçante vestido de gaze, na cor pêssego, forrado de seda branca; cabelos arranjados no alto da cabeça e enfeitados com minúsculas pérolas cor-de-rosa; sapatos altos na última tendência da moda da Europa; ela exala um perfume que fala do seu bom gosto e do seu poder de aquisição. Admirando-lhe os traços fortes e angulosos, porém harmoniosos, os contornos do seu belo corpo e os seus gestos delicados, Hamendra sente-se orgulhoso da mulher que tem. Ela lhe serve, também, como adorno para o seu palácio e um refinado cartão de visitas. Seu sogro, um nobre inglês, viu com bons olhos a aliança que se fazia através do casamento; bom para sua filha, bom para os seus negócios na Tailândia.

Sorriso nos lábios, enlevado, recorda-se de quando e como a conheceu num baile da embaixada, e de como se sentira fascinado por ela. Mirtes correspondeu na mesma medida ao seu interesse e, ao terminar o feliz evento, eles já haviam se comprometido um com o outro.

Ambos se esforçaram, a partir de então, para representar, muito bem, a parte que lhes cabia nesse mundo de vaidade, disputas e poder.

Seus filhos saíram aos ingleses, quanto aos tipos raciais: inteligentes e dominadores, o orgulho dos pais e da família. Mirtes é moderna e muito prática. Não lhe importam, absolutamente, os párias que pululam nas ruas a exibirem as suas misérias, resultantes do sistema de castas. Ela preserva os filhos, afastando-os de tudo que não faça parte das suas realidades. Vivendo no luxo e na riqueza, ela considera justa a sua posição social e financeira, concernente às prerrogativas do marido. Seu filho mais velho, Patrick, brevemente irá para a Universidade, na Inglaterra.

Para sua filha Selene, prendada e bela, almeja um ótimo casamento.

Seu caçula, Richard Arjuna, belo como um querubim, mimado e irascível, não pensa no futuro; basta-lhe suportar os mimos que todos lhe fazem, desde os mais humildes aos mais poderosos. Comportamento coletivo, resultante de uma devoção supersticiosa por ter ele "nascido, morrido, e revivido", milagrosamente.

Num dia, no qual, os elementos da Terra pareciam desarmonizados com os homens e com a própria Natureza, encurtando o tempo de gestação, ele veio ao mundo. Seu pai, desgraçadamente, encontrava-se distante e em local ignorado.

Mirtes estivera bem todo o dia, mas repentinamente passou a sentir dores, que se tornaram intensas. O filho se anunciava, numa ansiedade inesperada.

Ela clamava pelo marido, em desespero, mas ele havia saído sem avisar e não havia como encontrá-lo.

Ao regressar, muitas horas depois – ela recorda muito bem, apesar do drama que viveu num parto difícil –, ele estava exausto, desfeito, roupas amarrotadas e encharcadas, enquanto sem escolta e sem a sua habitual comitiva, cavalgara sozinho, inexplicavelmente.

Desistira de indagar-lhe a respeito, porque cada vez que o fazia, ele se tornava furioso e arredio.

Felizmente, naquela noite em que seu filho mais novo chegara, Telêmaco, seu eficiente administrador e amigo, querido por todos, tomou a frente, nas decisões que o caso exigia. Este bom homem, competente e fiel, secunda-os em todos os cometimentos do palácio.

As dores foram tão fortes e diferentes que, se tivessem se estendido por mais tempo, Mirtes teria sucumbido, apesar dos aparatos médico e terapêutico, com os quais contou.

Quando, enfim, seu caçula gritou para o mundo, seu coração de mãe apertou-se, inexplicavelmente. Afinal, o pior já passara e ele parecia bem.

Meia hora depois, todavia, entre prantos entrecortados de soluços convulsivos, seu filho parou de chorar e imobilizou-se, havia morrido.

Desesperada, clamou pelos médicos, evocou todos os deuses indianos em nome de Brahma, rogou ao seu Deus e às potestades celestiais que lhes devolvessem o filho.

Depois de um tempo que lhe pareceu eterno, em meio aos inúmeros procedimentos médicos, aquele pequenino ser soltou um grito estridente, voltando a chorar. Superadas as primeiras dificuldades e sustos, ela velou atenta o nascituro, com o auxílio de quantos se revezaram nas mesmas intenções.

Coração opresso temia: "E se acontecer de novo?"

Quando o marido regressou, vinha cheio de lamentos, de cansaço físico e espiritual, rogando-lhe a presença e os carinhos.

Ao deparar-se com o filho, que nascera antes do tempo, e com a narrativa dos fatos, que ainda causavam espanto e insegurança quanto ao futuro da criança, ele passou por tal estremecimento, que os médicos tiveram de deixar momentaneamente o pequenino para socorrê-lo, antes que sucumbisse de um mal súbito.

Tendo ingerido um forte narcótico, despertara no dia seguinte com um estranho comentário:

– Arre, os deuses estão furiosos! Que Brahma espanque para bem longe as trevas que parecem querer habitar entre nós! Que o meu caçula sobreviva e tenha muita saúde! Que vingue para ser feliz e alegrar os nossos corações!

Entretanto, apesar de tais augúrios, ele permaneceu taciturno por muitos dias.

*

O tempo, inexorável, passa para tudo e para todos, e aquele pequenino ser que um dia chegou à vida de Boris e Marfa, cresceu e tornou-se um menino rude, principalmente com as outras crianças.

Embrutecido pela falta de amor e pela criação que recebera, nem sempre espelhada no bem e na honestidade, e sem entrave algum, tornou-se astucioso e irascível.

A defesa e o ataque faziam parte dos seus hábitos, na conquista daquilo que desejava. Mergulhado em toda sorte de carências, procurava os seus interesses com aqueles que sobreviviam de expedientes.

Enquanto isso, ele exibe seus maus pendores e a insensibilidade com seus pais adotivos, aos quais desrespeita, habitualmente.

Metido em arruaças, quase sempre culminadas em lutas corporais, ele vence os seus adversários com a força física que o caracteriza.

Alto, esguio, magro e ágil, assemelha-se a um felino. Quando fixa suas pupilas em algum ser, este se ressente, instantaneamente. Faz uso deste poder, natural, para defender-se e para se impor. Fala sozinho e recita estranhas fórmulas, que cria em suas horas vazias. Assim é Thilbor, cujo nome recebera em homenagem a um parente distante.

*

Em conversa, Hamendra fala à mulher:
– Por que as mulheres procriam, arriscam suas vidas?
Espantada, ela retruca:
– Ora, meu marido, pretende modificar as leis naturais que se cumprem, automaticamente, desde que o mundo é mundo? Quanto mais não fosse, nós em particular: Como teríamos os filhos queridos e quem nos herdaria o nome e a riqueza?
– Sim, eu sei, mas quando uma mulher concebe, ela passa a viver numa corda bamba; antes, durante e depois do parto. Quantas perecem no momento sagrado de pôrem seu filho no mundo!...

– Passei por esse risco, meu querido, quando do nascimento do nosso caçula... Somos conscientes do perigo, mas a força do amor maternal supera quaisquer dificuldades ou possíveis fracassos...
– Todavia, Mirtes, muitos filhos ficam sozinhos, ou são adotados de forma desastrosa por pessoas que jamais os amarão, de fato. Ninguém pode substituir a verdadeira mãe, seja ela quem for. Um filho jamais deveria sobreviver-lhe.

Fitando-o, intrigada, Mirtes quer saber:
– O que há meu querido? Tudo isso faz parte da vida. É de ver-se a sua expressão! Por que se debate em meio a conflitos como estes?

Fixando nele um olhar suspeitoso, ela aduz muito intrigada:
– Meu marido parece mergulhado em estranhas recordações!...
Hamendra dá-se conta de que falou demais. Às vezes se esquece da brilhante inteligência de Mirtes. No aconchego conjugal, quase sempre, solta as comportas da alma.

Apruma-se, incomodado, e se defende:
– Recordações? Ora, veja, que tolice! Recordações!... Que ideia mais estapafúrdia, Mirtes! Nada tenho a esconder!
– E quem disse que tinha? – ela responde, olhar irônico, sorriso malicioso.

Saltando sobre os dois pés, empertigando-se, ele explode agressivo:
– Quer que eu rasgue meu peito de alto a baixo, expondo completamente o meu coração, mulher? Deuses! Até quando filosofamos somos "pesados, medidos e vendidos!"

Magoada, ela responde:
– O que é isso, Hamendra? Afinal, não é para tanto! Por que se exaspera dessa maneira?
– Por nada e por motivo algum! Ora, veja! Você me ofende com as suas suspeitas e se espanta com a minha indignação! Se nem a você posso abrir o meu coração, o que me resta, Mirtes? Desde quando me é ilícito analisar o mundo nas suas complicações, justiças e injustiças? Desde quando não posso, sem temer um falso julgamento, falar à minha mulher?!... Desgraça!...

Sem mais, Hamendra sai, precípite, sem olhar para trás, como se estivesse fugindo.

Perplexa, Mirtes sente-se chumbada ao chão. Tocou, sem intenção, em alguma ferida muito dolorosa.

Apesar dos interesses financeiros e políticos que motivaram o seu casamento, ama, de fato, o seu marido.

Ele conquistou-a definitivamente e para sempre, desde o primeiro instante em que o viu.

Suspeita, oh, céus!, que ele viva muitas histórias paralelas. Nele, tudo é inseguro, incerto, misterioso... Ele lhe escapa como areia fina por entre os dedos.

Atormenta-se por aquilo que ignora e sobre o que não deve indagar, sob o risco de perder a razão de viver. Este diálogo foi significativo. Por mais tolerante e compreensiva que possa ser, está revoltada. Estremece, muito justamente, ao imaginar que os seus filhos devem ter irmãos espúrios.

Ele saíra intempestivamente e deve ter-se distanciado de casa para usufruir a plena liberdade que exerce, impositivo.

Quando regressar, já mais harmonizado, irá mimá-la, como sempre faz. Esta a sua maneira de pedir-lhe desculpas. Silenciosa, conformada, ela aceitar-lhe-á os afagos e os cuidados excessivos e assim prosseguirão, sempre. Este o seu jeito de viver. Diante das circunstâncias, aprendeu muito bem a lição que a vida lhe trazia, numa modificação de hábitos e costumes, decorrentes do seu consórcio.

Aprecia meter seus dedos afilados por entre as mechas dos seus cabelos escorridos, até as pontas, amorosa; de lhe falar coisas amenas, como as suas alegrias de ser sua mulher e mãe dos seus filhos; da sua felicidade e imensa gratidão por tudo que ele lhe concede. Geralmente, em meio a essas doces tertúlias, ela o vê adormecer nos seus braços, tal qual uma criança nos braços protetores da mãe. Sim! Terá sempre nos seus braços o seu marido, seu senhor, seu rei! Será feliz apesar de tudo, mesmo que ao seu redor se instale o caos!

Esta a felicidade que construiu, dia a dia, palavra a palavra, gesto a gesto, em meio a suor e muitas lágrimas. Este tesouro lhe pertence e diante dele monta guarda, zelosa, capaz de tudo.

Enquanto assim pensa, o filho caçula adentra os seus aposentos, na sua natural agitação, fazendo exigências. Pede, impõe-se, implora, confia; e ela, já esquecida da própria tristeza, beija-lhe as faces rosadas de alfenim, enquanto acaricia-lhe a dourada cabeça. É o seu pequeno ídolo, é o ídolo de todos.

Sem faltar com o seu amor aos outros filhos, Mirtes prevê para este um futuro diferente, mas a este pensamento, um tremor nervoso a alcança.

Enquanto isso, o marajá cavalga, veloz.

Por que dissera tantas coisas desagradáveis à Mirtes? Quase se traiu! Que tolo fora!

Ela é inteligente, culta, intuitiva. Adivinha-lhe os pensamentos e intenções, com facilidade. Conhece-lhe a filosofia de vida, ao deixá-lo livre, sem peias; do contrário, há muito o teria perdido. Tentem retê-lo e reagirá violento!

Faz algum tempo, a imagem de Dhara se instala, poderosamente, nos seus pensamentos, à sua revelia. Por quê? Para quê? Afinal, tantas outras já passaram em iguais condições por sua vida e ficaram no esquecimento! Mas, desta vez, foi diferente, não há como negar. Sente remorsos.

Nunca mais viu Guilherme, mas pressente que os seus caminhos ainda se cruzarão.

Relembra a infância, as estripulias naturais da idade, os namoricos... Ele e o amigo disputavam, habitualmente, as mesmas meninas.

Um dia, apaixonaram-se pela mesma mulher mas, para Guilherme, Dhara fora a única!

"Eu o teria matado, Guilherme, caso fosse comigo! Você, porém, sempre foi bom!

Dhara, Dhara! Por que uma filha do povo nasce tão bela como você?... Ora, para encantar homens poderosos como eu, e tolos, como o Guilherme! Enfim, minha cara, você se foi e eu estou vivo, bem vivo! Que você fique onde está e que me deixe em paz!"

Em algumas horas de cavalgada, enquanto digere os próprios pensamentos, dá-se conta de estar próximo, sem haver percebido, da casa de Boris.

Que estranho sortilégio o levara até ali?

Diminui o galope e, trotando, passa por aqui e por ali, em meio à patente pobreza, na qual, vive o povo, de modo geral.

"Quando se lhes afrouxa o cabresto, tornam-se lerdos e insolentes! Há que trazê-los sob gritos e açoites!" – pensa, raivoso.

Ali perto um cavalo come a sua ração, sob os cuidados de um menino que lhe parece familiar. Algo distraído, sentado numa pedra, ele faz o seu serviço.

Estanca o animal, magnetizado. Seu coração dispara. O que aconteceu? Está diante de si mesmo! Exceção feita à magreza gritante daquele menino, e às suas roupas pobres, é o seu passado que volta tal e qual, nas novas formas que a vida copiou, tão fielmente...

Perplexo, demora-se, em silêncio, diante do estranho clichê.

Como atraído por sua observação, o menino se volta e se depara com seu negro e intenso olhar.

Estranho momento para os dois; eles se medem eletrizados e confusos.

Uma única pergunta lhe acorre:

– Quem é o seu pai, menino?

Fixando nele suas poderosas pupilas, Thilbor responde, voz forte, metálica:

– Caso eu soubesse, senhor, o mataria com as minhas próprias mãos!

Estremecendo, supersticioso, indaga-lhe, com receio da resposta:

– A serviço de quem está aqui?

– A princípio, de meu pai adotivo Boris Sarasate, e por extensão, a serviço do senhor destas terras e de tudo que se pode ver muito mais além, o marajá Hamendra! Esse senhor, injusto e cruel, nos explora e sacrifica, orgulhoso e ambicioso, em todos os dias da sua miserável vida!

O marajá fita-o, odiento, apesar de, numa rápida avaliação, perceber que ele seria seu digno herdeiro em todos os sentidos, até mesmo nas suas características raciais.

Seus filhos com Mirtes são, indiscutivelmente, pequenos ingleses. Tem lamentado isso, muitas vezes.

Incomodado com as declarações do pequeno, ele pensa:

"Por que não morreu, seu bastardo? Você e sua mãe imprudente deveriam estar juntos! Para que eu o salvei? E ainda lhe dei pais adotivos e o abrigo de um lar! E, aí está você! Correspondendo, em igual medida, ao meu ódio!..."

Súbito, declara:

– Seu pai lhe concedeu a vida!

Rápido e agressivo, Thilbor indaga:

– De que vida está falando? Desta que vê?!... Quer trocar de lugar comigo? Ora, ora, jamais o faria! Bem tratado e bem servido, como se vê, no luxo que exibe! Seu cavalo, por certo, tem uma vida melhor que a minha!

Silencioso, ouvira tudo. Cada palavra uma martelada no seu cérebro.
Eis aí, o filho revoltado que odeia a vida que leva. Se ele soubesse quem é de fato e o quanto poderia ter.
Mais uma vez, se reconhece nele...
Esse pequeno homem é um espinho a cobrar-lhe a justiça, que almeja, na ambição que demonstra, e no orgulho, inútil, para o lugar que a vida lhe deu. Sim, um orgulho desmedido ele entrevê, no olhar de felino em posição de ataque e defesa.
O que pensaria Mirtes caso o visse? Oh, seria um verdadeiro desastre!
Precisa afastá-lo dali... Para bem longe...
Sem entender-se, continua falando com ele:
– Poderia ter sido pior! Não lamente a sua situação e tente vivê-la da melhor forma possível. A revolta não o levará a lugar algum!
Intrigado, Thilbor quer saber:
– O que sabe sobre mim e sobre a minha vida? Por que me fala como se me conhecesse?
Hamendra estremece. Agiu com ele, assim como fez perante Mirtes, expondo-se demais. Precisa vigiar-se... Tolher a língua que anda solta...
Fazendo gestos, peremptórios, ele responde:
– Não, absolutamente, não! Jamais o vi! – Por que tanta ênfase?
– Eu apenas filosofava! Cuide do seu serviço!
– É o que estou fazendo! Odeio o que faço, mas, por enquanto, me submeto em nome de um futuro melhor!
– Tem esperanças, então?
– Sim, em mim mesmo! Eu mudarei a minha vida! E passarei, impiedoso, por cima daqueles que me devem ou que me maltrataram ao longo da vida!
– Principalmente de seu pai!
– Sim, principalmente! Aguardarei esse momento, ansiosamente, em todos os dias da minha vida!
Os olhos de Thilbor tomaram uma coloração estranha e brilhante.
Hamendra estremece. Surpreendeu, nesse olhar, uma ameaça fatal. Controla-se, porém, e prossegue:
– Como se chama?
– Thilbor Sarasate!
"Estranho nome, esse" – pensa. E decide ir embora, antes que mais alguém o surpreenda ali. Primeiro, porém, aconselha:

— Perdoe e compreenda seu pai, menino! A vida é cheia de mistérios! Nem sempre fazemos aquilo que queremos, mas aquilo que precisamos fazer, acima de qualquer outra circunstância!

Firme, mantendo sobre ele o seu olhar cortante, Thilbor o inquire, frontalmente:

— Por que intercede por ele? Conhece-o? Quem é o senhor, afinal, para me falar assim?

Hamendra estremece e avalia o quanto fora imprudente, mais uma vez. Exibindo isenção de ânimo, ele se explica, sem saber por quê:

— Falo porque conheço a vida mais que você, menino! — Por que não conseguia chamá-lo pelo nome?!... — Seja prudente e não albergue tanto ódio no seu coração jovem! Com o tempo aprenderá a agir com mais prudência e mais compreensão!

Thilbor fixa nele as suas poderosas pupilas e, incisivo, finaliza:

— Nada que me diga, o senhor ou qualquer outro, diminuirá o ódio que sinto por ele! Perde o seu tempo! Nunca me entenderá, e aquilo que pensa, absolutamente, não me interessa! Se não tem mais nada a dizer e se não possui, por aqui, interesses que justifiquem a sua presença, passe adiante e vá cuidar da sua vida! Ou melhor, vivê-la, regaladamente, como salta aos olhos de qualquer um!

Voltando-lhe as costas, Thilbor dá a conversa por encerrada e começa a escovar o animal.

Se Hamendra pudesse ler os seus pensamentos...

"De onde surgiu este, com ares de demônio e ministrando lições de moral? Sua presença é abominável!... Irra!"

Perplexo com tanta ousadia e, mais ainda, com o fato de tê-lo ouvido sem interrompê-lo, ou mesmo, castigá-lo, exemplarmente, como ele merece; identificando-se sem, com isso, ameaçar sua própria identidade e filiação, Hamendra fecha os punhos, possesso. Sente ímpetos de agredi-lo. De destruí-lo de vez, e livrar-se desse "calcanhar de Aquiles", pior e mais pesado que todos aqueles que já carrega, devido às naturais circunstâncias da sua vida de soberano. Hamendra incita, então, o cavalo, e se distancia, silencioso, ao surpreender Marfa que sai da humilde casa.

No seu íntimo, um caos. Mais que o conflito existencial com relação àquele filho, tão semelhante a si mesmo – fisicamente, tão fiel à sua raça e, moralmente, tão herdeiro dos seus "predicados" – havia o ódio que sentiu pela forma desrespeitosa com a qual fora tratado. Ninguém, jamais, se atreveria a tal comportamento, caso soubesse com quem estava falando.

Ele, de fato, ignorava a sua importância real e o seu poder. Como reagiria se soubesse?!... Difícil imaginar! Ali está alguém que, assim como ele, não se detém diante de nada, nem de ninguém! Que não respeita conceitos, leis, opiniões, posições, o que quer que seja, venham de onde vier! Que faz e fará, sempre, as suas próprias leis!

A este pensamento, Hamendra estremece, supersticioso, todavia reconhece nele, mais uma vez, seu digno herdeiro.

Marfa resolveu sair por causa do estranho diálogo que surpreendera, escondida:

"Ora, ora, pai e filho se defrontam! Ah, se você soubesse, Thilbor, quem lhe fala! A Providência Divina tem estranhos caminhos!... Pressinto, todavia, que este encontro modificará as nossas vidas!..."

Vendo-a, Thilbor quer saber:

– Conhece aquele homem, Marfa?

– Sim, eu o conheço, é o nosso amo!

– É ele?!

– Sim, ele é o senhor de tudo que você possa ver ou tocar e de certo modo, nosso dono também!

– De vocês pode ser... Meu, jamais! Ninguém será maior ou melhor que eu, nem mesmo ele!

Pensativo, ele comenta:

– Notou como somos parecidos, Marfa? Estranho, não acha?...

Marfa admira a perspicácia de Thilbor e responde:

– Não, em verdade. Vocês revelam, apenas, o mesmo tipo racial, apenas isso.

Duvidando, ele aduz:

– Não... Há algo mais...

Thilbor fala, enquanto olha o patrão que se distancia, veloz.

Silenciosa, Marfa se dirige à casa, antes que sua língua comece a coçar. Boris a mataria...

Antes de entrar, porém, estanca, retorna sobre os próprios passos e sentando-se do lado de fora, lamenta pesarosa:

– Sinto tantas saudades da Rússia! Essa vida aqui é pequena, mesquinha. Tudo que poderíamos fazer, já fizemos nesses longos anos.

– Sim, tem razão. Minha vida é muito ruim!
– Todavia, lhe concedemos tudo que nos foi possível. Amamos e educamos você!
– Posso lhe dizer, sem medo de ser injusto, que vocês não fizeram nem uma, nem outra coisa!

Marfa se cala. É inútil debater com Thilbor. Ele sempre tem ótimos argumentos para provar as suas ideias e, desta vez, ele está certo. Ela e Boris são conscientes das suas culpas com relação ao filho adotivo que a vida lhes impôs. Olha à distância, melancólica, quando ouve:

– Alegre-se! Você voltará para a sua terra e para o seu povo, muito em breve!
– Ora, de que jeito? Desta vez você se engana, Thilbor!
– Verá que não, aguarde!

Dito isso, ele se distancia. Não sente prazer, nem na companhia dessa mulher, nem em conversar com ela.

Indiferente ao que ele possa fazer, Marfa sonha:

"Quem sabe o enjeitadinho tem razão? Eu gostaria muito de rever os meus! Há quantos anos estamos aqui! Boris ao chegar, entusiasmou-se e decidiu ficar. Bem sei que uns olhos muito negros e lânguidos o retiveram mais que o esperado. Depois, quando sua adorável Flor-de-Lótus morreu numa epidemia, temendo muitas mudanças de vida, ele decidiu permanecer aqui sem planos de regresso.

Somos amigos e inimigos; unidos e desunidos; cúmplices e rivais... Estranha relação a nossa. Em verdade, nunca fomos um casal como os outros.

Solitária tenho sido, sempre. Nem a esse menino revoltado, eu consegui me apegar.

A vida desde cedo me cobriu de pancadas e ensinou-me a não amar, porém, a defender-me e a ser mais esperta. Se bem que, contra Boris, nem mesmo a minha habitual astúcia adianta.

Unidos pela sobrevivência, somos desunidos na intimidade.

Quem sabe regressando para a Rússia, eu me sentirei melhor? Bah!.. Que tolice ficar sonhando com quimeras!"

Levanta-se, bruscamente, e busca o interior da casa. Há muito por fazer e Boris não tarda a chegar; faminto e irascível, como sempre...

O TEMPO PASSA, amigo leitor, alheio às nossas vontades ou preferências, nos anos que nos são concedidos, mais uma vez. Nossos personagens, em suas "novas" histórias, resgatam as suas dívidas, ponto por ponto, e mais hoje, mais amanhã, serão redimidos.

Os mais dispostos e conscientes caminharão mais rápido, elevando-se e arrastando aqueles que lhes ficaram na retaguarda.

Ao nos defrontarmos, imaginamos estar, apenas, diante das personalidades atuais, esquecidos de que cada reencontro se resume em muitos outros. De que nos conhecemos bastante bem, apesar da nova "roupagem" e do sagrado esquecimento com o qual a vida nos premia, para o descanso da alma e a imparcialidade justa e necessária nas novas relações, que são, em verdade, muito antigas.

Praza aos céus, possamos aproveitar, cada vez mais, as múltiplas oportunidades recebidas do Alto!

\*

O marajá voltou para casa pior do que saiu.

Muito nervoso, distanciou-se de todos e internou-se no seu gabinete de trabalho, onde possui, para o seu conforto e privacidade, uma grande extensão de espaços, nos quais pode usufruir de tudo que precisa e lhe interessa, sem sair. Com portas que dão para o exterior do palácio, ele verá somente aqueles que desejar e poderá "desaparecer" por tempo indeterminado, mesmo estando em casa.

Este, o procedimento que adotou ao chegar do passeio que deveria ter-lhe restituído o equilíbrio emocional.

Informada por Telêmaco de que seu marido trancou-se no gabinete, Mirtes, magoada, confirma que ele esconde algum segredo inconfessável.

Dedica-se aos filhos e à casa. Aguardará que ele mesmo a procure e, então, o acalentará nos seus braços, sem nada indagar, como sempre.

Decidido a afastar Thilbor, Hamendra convoca Boris para uma conversa.

Quando este se faz presente, ordena, sem mais preâmbulos:
– Saia das minhas terras e da minha proximidade, de vez!

Apanhado de surpresa, empalidecendo, Boris supõe que Marfa tenha falado demais. Trêmulo, vendo-se na rua da amargura, como um pária, infeliz, sem rumo, pede:
– Clemência, meu senhor, para nós! Como viveremos sem o nosso trabalho?
– Poderá fazê-lo longe daqui.
– Na minha idade? Não conseguirei!
– Ora, Boris, você ainda é um homem forte! As mulheres apaixonadas pelo "velho urso" que o digam!

Boris não entende as brincadeiras do patrão, que lhe parecem fora de propósito.

Vincos na testa, aguarda-lhe os próximos pronunciamentos.
– Acalme-se! Nada tenho a censurar-lhe!

Soltando um suspiro, ele esclarece aliviado:
– Disso, sei eu! Sigo fielmente as suas ordens, mesmo aquelas que nada têm a ver com o meu trabalho!

Entendido, Hamendra declara:
– Sim, eu sei...
– Então, por que está me despedindo?
– Eu não o estou despedindo.
–?!...
– Quero que volte para a Rússia e ali trabalhe para mim. Estou transferindo-o para lá.

Sorriso aberto, Boris exclama:
– Oh, graças aos céus! Por momentos, pensei em perder tudo!

Voltar à minha terra é um velho sonho, meu senhor! Rever os meus, retomar os hábitos e costumes russos, isto vai me fazer feliz, se não ficar sem trabalho, naturalmente.
— Muito bem! Organize-se e regresse o mais rápido possível. No próximo correio-postal, enviarei o aviso de sua chegada ao seu novo local de trabalho!
Confuso e tímido, Boris quer indagar algo, mas não se atreve.
Hamendra alcança-lhe a silenciosa indagação e ordena:
— Leve-o daqui! Este é o verdadeiro motivo de minha decisão!
— Sim, senhor! Ainda bem! Já nos afeiçoamos a ele!
Rindo, sarcástico, o marajá pensa:
"Desde quando vocês se afeiçoam a alguém?"
Usando as mesmas medidas para si, reflete:
"E eu, serei capaz de amar? Terei de fato um coração? Às vezes duvido..."
Desconcertado, Boris aguarda-lhe as próximas ações.
O marajá abre uma gaveta, apanha algum dinheiro e entrega-o a Boris:
— Tome e providencie tudo, o mais rápido que puder!
— Sim, meu senhor!
Boris se vai. A caminho de casa faz planos que pretende dividir com Marfa.
Dias depois, em meio a muitas dificuldades, pois Boris fez todas as economias possíveis e imagináveis, a fim de que o dinheiro não se afastasse muito do seu bolso, os três partem rumo a Moscou.
Ali chegando, procuram os parentes. Alguns já morreram e outros que, afastados, cresceram, sem jamais tê-los visto ou recebido notícias, não lhes deram muita atenção.
Um irmão de Boris, todavia, os asila na sua casa, até que ele se instale nas terras onde seu patrão possui interesses.
Thilbor, deixando a vida que nunca apreciou, se esforça para se adaptar ao novo ambiente, estranho para ele, principalmente quanto ao idioma. Alguns dias mais, Boris, Marfa e Thilbor passam a residir num complexo de terras, em Smolenski, pertencente ao marajá Hamendra Sudre.
Anos se passam e hoje, já um rapaz, Thilbor assimilou admiravelmente a língua russa, integrando-se, enfim, aos hábitos e costumes regionais.
Fez muitos amigos e quase sempre está ausente, forjando para si mesmo a vida que deseja.

Buscando parceiros e afinidades, ele se imiscuiu no mundo marginalizado.

Ilustrando-se com livros, que adquire com o soldo do seu trabalho, mergulha nas ciências ocultas e nas práticas de magia negra, seguindo as suas naturais inclinações. Em breve tempo, ele põe a seu favor os dons e as forças que carrega desde o nascimento.

No meio em que vive, tornou-se temido e respeitado.

De tal modo se harmonizou com a Rússia que frequentemente tomam-no por um natural das estepes, mongol ou tártaro...

Aprendendo a vestir-se com apuro, possui, hoje, roupas luxuosas e muitos gorros de pele. De onde lhe vêm os recursos? Seus pais adotivos ignoram pois, há tempos ele não trabalha mais para Hamendra. Dia a dia, afasta-se deles, até deixá-los em definitivo.

Vez por outra, Boris ou Marfa cruzam com ele pelo caminho, e ele os trata com indiferença. Às vezes, passa ao largo, fingindo não vê-los. Ouvem os ecos das suas práticas que consideram diabólicas. O filho adotivo transformou-se num renomado feiticeiro.

Já envelhecidos, Boris e Marfa deixam-se ficar por ali a espera do momento final.

Thilbor, por sua vez, após anos de trabalho na área escolhida, vive cercado de clientes: personalidades públicas e notórias; mulheres de todas as idades que buscam a conservação da beleza ou os filtros de amor; mal-intencionados que pagam qualquer preço por algo que destrua ou paralise aqueles que os incomodam; rivais que usam de poderes maléficos para vencer os seus adversários etc.

Para tudo e para todos, Thilbor possui e negocia a solução.

Dominador e competente, ele decide a vida alheia através das forças espirituais e físicas que aprendeu a usar, manipulando-as a favor ou para a desgraça destes ou daqueles.

Adquiriu um velho castelo abandonado, quase em ruína; reformou-o, paciente, e ali fez o seu ninho. Situado no alto de uma montanha escarpada, que dá para um abismo, circular, exceção feita a um dos lados que o liga ao resto do mundo, tal qual um arquipélago, vigiado dia e noite, como se fosse uma temível fortaleza.

Em determinadas noites, podia-se vê-lo sobre a penha, a desafiar os elementos, vestido em roupas negras e esvoaçantes; cabelos longos, lisos e muito negros; barba semilonga e bem tratada; alto, de grande envergadura; e olhos terríveis, difíceis de se fitar.

Suas mãos grandes e fortes fazem gestos de desafio que, em verdade, têm a intenção de absorver as forças telúricas e dispersar aquelas que o incomodam.

A intervalos emite gritos que parecem cantos, lúgubres, de aves agourentas e, noutros, ele recita, em alto e bom som, estranhas fórmulas.

Ereto, concentrado, ele declama, convicto, as estranhas prédicas que cria desde a meninice, em línguas desconhecidas e relembradas, numa situação meditativa e atávica.

As pessoas do lugar, se bem façam uso dos seus "préstimos", ao socorrerem-se em suas mazelas físicas e espirituais, benzem-se, supersticiosos e amedrontados, ao divisá-lo ali, principalmente quando os ventos lhes trazem a sua voz, em cantochões que são de arrepiar.

A fúria dos elementos que rugem, ao redor, parece se harmonizar com esse homem tão estranho, do qual conhecemos a origem.

*

Em Bangcoc, Hamendra, ricamente ajaezado, balança-se comodamente sobre um elefante.

Ao seu serviço, servos diligentes e temerosos; ao seu redor, o povo circula qual um bando de moscas atraídas pelo mel.

Os párias, aos quais ele finge não ver, fazem-lhe petitórios, que ele finge não ouvir. A algum mais afoito, ordena que o açoitem e tirem do caminho.

Assim, orgulhoso, sonhador, sem interessar-se pelo que sucede ao rés-do-chão, ele fita o céu azulado, no qual algumas nuvens muito brancas se esgarçam, aqui e ali.

"Dhara! Por que não consigo esquecê-la? Que estranho poder você exerce sobre minh'alma? Se você pertencesse à minha linhagem, eu teria amado você tanto quanto a Mirtes...

Seu filho, Dhara, hoje, é um famoso feiticeiro! Imagine! Pobre infeliz, para sobreviver e enriquecer ele engana quantos se aproximam! Os pais adotivos, desprezados por ele, já estão envelhecidos. Que estranhos caminhos levaram seu filho a ser o que é?

Dhara, Dhara! Só depois que a perdi me dei conta do grande afeto que lhe devotava! Aquela noite foi demais para os meus nervos! Que horror, vivi! Seu fantasma jamais deixou de me perseguir... Fosse eu um homem do povo, e teríamos tido melhor sorte? Minha vida segue o rumo que o destino determinou; antes de mim meu pai e antes dele, meu avô... Se nasci na realeza, é porque as graças celestiais me são devidas... Somos diferentes da escória que nos cerca. Somos feitos da mesma argila que modela os deuses!"

Assim, envolvido consigo mesmo, ele passeia sob o baldaquim e confortavelmente sentado sobre almofadas.

Olha ao seu redor e, de cima, tudo lhe parece ínfimo, sem importância alguma. Entediado, enfim, faz sinal para regressar.

O servo que controla o animal toca-lhe as patas, enormes, com uma vara, indicando-lhe outra direção. Pesadamente, o paquiderme se volta e se situa no rumo indicado.

Hamendra suspira e boceja.

Uma piscina coalhada de pétalas de rosas e cheia de água morna está a sua espera. Sente o corpo cansado do balanço do animal.

Anseia chegar e beneficiar-se com todos os confortos que lhe são devidos. Pensa no filho mais velho que, uma vez formado, preferiu permanecer na Inglaterra. Sabia correr este risco, ao enviá-lo para lá. A princípio fora contra, mas como desconsiderar a vontade de Mirtes? Ela insistiu, determinada como é, e lá se foi Patrick estudar na Inglaterra.

Sua filha, instruída e bela – seus traços fisionômicos se assemelham aos da mãe – aceita, feliz e vaidosa, a corte que alto dignitário da embaixada da Índia lhe faz. Brevemente se casará. Sentirá saudades quando ela se for para a sua nova vida. Mesmo sem ser carinhosa, ela é companheira e amiga da família.

E o seu Adonis?... Belo como um anjo dos céus, mas, quantos atropelos para criá-lo!

Mirtes fica em polvorosa com o comportamento esdrúxulo de Richard Arjuna. Ele vive mais no meio do povo que no palácio; mistura-se à ralé mais baixa que existe e absorve-lhe os hábitos e os costumes mas, principalmente, os seus vícios. Oh, que infelicidade!...

Rebelde em excesso, não são poucas as vezes que faz Mirtes chorar. Um filho que caminha a passos largos para a desgraça. Ele desaparece por dias seguidos e, ao regressar, não dá satisfações a quem quer que seja.

Quantas vezes, eu lhe bati! E de que adiantou? Ele me enfrenta, silencioso, e repete tudo o que fizera, sem se incomodar com as consequências.

Mais de uma vez me ameaçou e, pelos deuses, não estava brincando! Chegou, certa vez, a dizer com os dentes cerrados que me esmagaria, como a um mosquito, se quisesse...
Atrevido, ingrato, filho desnaturado!"
Enquanto assim reflete, o marajá Hamendra crispa as mãos, raivoso.

*

Na sua humilde *isba*, Marfa sofre dores que a atormentam, impedindo-a de caminhar. Joelhos extremamente inchados e doloridos. Ela geme e chora, a intervalos, para depois adormecer durante alguns minutos fugidios.
Sobre os pés uma grossa manta de lã.
Observando-lhe os sofrimentos, Boris aventa:
— Marfa, se nosso filho cura e faz "milagres", por que não apelar para ele, já que o criamos com tanta dedicação?
Censuras no olhar, ela comenta, sincera:
— Não exagere, Boris! Tivéssemos feito isso e ele talvez fosse uma pessoa melhor. Quiçá, teria seguido outros caminhos!
Pigarreando, ele comenta:
— Ora, bom ele nunca foi, mulher! Sempre sombrio, mal humorado e violento!
— Assim somos nós, também, Boris!
— Desde a primeira vez que o vi, notei sobre a sua cabeça uma estranha maldição!
— Céus de misericórdia, Boris! Que modo de falar! Mas...
Ela abaixa a voz e conclui:
— Sendo filho de quem é... Poderia ser diferente?
— Poderia, e temos disso inúmeros exemplos! Pais maus ou degenerados, muitas vezes, geram filhos muito diferentes deles!
— Você tem alguma razão, Boris, mas Thilbor jamais demonstrou sensibilidade. Será que ele é capaz de amar?!
— Como saber? O que sabemos é que ele jamais foi amado, pobre infeliz!
Marfa conclui que o marido tem razão. Thilbor não encontrou almas abnegadas, que pudessem amenizar-lhe a dureza de coração...
Suspira e decide:

– Vamos chamá-lo, Boris! Estas dores estão me matando!
– Sim, vou enviar-lhe um recado e ele virá, espero.
– Talvez, finja não tê-lo recebido...
Arregalando os olhos, Boris explode:
– O que sugere, mulher? Que eu suba aquele ninho de abutres? Que enfrente o vento assobiando e as tempestades que ali parecem rugir todos os dias?!... Esqueça! Jamais farei isso!
– Então, chame-o... Talvez ele venha...
– Sim, farei isso.
Gemendo, ela sussurra algo desalentada:
– Tomara, em nome dos céus, ele nos atenda...

EMPARELHANDO SUA CARRUAGEM com outra de igual aspecto – rica e luxuosa –, num trecho mais difícil da estrada, que obriga os cocheiros a demonstrarem as suas perícias, o conde Danilo de Abruzzos arriscou um olhar para o seu interior antes de ultrapassá-la.

Surpreso e muito bem impressionado, distinguiu, no seu interior, uma mulher vestida em veludo azul-marinho; chapéu de pequena aba, da mesma cor, enfeitado com delicada pluma branca.

Lindíssima, sorridente, a conversar com os outros passageiros, seus olhos azuis, translúcidos, cruzaram-se com os dele, fazendo-o estremecer, eletrizado. Onde já vira aquele olhar?!... Não se recorda de tê-lo visto antes...

Num átimo de segundo, o tempo lhe pareceu estático.

O brilho e a intensidade do olhar, que lhe foram devolvidos, despertaram-lhe a vontade, irresistível, de saber quem era ela, onde vivia...

Ainda pôde ver, ao seu lado, um homem de cabelos grisalhos; com vestimenta inspirada nas últimas tendências europeias, e uma bonita mocinha que sorriu compreensiva e matreira.

"Quem será o homem? Seu marido? Seu pai?..."

Emparelhados, ele se dá conta do escândalo que causa, fitando-os tão desabridamente. Sabe estar sendo inconveniente. Controla-se, põe a cabeça para fora e ordena ao cocheiro:

– Passe adiante, Ivan!

Enquanto se distancia, troca olhares com a bela passageira, que lhe envia um sorriso encantador.

Tomando rumos diferentes, os dois veículos seguem, cada qual, o seu caminho.

Danilo, espicaçado pela curiosidade, pede a Ivan que pare. Desce, salta para o lado do cocheiro e, enquanto o caminho é retomado, puxa conversa:

— Conhece aqueles passageiros, Ivan?

— Sim, senhor! Eu conheço!

— Eu me surpreenderia se assim não fosse! Você é a criatura mais bem informada que já vi! Mas, diga-me, quem são eles?

— São o senhor barão Mateus de Monlevade e Balantine e suas filhas; Astrid, a mais velha, e Ingrid, a caçula. Chegados da Áustria, há alguns meses, radicaram-se aqui, em Smolenski.

Danilo respirou, aliviado:

"Quem sabe aqueles olhos de safira ainda não tenham dono?... Terá deixado alguém na Áustria?"

Não resistiu e indagou, fazendo o cocheiro sorrir:

— A senhorita Astrid está usando chapéu?

— Sim, meu senhor, ela está! Sua irmã, não.

— Hum... Você saberia me informar se a senhorita Astrid é casada?

— Ah, meu senhor, seu coração bateu forte, não foi? É muito compreensível!

— Não pedi a sua opinião, Ivan! Limite-se a responder, caso esteja informado, naturalmente!

Rindo, sem poder controlar-se, incomodando Danilo que fita-o severo, Ivan responde:

— Casada? Ainda não, mas tem, à sua volta, mais admiradores que moscas no mel! Ela mal consegue dar conta dos pretendentes que acorrem, deveras interessados! Pudera! Além da beleza, que o meu senhor pode constatar, é muito culta, sabidamente bondosa e... riquíssima! Ai, ai, ai!... Até eu, pobre diabo, gostaria de conquistá-la!...

Olhos coruscantes, Danilo repreende o criado:

— Ora, vejam só, quanta pretensão! Situe-se Ivan!... Hum... Mais admiradores que moscas no mel? É mesmo?

Sua última frase foi abafada pela estrondosa gargalhada de Ivan, que surpreendeu no patrão um ciúme nascente e indisfarçável.

Sob o olhar de censura de Danilo, ele se controla e prossegue:
– Alguns, mais obstinados, andam pisando em brasas, porque a bela senhorita a ninguém se prende. Existem aqueles que se transformaram em seus perseguidores, exasperados, visando, não apenas, os seus dotes físicos e intelectuais, mas também a polpuda fortuna do senhor barão! É a representação do vício perseguindo a virtude para resolver os próprios problemas e se iluminar nas luzes alheias! Conheço casos assim! Se quiser ouvir, eu lhe conto alguns!
– Não, não quero, Ivan! Você está dando voltas e mais voltas ao redor das mesmas informações. Arre! Busque na memória algum fato mais interessante e esclarecedor, seja mais objetivo, homem! E pare de filosofar, por favor!
– Está bem! É que... Aprendendo tantas coisas consigo, gosto de fazer uso delas quando posso! Quem melhor que o senhor para entender-me, quando exaro seus próprios ensinamentos?!... Gosto muito de parecer sábio! Acho elegante, importante! E olhe que tenho conquistado muitas mulheres desse jeito. Elas adoram homens sábios! Ah, as mulheres, meu senhor Danilo! São tão belas, tão graciosas! Elas me deixam boquiaberto, submetido aos seus encantos e aos seus caprichos! São a minha perdição!...
– Ivan, pare de tergiversar e, já que sabe tanto a respeito de tudo que nos cerca, fale-me dela, fale-me sobre a sua vida!
– Bem, eu sei que ela é muito amável, por educação e etiqueta. Minha querida Carlota trabalha em sua casa e já a ouviu dizer que está aguardando o seu "príncipe encantado", o seu verdadeiro amor! Deve ser uma sonhadora! – ele conclui, sorrindo, divertido.
Danilo se interioriza...
Ivan interrompe-lhe a abstração:
– Pretende aproximar-se da senhorita Astrid?
– Ainda não sei, preciso pensar...
Algo sussurra aos ouvidos de Danilo que, diante desta mulher, seu coração capitulará... Que sua alma se entregará sem reservas... Que está correndo um sério risco, como jamais correu antes...
Enquanto se absorve, em reflexões, ouve a voz estrondosa de Ivan:
– Poderá vê-la, se quiser, brevemente!
– Ah, sim? Onde? – indaga ansioso.
– No baile da Embaixada da Áustria. Seu pai é um dos adidos, e

organizou um grande evento para apresentar a família e comemorar o aniversário da mais nova, Ingrid, que em beleza rivaliza com a irmã!

– Saia em campo e traga-me as melhores informações, Ivan! Seja expedito!

– Assim serei, meu senhor, aguarde!

– Ah! E deixe-me dizer-lhe que não se deve parecer sábio, mas sê-lo, de fato!

– Oh, meu senhor Danilo! Doce ilusão! Isto é para o meu senhor e para os seus iguais! Eu apenas colho as migalhas que caem da sua mesa!

– Errado! Isto é para aqueles que se comprometem com o saber e lutam por ele, tenham a situação social que tiverem. Sem dúvida que, quando se tem uma vida muito simples e desprovida de tudo, o saber fica em segundo plano, mas isso acontece para as almas incipientes, porque aqueles que de fato valorizam a sabedoria lutam e enfrentam todos os reveses para chegarem ao fim colimado! Disso temos muitos exemplos, Ivan!

– Sim, senhor, sim, senhor! – Ivan responde para ser cordato. Não tem intenção de ser daqueles que negam a si mesmos, em prol de uma evolução intelectual. Gosta da vida e de gozá-la. Ah, se gosta!

Danilo quase pode ler-lhe os pensamentos, enquanto conclui:

"Que belo aprendiz você seria, Ivan! Todavia, é um homem do mundo, completamente do mundo, materialista e sensual, apesar das suas filosofias e da sua inteligência!"

A carruagem diminui a velocidade e adentra veredas floridas e umbrosas, de onde se divisa uma construção sólida e de grandes proporções. É a casa do Conde Danilo, onde ele vive e trabalha em meio à parafernália de que precisa para as suas experiências científicas e a sua Alquimia.

Internando-se, em casa, ele relembra os olhos maravilhosos e o sorriso, incomparável, da bela Astrid...

\*

Enquanto isso, outra carruagem, toda negra, vedada por cortinas espessas, em cujo exterior se distinguem pequenos detalhes cabalísticos que a identificam, desce velozmente as montanhas. Saltando sobre pedras, conduzida por mãos competentes e fortes, ela desliza pelos caminhos que levam à humilde *isba* de Boris e Marfa.

Boris, do lado de fora da casa, cobre os olhos com as manzorras e divisa o negro veículo que se aproxima, como num pesadelo. Sente um grande constrangimento por estar fazendo uso de recursos condenados pela Igreja Ortodoxa Russa e, ao mesmo tempo, pela iminência de rever aquele que, há muito, parece tê-los esquecido.

O veículo chega e roda no terreiro da casa, assustando alguns animais domésticos que estão por ali.

O cocheiro, de fácies patibular, tem uma grande cicatriz que vai do queixo até a orelha esquerda; olhos fixos e duros, gestos pesados e desagradáveis. Da sua pessoa exala um não sei que de nauseabundo...

Ele estanca, enfim, a parelha de belíssimos corcéis, negros e luzidios, que relincham e exibem cansaço na respiração ofegante. Uma vez parados, os animais escavam o chão, impacientes, enquanto Thilbor desce do veículo e olha ao redor.

Seu aspecto intimida: roupas negras, esvoaçantes e sobrepostas, surgem por baixo de negra casaca, longa, de astracã; gorro de peles; botas longas, pretas, bem tratadas e novas. No rosto, a expressão enigmática, daqueles que desafiam as forças do Bem e do Mal, no esforço constante de submetê-las ao seu talante.

Ele se aproxima de Boris que parece chumbado ao chão e vai dizendo irônico:

– Bem se vê que por aqui nada mudou! A mesma pobreza e o mesmo acanhamento! Aqui há o cheiro da ruína e da inércia! E você, Boris, como está? – ele se dirige ao pai adotivo com autoridade e displicência.

– Quem, eu? Eu estou muito bem! – tartamudeia, tímido, e já arrependido de tê-lo convocado.

Duvidando daquilo que ouve, Thilbor o encara frontalmente e declara:

– Bem, já que aqui estou, vamos ver o que posso fazer pela velha Marfa! Não, eu não irei embora, como deseja, antes de vê-la!

Boris abaixa a cabeça. Havia esquecido que, para ele, os pensamentos alheios parecem não ter segredos...

– Vamos entrar, então! Você conhece o caminho!

Ao atravessar a soleira, Thilbor declara:

– Jamais me arrependi de tê-la transposto, um dia, para nunca mais voltar!

– Você é feliz, Thilbor? – Boris arrisca.
Fitando-o, estranhamente, ele responde com outras perguntas:
– Feliz? Quem o é? Desde quando se interessa por mim?
Diante do silêncio de Boris, ele esclarece vaidoso:
– Com estas mãos eu faço a minha própria ventura e a de muitos outros!
Ele exibe as mãos grandes e bem tratadas, finas como as de um nobre.
Boris não se contém:
– Mas faz, em contrapartida, a infelicidade e a desgraça de muitos outros, não é?
– Não! Como de hábito você se engana! Eu nada mais faço que entregar-lhes de bandeja os frutos das suas semeaduras desastradas! "A cada um segundo as suas obras!", lembra?
Persignando-se, Boris responde:
– Aquele que disse essa frase e muitas outras semelhantes, não castigava, mas perdoava e indicava o caminho certo!
– Sim, eu sei! Todavia, como qualquer outro homem imperfeito, faço uso de tudo que encontro, adequando às minhas necessidades e à minha vontade; dando roupa nova aos ditos sacramentados, bem assim como fazem os "religiosos" de todos os tempos. Pode negar isso?
Olhos coruscantes, ele desafia Boris que se mantém mudo.
Diante da sua natural vacilação, prossegue:
– Desde que o mundo é mundo, o Mal desafia o Bem e poucos conseguem livrar-se das consequências dessa luta, por vezes inglória, mas presente, a começar nos corações dos homens, quase sempre, muito invigilantes!
Voltando à carga, Boris quer saber:
– Pretende punir ou premiar estes ou aqueles, Thilbor, como se fosse um mensageiro de Deus?!...
– De Deus ou do diabo, que me importa, Boris? E não fique tão escandalizado, porque assim fazem muitos homens, aqui ou alhures! Pense: quantas línguas douradas que falam no bem são traídas por maus corações que vibram e se impõem, à revelia daqueles que se dizem justos e servos dos céus?!... Quantos males padece esta Humanidade que, falando, em amor, vive o ódio; prega a paz e vive a guerra; dizendo divulgar a luz, espalha as trevas, envolvendo os incautos e fanatizados? Não, não sou um pregador, nem um justiceiro;

sou apenas alguém que aprendeu ou "já sabia" manipular as forças e os elementos da Terra, a seu favor!
– E é assim que sobrevive?
– Não! Quem "sobrevive" é você, na sua estultícia e hipocrisia, indiscutíveis! Eu vivo muito bem! Tenho tudo que almejo e faço aquilo que quero sem entraves!
– Lamento-o...
– Um pouco tarde, não acha? Quando me deu as lições de moral dependuradas nesses lábios que jamais me concederam um ósculo paternal? De quantos maus exemplos foram feitos a minha meninice e a minha juventude? Muitos! Há de convir! E mais, que força maligna lhes cerrou os lábios para jamais apontarem a identidade do pai insensível que me pôs no mundo? Pode responder a essas indagações, Boris? Ou contradizê-las?
Avermelhado pela vergonha e pela ira, Boris indaga-lhe, por sua vez:
– Pretende colocar nas contas dos nossos erros a vida trevosa que escolheu, Thilbor?
– Trevosa pode ser, mas capaz de lhes valer quando precisam, como agora!
– Como você mesmo concluiu, eu já havia me arrependido de tê-lo chamado! Por mim, você sequer atravessaria, de novo, os umbrais desta casa na qual um dia viveu!
– Fiel a si mesmo, você dá largas ao seu arraigado egoísmo! Afinal, não é você quem está sofrendo e, sim Marfa, não é? Que lhe importam as suas dores? Desde quando se importou com ela ou com quem quer que seja? Sua alma, Boris, não é menos negra que a minha, todavia, descanse não os culpo daquilo que já trazia dentro d'alma ao nascer. Apesar da pouca idade, ao lado de vocês, fui sempre mais ciente daquilo que desejava que vocês dois! Perto de mim e dos meus pendores; de minha força mental e dos meus conhecimentos infusos; vocês sempre me pareceram duas crianças mal-educadas! Fossem como fossem, e eu seria o que sou! Talvez, melhor de coração, mais sensível, caso tivesse recebido amor e orientação, adequados. Se exercito o lado sombrio das forças ocultas, poderia, eu sei, exercitar a mesma força na luz! Sou consciente disso, porém, fiz a minha opção... Ao menos por enquanto...
– Não teme o futuro, Thilbor? A morte, quando ela chegar?

– Por enquanto, não! Pago e pagarei todos os preços por tudo que faço e dou azo a que se faça ou venha a suceder. Quando essas mesmas forças se voltarem contra mim, sofrerei as penas que fiz sofrer, esta é a Lei, e eu não a ignoro!

– Deus de misericórdia! Thilbor, o que, então, poderia redimi-lo?

– Um amor verdadeiro, quem sabe? Um estímulo maior que me levasse a uma transformação íntima!

– Almeja que isso aconteça?

– Não! Meu coração é prisioneiro no meu peito endurecido e revoltado. Não sei amar, e isso me protege.

Ambos silenciam. Thilbor parece ter se abstraído...

Súbito sacode a cabeça e comenta:

– Mas veja, estamos perdendo um tempo precioso em filosofias! Onde está Marfa? Devo apressar-me; deixei assuntos pendentes.

A essa declaração, ele ouve um soluço que vem do cômodo ao lado. Levantando o reposteiro rústico e sujo, que esconde o quarto, depara-se com Marfa a chorar.

– Por que chora? A dor é tanta?

- Sim, mas não choro por causa dela e, sim, por você... Envolvida em mil pensamentos estou aqui, a ouvir-lhes a conversa que me assusta, deveras...

Olhar sinistro, profundamente contrariado, Thilbor aconselha:

– Guarde para você mesma, e para o seu marido, a piedade que muito tardiamente demonstra, porque não preciso dela! Aquilo que fez por mim, salvando-me de perecer, me trouxe até você para socorrê-la nas suas dores. Não chore e nem me atormente com os seus pensamentos derrotistas!

Thilbor corre os olhos pelo ambiente... Nas suas lembranças, tanta tristeza, tantas mágoas... Abomina aqueles móveis e objetos, tacanhos; testemunhas mudas das suas horas de sofrimento e frustração... Recorda o pranto, escondido, a morder os lençóis esfarrapados; a fome insuportável, o frio cortante que não o deixava dormir... As pancadas, o medo de sucumbir à selvageria de Boris... A promessa feita, a si mesmo, num ranger de dentes, de ser o que é hoje, a qualquer preço e a despeito de tudo e de todos...

"Como eu seria, caso tivesse recebido melhor tratamento? E, se por um feliz acaso, tivesse crescido ao lado dos meus legítimos pais, qual seria a minha personalidade? Jamais saberei! Seja como for, agora é muito tarde para mudanças! Gosto daquilo que sou, e daquilo que faço! Não saberia viver de outro jeito, não agora, não mais!..."

Envolvido em estranhos sentimentos, algo emocionado, Thilbor sacode a cabeça para desanuviar os pensamentos e declara à Marfa:

– Trouxe medicamentos que irão auxiliá-la, confie.

– Perdoe-me... – ela balbucia, consternada.

Ignorando-lhe o pedido e tocando-a com o talento de um médico, Thilbor faz-lhe um apurado exame.

Vai até a porta e clama pelo cocheiro, que lhe traz uma maleta grande cheia de remédios.

Destampando este ou aquele frasco, faz compressas que aquece à chama do lume do fogão e envolve-lhe as articulações inchadas com ataduras embebidas num líquido de cheiro penetrante.

Após alguns instantes, Marfa demonstra alívio. Respira fundo e agradece:

– Obrigada, Thilbor, e me perdoe por tudo que deixei de fazer por você! Enfim, meu filho, o que eu tinha para lhe dar? Só aquilo que os meus rudes genitores me passaram, somados à vida que tive e à bagagem que ela me concedeu, cruel que foi comigo... Os sofrimentos me insensibilizaram e me tornaram tal qual uma árvore seca, sem frutos... Nunca tive filhos e fui obrigada pelas circunstâncias a criar um enjeitadinho como você...

Algo impaciente, Thilbor responde, todavia, compreensivo:

– Eu compreendo, creia. Além de enjeitado, difícil de conduzir, rebelde por natureza. Que nos perdoemos mutuamente, porque não mais os verei! Use os remédios da maneira como estou fazendo e não morrerá disso, mas de uma doença inesperada.

– Quando? – ela indaga, mal impressionada.

– Não posso dizê-lo, não devo... Cuide de sua alma enquanto pode.

Boris que adentrara o quarto e que a tudo assiste e ouve, a despeito daquilo que acabara de dizer ao filho adotivo e que ouvira dele, indaga, timidamente:

– E eu?... Sobreviverei a ela?

– Sim, mas por pouco tempo! Suas vidas se aproximam do término! O elemento vital que os anima está se esgotando, rapidamente.

– Como pode saber tanto? Você nos assusta! – Boris desabafa.

— Na sabedoria, pautei a minha existência; com ela concretizo os meus anseios, intelectuais e materiais. Assim, me fiz rico e poderoso. Bem, vou embora. Que os dias que lhes restam lhes sejam favoráveis!
— Faz bons augúrios também? — Boris se espanta.
— Sim, e com a mesma intensidade! Assim como curo, também, várias doenças, Boris! Não sou totalmente mau, como imagina!

Nas últimas palavras, já se precipita para fora e, em passadas largas, vence a distância que o separa do veículo, devido à sua robusta compleição. Salta no estribo, entra e fecha a porta da carruagem, enquanto ordena autoritário:
— Vamos embora, rápido!

Momentos depois, o veículo desaparece na curva do caminho, levando no seu bojo o estranho homem que um dia fora entregue àquele casal, sem interesse ou responsabilidade, para uma vida incerta e desorientada...

Estático, Boris fica do lado de fora, a meditar sobre tudo que viveram em tão poucos minutos...

Questiona se o verdadeiro pai de Thilbor o teria criado melhor e conclui, muito sabiamente, que sim. Basta ver como os seus filhos legítimos são queridos, instruídos, e bem educados.

Mas o marajá e sua família não misturam as castas, preservam-nas. Este um fator de defesa da sua classe privilegiada...

Passando as mãos pelo rosto molhado de suor, Boris pragueja:
— Ah, que depois de ter vivido tão mal, em todos os sentidos, minha existência se finará... Desgraça!... A única alegria que me concedi foi o doce e inolvidável amor da minha querida Flor-de-Lótus!... Que saudade!... Por onde andará ela, neste mundo de sombras para o qual eu irei também muito em breve?!... Será que nos encontraremos? Irra, que pensamentos mórbidos! Tudo culpa de Thilbor, maldito!... A vez dele também chegará, mais dia, menos dia! Ninguém fica impune! Um dia, a justiça de Deus, também, o alcançará!...

Hoje, Danilo despertou muito sonhador...

A imagem harmoniosa de Astrid, seus traços de beleza perfeita e os seus luminosos olhos não esmaeceram após uma noite de sono, ao contrário, ficaram mais fortes e mais definidos.

Ultimamente, pouco tem saído. Dessa vez, irá ao baile da embaixada.

Tem exagerado nos seus hábitos de preferência por trabalho árduo e solidão. Desde o verdor dos anos, dedica-se aos estudos metafísicos; sua alma questiona o ignoto e o seu cérebro privilegiado perquire os destinos, a origem e os objetivos reais dessa Humanidade, da qual faz parte.

Celeste, sua secretária, tem-lhe sido cúmplice no trabalho e no amor.

Danilo aceita e se conforma com essa afeição simples, descomplicada, pois jamais acreditou no amor verdadeiro; tão apregoado pelos grandes literatos e vates de todos os tempos.

Duvida deste sentimento que, dizem, arrebata aos céus numa carruagem de fogo ou atira o ser aos Infernos de Dante quando dos seus sofrimentos e desilusões, que sabem a fel...

Menosprezando tal sentimento, malgrado a dor ou a delícia que o mesmo possa permitir, como não confessar que muitas vezes desejou amar e ser amado assim?...

Com o tempo tornou-se descrente, concluindo que jamais se realizaria neste sentido.

Danilo é um grande vitorioso: formado com louvor, tem recebido os louros advindos dos prêmios por suas teses brilhantes, comprovadas e oferecidas às mesas julgadoras e aos homens mais eminentes de então. Seu gabinete-laboratório tem sido o seu mundo, a sua alegria, sua realização maior...

Hoje, todavia, depois de se deparar com aquela fada, bela e etérea, descobriu-se vivamente interessado. Nesses pensares, não percebeu que Celeste chegou para secundá-lo nos diversos empreendimentos.

Distante e desinteressado, ele declina da sua oferta e se afasta. Sequer os seus habituais carinhos ele aceita.

Conformada, Celeste se retira, sem indagações.

Danilo vai ao jardim e ali usufrui das suas delícias enquanto rememora, ponto por ponto, a sua maravilhosa experiência do encontro inusitado e consequente encantamento.

Ivan se aproxima e indaga-lhe se pretende sair. Responde que não.

Trouxera um livro do gabinete, mas vestido no seu confortável e elegante *robe de chambre*, indiferente a qualquer coisa, sonha...

"Sua vida parou ou foi o próprio tempo? O senhor Kronos está me avisando que o meu tempo para amar, de verdade, está me escorrendo entre os dedos; como a areia, fina, da sua ampulheta... Terei me transformado, tão de repente, num sonhador? Racional e prático, como me modificar? Dou preferência àquilo que posso ver e tocar!"

Uma vozinha muito matreira parece indagar-lhe:

"E quem disse que o que viu não pode ser tocado?!..."

Sorrindo levemente, ajuíza:

"E se me atiro a esse jogo com todas as minhas cartas? Será tudo ou nada! Não nasci para perder, jamais!..."

Fita o céu, azul e límpido, enlevado. Não consegue pensar noutra coisa que não seja nos olhos fascinantes daquela belíssima mulher...

"Barão de Monlevade e Balantine, Astrid... Aproximar-me-ei deles... Sim, devo pôr à prova esse coração que, tal qual Fênix, parece ressurgido das cinzas da minha indiferença..."

Súbito, ouve a voz de Ivan:

– O senhor tem uma visita!

Enfadado, indaga, muito desinteressado:

– Ora, quem é? Não estou disposto a receber ninguém!

– Pois veja o cartão do seu visitante e surpreenda-se, senhor!

– Por que eu haveria de me surpreender?

Danilo recebe o cartão que, em letras douradas muito bem desenhadas, traz o nome do seu visitante:
"Barão Mateus de Monlevade e Balantine"
Num salto, muito agitado, exclama:
– Ora, ora, peça-lhe que me aguarde! Ivan, chame o meu camareiro!
– Não é preciso, senhor! Vim trazer-lhe o cartão, porque Demóstenes estava visivelmente ocupado nos seus aposentos particulares! Vai encontrá-lo ali!
Alguns minutos depois, Danilo desce e se dirige ao salão, no qual o barão, impaciente, o aguarda.
Ao vê-lo se levanta. Danilo se adianta amável:
– Bom dia, senhor barão!
– Bom dia, senhor conde!
Indicando-lhe, com um gesto, o assento do qual ele se levantara, Danilo lhe diz:
– Seja bem-vindo! A que devo o prazer da sua visita?
– Bem, em primeira instância, a curiosidade e a vontade de conhecê-lo, como homem sábio e proeminente, que é nesta cidade. Há alguns meses cheguei da Áustria com minhas duas filhas: Astrid e Ingrid. Hoje venho lhe trazer, pessoalmente, um convite para um baile no qual as apresentarei à sociedade local. Na mesma ocasião, comemoraremos o aniversário da mais nova, Ingrid, que acaba de completar dezessete anos.
Danilo conclui que as coisas estão saindo melhor do que poderia esperar...
– Agradeço-lhe a fidalguia e prometo comparecer com muito prazer!
– Fico-lhe muito grato! Então nos veremos lá!
– Certamente!
– Passe muito bem!
– Igualmente!
À saída do barão, Danilo já planeja, em detalhes, o traje com o qual comparecerá ao baile que vem mesmo a calhar, diante das suas mais recentes aspirações e desejos...
" Preciso impressioná-la" – fala de si para si.
Sabendo do evento, Celeste insinuou-se, mas viu-se rejeitada.
Por nada deste mundo ou de qualquer outro, Danilo iria querê-la ao seu redor, amorosa e solícita, tal qual uma gata ronronando.
É e deseja continuar livre. Nunca deu esperanças maiores a Ce-

leste ou a qualquer outra.

Sua beleza, elegância e riqueza, notáveis, têm entortado as cabeças de muitas mulheres, mas seu coração jamais se entregou a qualquer uma delas.

Apesar de tantos afetos espontâneos e das paixões que desperta, parece incapaz de arder no fogo que queima sem se ver, e que traz tanto venturas quanto tormentos...

Ansioso, passou a viver em função do esperado evento.

\*

Estendida sobre um divã, vestida num *négligé*, Astrid tem nas mãos um colar de pérolas, com o qual brinca, rolando-o nos dedos pequenos e ágeis, enquanto recorda aquele belo homem, que fixou nela suas pupilas negras e tão poderosas, que pareciam desnudá-la, desde a alma...

Quem seria ele? Irá vê-lo novamente?

Seus cabelos castanho-dourados, fartos e longos, se derramam sobre o divã. Os pezinhos, descalços, parecem dos anjos das igrejas, pequeninos, bem feitos, brancos como a neve... O corpo, lânguido, jogado sem vontade, exibe formas primorosas, dignas de uma estátua de Fídias. A pele, rosada e macia, como um fruto maduro, encantaria os pintores mais exigentes. A boca, vermelha e voluntariosa, parece feita para beijos apaixonados.

E os olhos desta deusa – onde reside o seu maior poder são duas safiras, muito azuis e cintilantes, como estrelas de primeira grandeza!

Oh, que mortal conquistará e dominará tal beleza?

Mas, e sua alma, como será? Indagaremos, sem dúvida.

Basta dizer-lhes que esta não diminui, nem empalidece, diante da beleza física, muito ao contrário. Sua irmã, Ingrid, chega e, muito intrigada, quer saber:

– O que há, querida irmã? O que a faz tão tristonha e, ao mesmo tempo, tão sonhadora? Que preocupação vinca, tão fortemente, esta fronte linda?

Astrid fixa seu olhar na irmã e reflete quanto ao que deve dizer ou não. Sorri carinhosa, suspira, e se mantém silenciosa.

Matreira, porém, Ingrid especula:

– Bem, bem, vejamos... Não terá sido um "certo olhar" que a fez ficar assim?

Rindo muito, Astrid atira sobre ela uma pulseira de ouro que lhe está ao alcance, enquanto censura:

– Como se atreve a invadir os recessos do meu ser, sua bisbilhoteira?

Rindo, também, Ingrid confirma:

– Eu acertei, eu sabia! Desde aquele momento, você não é mais a mesma, minha irmã! Nunca a vi assim!

Exibindo a fina pulseira entre os dedos e fechando-a em sua mão pequenina, Ingrid avisa, desafiadora:

– Obrigada! Sempre gostei deste adereço!

Abre a mão, olha reverente para a joia e faz uma pergunta que nada tem a ver com os seus primeiros interesses:

– Diga-me, Astrid, é verdade que esta pulseira, tão valiosa, pertenceu à famosa Cleópatra, rainha do Egito?

– Sim, é verdade! Papai adquiriu-a de um joalheiro de sua confiança. Existem documentos comprobatórios, também. Gosta tanto assim dela?

– Sim! Sinto um verdadeiro fascínio por tudo que diz respeito ao Egito e, particularmente, por essa famosa rainha, você sabe!

– Sim, eu sei. Também gosto muito da Terra de Kemi, mas você se excede nesse sentido!

– E então? – Ela indaga, abotoando, cuidadosa, a pulseira no próprio braço.

– Está bem, fique com ela! É sua! E não se intrometa mais nos meus devaneios, sim, sua levadinha?

– Tentarei, prometo, mas não sei se vou conseguir! – Ela declara, num riso cristalino, divertida.

Ato contínuo, alcança a irmã e passa a fazer-lhe cócegas nos pés.

Astrid se encolhe e ri, sem conseguir livrar-se da sua ação brincalhona até que, cansada de rir, ela segura as mãos da irmã caçula e fita-a, bem dentro dos olhos, aparentemente entristecida.

Ingrid aconselha, carinhosa:

– Anime-se, Astrid! Não gosto de vê-la assim!

Astrid ensaia um sorriso para agradá-la e lhe fala com um acento de ternura na voz:

– Amo muito você, minha irmã... Não são simples devaneios...

Alguns pressentimentos me alcançam, hoje, sem que eu consiga identificá-los. Que Deus a guarde! Se acontecer algo a você, eu ficarei muito, muito, infeliz!... Separar-me de você seria um golpe mortal para minh'alma, Ingrid!

De súbito, começa a chorar, enquanto estreita a irmã de encontro ao coração.

Surpresa, Ingrid retribui, com ternura. Igualmente tocada, indaga-lhe muito intrigada:

— O que se passa, Astrid?

Afastando-se, Astrid acarinha o rosto da irmã e lhe responde, esforçando-se para parecer natural.

— Não se impressione com os meus exageros, querida! Bem sabe o quanto sou emotiva!

— Sim, eu sei, mas você disse que não eram apenas devaneios! Aventou a hipótese de nos separarmos! Por quê?

Enxugando os olhos e recompondo-se, ela tranquiliza a irmã:

— Falei em suposição, Ingrid! Amo tanto você e papai, que vejo fantasmas onde eles não existem! Perdoe-me, sim?

— Não há o que perdoar, minha querida! Agradeço, todos os dias, o ter nascido numa família tão amorosa e boa! Você é pura emoção, minha irmã, e temo que, por isso, ainda venha a sofrer! Seu céu pode escurecer numa tempestade íntima em poucos segundos! Os extremos de sua alma muito sensível são visíveis! Você é transparente como o ar!

— É assim que eu sou, minha irmã. Cada um é o que é, e pronto! Sou intensa na vida e dela exijo uma razoável perfeição!

— E nem sempre recebemos em troca aquilo que almejamos, não é?

— Eu sei, descanse minha querida! Enquanto minh'alma alcança as estrelas, trago, em contrapartida, os pés firmes no chão e a cabeça bem plantada no pescoço!

— São os extremos dos quais lhe falei há pouco, Astrid. Com você é tudo ou nada! Precisa exercitar um maior equilíbrio na visão da vida e das suas circunstâncias, tão variadas e, por vezes, surpreendentes! Eu percorro estes caminhos, em todas as suas direções; experimento todas as nuances da minha existência; naquilo que posso absorver, entender, usar, explorar, agir; desta ou daquela forma; a meu favor, ou a favor dos outros. Para isso, às vezes, me exponho e exponho, igualmente, outras pessoas, porque geralmente prevejo as sutilezas das ações destes ou daqueles, e as consequências, exibindo-as ou atalhando-as, em função de alguma necessidade mais urgente. E não podemos esquecer, também, os dons que ambas possuímos em alcançar níveis de entendimento maiores que a maioria, nos fenômenos que nos permitem voos muito mais altos que a generalidade!

– Sim, eu sei. Você é inteligente e ardilosa; prudente e temerária; respeitosa e manipuladora; impulsiva e contida; ousada e conciliadora! Nós nos amamos muito, mas somos muito diferentes!

– Gosto muito dessa diversidade de caracteres! Isto nos faz pessoas únicas, diferentes, como você disse.

Procurando sorrir, mais descontraída, Astrid eleva ao ar um repto, divertida:

– Vivam as diferenças!...

Fitando nela seus belos olhos, Ingrid exclama, reverente:

– Esta é a minha irmã querida! Também amamos muito você, Astrid! Está tudo bem! De qualquer forma, nós sabemos que as distâncias, "para nós", não existem, não é?

– Verdade! Isto sempre nos valerá, em qualquer situação! A vida é cheia de surpresas, nós sabemos! Que Deus nos guarde a todos!

– Assim seja!...

Astrid afaga os cabelos sedosos e avermelhados da irmã mais nova e sente um estranho aperto no peito...

Ingrid se desprende da irmã e, antes de sair, se volta e avisa:

– Pressinto que terá, dentro de breves dias, uma belíssima surpresa que modificará a sua vida!

Sorrindo, Astrid comenta:

– Salve! Falou o nosso oráculo oficial!

– Pode rir, mas esteja atenta! Bem sabe que não falo à toa.

– Sim, eu sei...

Ingrid se vai, saltitante, com a pulseira no braço, já esquecida dos temores da irmã.

Pensa na célebre rainha, enquanto acaricia o rico adereço. Nunca mais se separará dele. Ama profundamente o Egito e tudo que diz respeito àquele luminoso país. E segue cantarolando até os seus aposentos.

O barão, que chega, se enternece com a alegria da sua caçula. Beija-a e se dirige ao seu gabinete. Há muito por fazer, antes do grande baile.

Seguindo, fielmente, as prescrições de Thilbor, Marfa melhora paulatinamente e, algo animada, fala ao marido:

— Boris, nessa ação caridosa de Thilbor, percebo a afeição que ele faz questão de negar. Foram tantos anos de convivência... Por piores que tenham sido...

Contrariando as suas ilusões, Boris responde, rude:

— Anos demais, para ele e para nós. Jamais nos afinamos e nunca o vimos como filho. Quando fala numa filiação que nunca existiu, suas palavras soam vazias. A verdade é que existe em você certo orgulho pelo poder de Thilbor, adquirido de forma misteriosa, diga-se de passagem.

— E que grande exemplo de dignidade é você, Boris? Como não admirar o patamar que Thilbor alcançou? Quando o censura, disfarça, apenas, a certeza de que, se pudesse, faria o mesmo, apesar da "forma misteriosa" de que fala! Não podemos negar, esse nosso filho adotivo sempre foi muito carente de amor!

— Amor, Marfa? Palavra estranha, na sua língua e, mais ainda, no seu coração duro de pedra! Oh, mulher sem juízo! Não vê que Thilbor contraria os princípios da nossa religião? Ele tem parte com o diabo! Não se dá conta disso?

Marfa não responde, simplesmente sacode os ombros, displicente. Pouco lhe importa o que o marido diz ou pensa. Suas dores estão passando e, aos poucos, ela volta a caminhar, novamente, como se jamais tivesse sofrido qualquer doença. Que lhe im-

porta de onde vieram o remédio e a cura?!...
Fechando os olhos, finge dormir, enquanto pensa:
"Você é supersticioso em excesso e muito medroso, também, Boris!"
Boris sai. Caso fosse preciso acusar Thilbor, diante das leis e diante da religião, ele o faria, sem pestanejar! No seu orgulho, pisoteado pela vida a fora, ele abomina ver o "enjeitadinho" subir na vida de maneira escandalosa, enquanto ele trabalha feito burro de carga e nada possui de seu...

Enquanto ele e Marfa seguem as suas rotinas de vida, Thilbor no seu ninho de águia, agita-se nos seus habituais procedimentos de magia negra. Vincos na testa, manipula isto ou aquilo, nas sinistras encomendas que lhe rendem valiosos honorários.

Ao seu redor, pequenos animais engaiolados; répteis ressecados e acondicionados em caixas bem fechadas; vidros de todos os feitios e tamanhos, enfileirados e selecionados por especificidade, em múltiplos escaninhos.

Numa sala sinistra, surpreendemos velas, acesas, de cores muito fortes e formatos bizarros, ao redor de um estranho e tenebroso ídolo de chifres e rabo, olhar malévolo e sorriso zombeteiro nos lábios grossos.

Diante da estranha figura, um anão, corcunda e arrevesado, executa um ritual, fazendo gestos cabalísticos. Ele balbucia estranhas fórmulas, recitando-as, repetidamente, enquanto balança o corpo como um pêndulo, batendo repetidas vezes, de forma cadenciada, os pés descalços no chão.

Horas depois, cansado, ele regressa em seu caminhar torto e pesado, a procura do amo. Vendo-o, Thilbor indaga:

– Já terminou os diversos procedimentos, Buffone?
– Sim, senhor!
– Teremos outros, logo mais, aguarde!
– Sim, senhor!
– Alguns, somente eu poderei executar... – ele comenta, quase para si mesmo, mas os ouvidos afiados do anão registraram.

E, sem mais delongas, concorda prestamente:

– Sim, sim, meu senhor!

Enquanto concorda, servil, ele se afasta e se dirige a um grande cesto no qual entra, se deita e se encolhe. Ali parece dormitar mas, em verdade, não o faz. Está vigilante. Vez por outra, abre os olhos, fixando-os em Thilbor que, sentindo-lhe as vibrações, ameaça:

— Senão desviar de mim esses olhos de serpente traiçoeira, eu os fecho para sempre, aborto da Natureza! Diferente da fera, você é capaz de morder a mão que o alimenta! Traste!

Virando o corpo disforme, com dificuldade, para o outro lado, Buffone se esforça para não exacerbar a fúria do seu amo. Ruminando o seu ódio, todavia, em sua direção – elemento precioso para os trabalhos de Thilbor – ele adormece tal qual um bebê, chupando o polegar direito curto, nodoso, áspero e sujo...

Ignorando-lhe a presença, Thilbor intensifica as suas atividades e, após algumas horas, suor em bicas, ele se desfaz da túnica preta com desenhos cabalísticos dos quatro elementos da Terra, retira o chapéu em forma de cone, também preto, deixando à mostra os cabelos negros como azeviche, lisos, fartos, brilhantes e escorridos.

Sai e, quando retorna, está vestido em trajes diferentes, tendo sobre os ombros uma capa negro-acinzentada, de tecido brilhante, semelhante à pele de algumas serpentes.

Seus olhos, de brilho intenso e assustador, estão abaixados. Quando fala, sua voz sai abafada, rouca, por vezes, arrastada. Seus gestos são rápidos, nervosos, impacientes, impositivos.

Sua assistente, Olga, bela e exótica, veste um elegante vestido vermelho fosco e traz os cabelos arranjados no alto da cabeça. Pulseiras em profusão e colares pesados retinem aos seus menores movimentos. Calça sapatos vermelhos de tecido grosso, semelhante a couro macio virado do avesso.

Ela abre as portas de um amplo salão. Ali, o luxo e o requinte de tudo que há de mais moderno.

Atravessando-o, ela alcança uma sala, reservada para os clientes. No local, um pequeno grupo de pessoas aguarda em silêncio.

Passando por eles, ela se dirige ao ambiente contíguo, onde o atendimento será feito, e fecha a porta.

Pequenas luzes, opacas, iluminam, fracamente. Fragrâncias pairam no ar, em aromas atordoantes. Alguns braseiros crepitam, em tripés fumegantes. Olga derrama, sobre eles, pequenas gotas de um líquido de cheiro penetrante e algo irritante. Retorna e passa, de novo, pelos clientes.

Alguns deles usam máscaras, que lhes são oferecidas à entrada, para serem retiradas na hora da consulta. Thilbor exige falar-lhes frontalmente.

Aos poucos, Olga os convoca, por uma ordem que somente ela e Thilbor conhecem.

Ao sair dali, a maioria parece aliviada; olhos brilhantes, sorriso de vitória, coração prelibando os prazeres e as venturas, longamente ansiadas.

É amplamente divulgado que este mestre da magia consegue realizar todos os desejos. Sua fama já alcançou outros países, recebendo ele consulentes de todas as partes do mundo.

Um dia, chegou-lhe um estranho visitante. Altura considerável, muito além do normal, tez de brancura transparente, olhos negros de brilho intenso, mãos de dedos longos e finos, postura ereta, sorriso enigmático, malícia e irreverência, indiscutíveis... Nos seus movimentos, estranhas vibrações, estonteantes como o perfume que usa.

Elegante, luxuoso, com vestimenta da moda, todo de negro; chapéu, luvas de couro, sapatos novos e bem polidos, bengala encastoada de prata, na qual se apoia, fazendo pose.

Adentrando, ele olha ao redor, esquadrinhando tudo. Silencioso, fixa suas pupilas, que parecem pertencer a algum felino, em Thilbor.

Frente a frente, eles se medem e se analisam, como dois machos a disputar território, solenes...

Quebrando o incômodo silêncio e fazendo a sua parte, Thilbor se pronuncia:

– Salve! Seja bem-vindo!

– Grato pela saudação, senhor Thilbor Sarasate! Tenho muito gosto em conhecê-lo pessoalmente, porque sua fama já nos alcançou, há muito! Sou o Conde Luigi Faredoh, de Bucovina, na Moldávia!

Indicando-lhe o assento, Thilbor indaga:

– A que devo a honra?

– Mera curiosidade! Desejei conhecê-lo!

Thilbor declara, incisivo:

– Todavia, pressinto-lhe alguma intenção!

Sorrindo, o conde concorda:

– Sim, tem razão! Não deveria esquecer com quem estou falando!

Aguardando-lhe os próximos pronunciamentos, Thilbor nada responde. Entendido, o outro pigarreia e declara:

– A princípio, desejei apenas conhecê-lo, como já disse. Mas na viagem, vindo para cá, outra ideia somou-se à primeira!

– Pode ser mais objetivo, por favor?

– Naturalmente! Senti um anseio insopitável de assistir-lhe as práticas de magia.

Thilbor o interrompe, brusco:

– Impossível atendê-lo nesse sentido, caro senhor!

– Oh, lamento, deveras! Teria muito a aprender consigo!

– Não tenho interesse em ensinar a quem quer que seja! Cada qual faça por si, como eu fiz!

– Sim, sim, compreendo! Não quero incomodá-lo de modo algum, descanse!

– Poderia, Senhor Conde Luigi, ser mais breve? Tenho muito a fazer e muitas pessoas estão à minha espera!

– Sim, serei. Aproveitando a chance de conhecê-lo, finalmente, quero convidá-lo para uma visita ao meu castelo, na Moldávia, onde pratico, igualmente, a magia.

– Ah, sim? Então o senhor também "trabalha"?

Soltando uma gargalhada, o conde exclama:

– Ora, por quem sois! De onde eu tiraria o meu sustento?

– De tantas formas e profissões se vive! Poderia ter alguma que não incluísse as referidas práticas!

– Todavia, somos coidealistas naquilo que fazemos. Em minha curiosidade e admiração, incontestes, baseei esta visita que, aliás, está me agradando sobremaneira.

Duvidando muito de tudo o que ouve, pois pode perceber que tem diante de si um charlatão, Thilbor reflete, porém, quanto à oportunidade de aproveitar-lhe o convite para concretizar um sonho antigo... Cofiando a barba bem tratada, pensa, sorriso de enlevo nos lábios:

"Moldávia! Minha Terra Prometida! Os deuses infernais o enviaram, conde Luigi, e você há de servir-me, de uma forma ou de outra!"

Súbito, como se todas as janelas fossem abertas, um vento forte e gelado varre o ambiente, fustigando-o.

No ar, estranhas vozes, roufenhas, articulam sons, surdamente, aqui e ali; no teto, nas paredes, no chão, no ar... Sons de passos se fazem ouvir e sinistras gargalhadas espocam, algo abafadas... Um odor fortemente desagradável se espraia pelo ambiente.

Olhos brilhando de volúpia, o conde exclama num grito abafado:

– As Fúrias se fazem presentes! Participam da nossa conversa e do nosso encontro!

Sem dar-lhe atenção, Thilbor pensa:
"Sim! Elas me avisam que o tempo de mudanças é chegado!"
Thilbor dá alguns passos, levanta os braços e ordena:
– Parem! Basta! Já ouvi e entendi! Ide que preciso trabalhar! Fora!
Como por encanto, os ventos cessam e os rumores silenciam.
Teatral, Thilbor regressa ao ponto de partida e toca uma sineta que está sobre a sua mesa.
Ao toque continuado, Buffone surge, sonolento e mal humorado.
– Traga-nos o melhor vinho! Vamos seu anão estúpido, avie-se!
Sem responder, o anão desaparece atrás da porta que se abrira a fim de que ele entrasse e de cuja existência ninguém suspeitaria.
Minutos depois, ressurge carregando uma bandeja de prata com dois cálices lavrados em ouro e uma garrafa de formato esquisito contendo o líquido precioso e requisitado.
Aguardando, primeiramente, a saída do anão, Thilbor silencia.
Buffone sai, discreto, pelo mesmo lugar que entrou. Thilbor serve o conde e servindo-se, também, faz um brinde:
– A nós e à aprazível Moldávia! Ninho, generoso, de mistério e de poder incomensuráveis!
– Sim! E também a este país que no momento o abriga! Indo às origens, senhor, louvores a Bangcoc, também, que o viu nascer, morrer e reviver, para exercer o poder espiritual que carrega!
– Sim! Nasci, morri e revivi! A própria natureza reativou os laços que ainda não haviam sido rompidos definitivamente. E aqui estou eu, para alegria de tantos e desespero de muitos!
Numa risada solta e divertida, concordando com o que acaba de ouvir, o conde exibe dentes brancos e esquisitos, como dos animais carnívoros...
Após os augúrios, eles suspendem os cálices e sorvem até a última gota do líquido grosso e vermelho que carrega na sua essência um fogo que devora as entranhas, promovendo uma exacerbada alegria.
Novo aperto de mão e eles se despedem, prometendo um reencontro assim lhes seja possível.
Medindo-o dos pés à cabeça, analisando-o, Olga conduz o visitante até a saída. Ele, por sua vez, não se fez de rogado e flertou com ela, desabridamente, almejando revê-la em melhor oportunidade.
Depois de alguns minutos de enlevo, sonhador, Thilbor retoma o seu trabalho e vai recebendo e despedindo, um após outro...

Vez por outra, diante deste ou daquele que sai, resmunga:

– Se você soubesse, seu tolo, o preço que terá de pagar por seus desejos realizados! Imprudente, que julga transgredir as Leis Maiores! O dia do acerto de contas chegará, mais cedo ou mais tarde!

Assim, após mais um dia de "trabalho", os bolsos de Thilbor estão repletos de ouro, joias, documentos valiosos, e muitos, muitos rublos, além de muitas outras moedas estrangeiras.

Somente ele afere os reais valores e guarda-os, zeloso e avaro, nos cofres dos quais carrega as chaves. Seu poder cresce na medida em que cresce a sua fama, aumentando, vertiginosamente, a sua clientela. Sorrindo, prazeroso, ele se ufana daquilo que é e daquilo que ainda pretende ser. Além de Olga e do anão, Thilbor possui muitos outros criados, que deslizam sem fazer ruído, cumprindo, cada qual, o seu dever. O patrão além de ser muito exigente, por vezes, é muito cruel...

*

Enquanto isso, o conde Danilo, em seu laboratório, trabalha, em meio a retortas, tubos de ensaio, in-fólios. Nos escrínios: ervas, venenos, minerais, plantas, flores e essências.

Vestido numa túnica rústica e branca, seu auxiliar, Hassan, diligente, movimenta-se, arranjando isto ou aquilo, aqui e ali, organizando e rotulando.

Silencioso, ele respeita a concentração de Danilo que, debruçado sobre um livro de Alquimia de grandes proporções, lê e vira as folhas, atento.

Horas depois, cansado, Danilo ordena:

– Deixemos isto, por enquanto, estou faminto!

– Eu também! – responde o criado, pensando nas carnes assadas que tanto aprecia, no vinho e nas frutas, saborosas, colhidas no pomar da propriedade.

Satisfeito, dirige-se à cozinha, enquanto Danilo segue para os seus aposentos particulares e mergulha numa banheira de mármore branco, com água tépida e perfumada.

Ali, ele se põe a sonhar com uns olhos da cor do céu; quase esquecido da fome.

Enquanto relaxa antes da refeição que dentro de alguns minutos lhe será servida, sonha... Jamais fora um sonhador mas, depois de ter visto Astrid, devaneia mais que um poeta...

Recorda, num sorriso de satisfação, que ela, também, o observara. Estremeceu, emocionado, diante daqueles olhos maravilhosos que, rápidos e percucientes, mergulharam em sua alma, sem barreiras.

Tomara a rápida análise lhe tenha sido favorável. Sabe de si. Como homem, costuma agradar as mulheres, mas, diante de uma tão especial, como saber? Anseia revê-la. Seus olhos o fazem recordar seu belíssimo mar mediterrâneo.

Danilo é natural da Itália, mais precisamente de Roma.

Chegado à Rússia, há uma década, trabalha, arduamente, durante algumas estações do ano, mas quando o inverno eslavo se instala, ele foge com bagagens para sua terra. Ali, também, se envolve com projetos científicos de temporada.

Nunca se prendeu demais a nada, nem a ninguém. É livre como um pássaro. Vive de rendas; é muito rico, mas busca, esforçado, uma razão maior para viver e sentir-se útil. Deplora a fatuidade de muitos e a leviandade que os leva a viver como se fossem eternos, a gozar sem limites e sem freios a vida que cobra, diuturnamente, atitudes responsáveis e objetivos maiores de todos e de cada qual. Imagina, em arrepios, a velhice de tais gozadores quando esta chegar e surpreendê-los em meio a achaques e desencantos, incapacitados fisicamente.

Enfim, chega o grande dia. Elegantemente paramentado, ele parte para o ansiado evento.

Ao descer de sua carruagem, brasonada, faz as mulheres se agitarem para admirá-lo e serem notadas. Habituado, ele ignora o próprio sucesso e também os olhares de inveja e de ódio de outros homens que o alcançam, em contrapartida.

No seu andar tranquilo, aproxima-se da entrada quando surpreende a chegada de outra carruagem, na qual distingue o barão Mateus e suas filhas. Detém-se e aguarda.

Se Astrid é bonita, sua irmã mais nova nada lhe fica a dever. As duas se assemelham, ambas representantes de belezas admiráveis.

Aceitando o auxílio do pai, Astrid desce e se depara com a presença de Danilo. Estremece, vivamente.

Eletrizados, eles se fitam, silenciosos. Com um sorriso sedutor, Danilo se adianta para cumprimentá-los.

O barão o reconhece e estende-lhe a mão, que ele aperta, gentil e educadamente. Ato contínuo, apresenta-lhe as filhas.

A chegada das moças provocara um justificável murmúrio.

Ingrid reconhece Danilo e conclui que um homem, assim, interessaria a qualquer mulher inteligente e de gosto refinado.

O barão se distancia para cumprimentar seus pares e Danilo fica no meio das duas irmãs.

Voltando-se para Astrid, ele comenta, divertido, a exibir dentes brancos e perfeitos:

– Já que coube a mim a honorável incumbência de acompanhá-las, enfrentarei, corajoso, os murmúrios de ciúme, de despeito e, quiçá, os olhares malignos dos *jettatori*! Praza aos céus, eu não caia aqui mesmo fulminado, aos pés de mulheres tão formosas!

Elas riem, descontraídas, enquanto caminham rumo aos salões feéricos onde as músicas já se fazem ouvir.

Constelações no olhar, Astrid agradece intimamente à vida por sentir-se aprovada e estar ao lado deste homem que parece invadir-lhe, sem reservas, todos os recessos do ser. Observa-o, estudando-lhe os modos, vivamente interessada.

Ingrid não se faz de rogada: ágil e prática, faz interrogações a Danilo, enquanto, observadora, Astrid anota-lhe as respostas, louvando a ousadia da irmã.

Entregando-as, enfim, ao pai, que as exibe, orgulhoso, ele se mantém próximo e atento a todos os movimentos de Astrid. Atraída pelo magnetismo do seu olhar, vez por outra, ela se volta para vê-lo. Envolvida com parentes e amigos, aguarda, ansiosa, o momento do grande baile.

Educada e gentil, a jovem já dispensou várias companhias masculinas, que ao vê-la chegar, acorreram como se ali estivessem apenas esperando por elas. Contrariados e desiludidos, eles se espalham e ficam por ali a estudá-las, na esperança de uma boa oportunidade.

Assim como Danilo ela não deseja, de modo algum, ser monopolizada por quem quer que seja.

Seu pai já percebeu a sua inquietação com a presença do ilustre convidado. Sem interferir, vigia, deixando-a à vontade. Desde que a mãe delas morreu, tornou-se responsável pela criação, educação e defesa das duas.

Enquanto ouve e atende quantos o assediam por causa dos seus conhecimentos e da sua ciência, Danilo pensa:

"Como moscas no mel!... Ivan fora muito feliz na analogia!"

Ao mesmo tempo, o barão reflete sobre as queridas filhas. Ingrid exige-lhe maiores cuidados e, não raras vezes, admoestações. Ignorando, desabridamente, as naturais convenções, ela o tem colocado algumas vezes em difíceis situações.

Unidas, no entanto, Ingrid e Astrid permanecem cúmplices nos menores cometimentos. Apesar de ser mais cuidadosa que a irmã, Astrid não se furta a aproveitar-se dos inegáveis dons de Ingrid que vence, com facilidade, os maiores obstáculos, saindo, quase sempre, ilesa e isenta de maiores preocupações, porque sabe parar antes do inevitável, ou recuar, quando é preciso. Dir-se-ia uma grande estrategista.

Sorrindo, complacente, ele conclui que a filha mais jovem herdou-lhe os predicados. General, reformado, teve uma vida militar brilhante, o que o faz exibir inúmeras medalhas de honra.

"Fosse Ingrid um homem e me seguiria os passos" – pensa, estufando o peito, dentro do seu traje elegante e luxuoso.

Já Astrid puxou à mãe: delicada, sensível e reservada; sonhadora, mas inquieta apesar das aparências. Da sua roda de amigos, ele observa Danilo que, apesar de requestado e admirado por seus dotes físicos, intelectuais e morais, e por sua vida de sábio, exibe alguma impaciência na intenção de desvencilhar-se, enquanto mantém a sua atenção sobre Astrid que, por sua vez, disfarçadamente, o traz sob sua mira.

"Nunca surpreendi Astrid tão interessada em alguém! Depois desta noite, pressinto que nossas vidas se modificarão" – pensa, a observá-los todos.

Thilbor pretende mudar-se o mais breve possível para a terra que o fascina. Seu estranho visitante viera apenas reforçar aquele antigo desejo.

Súbito, recorda que na Embaixada da Áustria haverá um estrondoso evento, ao qual acorrerá um sem-número de conhecidos e de clientes. Muitos dos que ali estarão, costumam usar os seus préstimos, apesar de considerá-lo misterioso, excêntrico e perigoso. Abominam-lhe a proximidade e a convivência, mas não se atrevem a desafiá-lo, pois ele tem, em suas mãos, os destinos de muitos!...

Clama por seu criado particular, veste-se com apuro e, alguns quartos de hora depois, sua lúgubre carruagem desce a penha em busca dos mortais que, lá embaixo, vivem suas vidas tão mesquinhas... Despreza-os, devotando-lhes uma grande indiferença ou um ódio concentrado.

Enquanto os corcéis negros descem resfolegantes e seu corpo ágil, magro e flexível, se balança todo, ele preliba os gozos que encontrará: no entrelaçamento de algumas "amizades" que lhe interessam; no estontear das danças naqueles salões luxuosos nos quais, abraçado às cinturas de belíssimas mulheres, esquecerá por algumas horas seu viver sombrio.

Embriagar-se-á com os licores sutis e com os perfumes das damas; quiçá, termine a noite nos braços de alguma mulher sedutora e sábia nos prazeres da cama...

Apertando os olhos, como se divisasse algo à distancia, ele cofia sua bem tratada barba e sorri, enigmático. Acaba de 'ver' uma jovem lindíssima a valsar no salão. Seus olhos têm o brilho das estrelas e sua aparência é em tudo harmoniosa, muito feminina, muito desejável... Concentrado, ele se extasia com a imagem que baila em sua tela mental.

Apesar da exótica figura, – o que, para muitos, é mais um motivo de atração – Thilbor é inegavelmente um belo homem, de olhos escuros como a noite, cabelos negros e luzidios como as asas do corvo, boca desdenhosa, mas bem feita, porte elegante e maneiras educadas. A voz é melodiosa e metálica. Tem um andar elegante e gestos refinados. A sociedade e, muito principalmente, certas mulheres, sabem valorizar homens assim.

Vestido num traje totalmente negro, ele exibe o brilho das sedas e dos veludos mais luxuosos. Os adereços falam da sua qualidade, na última moda europeia.

Com as cortinas cerradas, ele se recosta, abstraído e, após algum tempo, regressa ao rés-do-chão quando a carruagem chega ao seu destino. Pomposo, desce e se dirige à entrada, apresentando-se com gestos estudados.

Enfim, adentra os salões. Ali os pares deslizam ao som das valsas e das mazurcas. Caminha, lentamente, entre os circunstantes, observador, tal qual um felino, deixando à sua volta um estranho fascínio, do qual é dono e ciente. Jamais passará despercebido, seja onde for.

Percebe os olhares provocantes de algumas mulheres. A algumas conhece mais do que elas gostariam. Ignorando-as, saúda alguns convivas. À maioria, sua presença desagrada.

Integra-se às danças – e o faz com maestria. É refinado dançarino, disputado por quantas lhes estão ao redor. Mudando de par, incansável, ele se esmera nos caprichos de cada ritmo dançante, mas enquanto o faz, procura ansiosamente por alguém.

Enfim, num dos salões, seu olhar emite brilhos fantásticos quando surpreende a rodopiar, leve como uma borboleta colorida, sorridente como o sol da manhã, alegre e descontraída, aquela que já divisara a caminho. Fixa nela seu olhar e ela se volta, como atendendo-lhe ao chamado. Saúda-a com leve inclinação de cabeça, elegante, sedutor, e lhe sorri.

Ingrid vacila sobre os próprios pés e quase desfalece, não fosse o seu par a sustentá-la. Sentira no peito uma forte pressão, dolorosa;

sua cabeça passou a latejar e suas pernas enfraqueceram. O salão rodou e os seus olhos nas órbitas se negaram a fixar-se no que quer que fosse. Foram, porém, momentos fugidios.

– Devo ter-me excedido nos volteios da dança! Preciso parar, desculpe!

Elegante e educado, o seu par conduziu-a até o lugar onde se encontravam o seu pai e os amigos.

Notando-lhe a palidez, o barão quer saber:

– O que houve, minha querida? Você não está bem?

– Não, não estou. Excedi-me nas danças e veja o resultado! Preciso retemperar-me e descansar!

– Venha, filha, eu a conduzirei até o salão de repouso!

– Sim, vamos! – ela responde, sentindo ainda os efeitos de tão grave quanto pesado olhar.

Procura aquele que parece ter-lhe causado o desconforto, mas este se eclipsara. Respira fundo e passa a duvidar daquilo que viu. Melhor calar; pensarão que delira...

Deixando-a entregue a uma tia, o pai retorna ao salão e se depara com Astrid a procurá-la:

– Onde está minha irmã? Valsava há pouco e, agora, não a vejo!

– Ingrid cansou-se em excesso e está repousando.

– Vou vê-la, meu pai!

– Não é preciso, ela está sob os cuidados da nossa cara Deborah, filha. Volte ao salão e se divirta. Daqui a pouco, Ingrid estará muito bem!

Convencida, ela se distancia, deixando o barão mergulhado em reflexões. O comportamento de Astrid não deixa dúvidas. Ela e Danilo estão fascinados um pelo outro... Teme vê-la casada, numa outra realidade...

– Pior para o meu coração... – sussurra.

Astrid vai encontrar Danilo, ainda cercado de admiradores do seu trabalho. Delicado, ele atende-os, mas anseia libertar-se para estar com ela.

Enquanto aguarda, a fim de não precisar declinar do convite de outro cavalheiro, Astrid decide refrescar-se. Sai para o corredor onde corre uma brisa agradável. Aspira o perfume das flores que vem do jardim, caminhando lentamente.

Súbito, quase emite um grito: a sombra escura de uma grande ave passa sobre a sua cabeça no ruflar das suas asas enormes... Ouve um silvo que parece um pio e, ao mesmo tempo, o som natural dos

ofídios... Um inexplicável mal-estar a acomete. Sente-se como num pesadelo, todavia está desperta!...
Passa as mãos sobre os olhos e volta a firmar a vista, mas nada mais vê, nem ouve.
"Era a sombra de uma ave de grande porte, mas como ela chegou aqui? De onde teria vindo e para onde foi? Terei me enganado com o reflexo de alguma coisa parecida? Não, eu sei o que vi!..."
Vendo a inutilidade de prosseguir ali a analisar o que viu, Astrid decide voltar a procurar por Danilo.

*

Seguindo os aromas da alma de Ingrid, Thilbor pousa nos arredores, retoma a forma humana e segue numa determinada direção. Com exceção de Astrid, ninguém mais o surpreendera.

Enxergando, sem entraves, através das portas, descobre Ingrid que, aparentemente imóvel, descansa sob os cuidados de bonita senhora, inclinada sobre a leitura de um romance da moda.

Abre, cuidadoso, a porta, e se aproxima, sorrateiro. Suspende a mão direita na direção da mulher. Esta solta o livro, recosta-se na cadeira e adormece prontamente.

Num outro gesto, ele faz Ingrid levantar-se, sonâmbula, e toma-lhe a mãozinha acetinada, levando-a a um dos salões, onde uma música vibrante se faz ouvir.

Envolvendo-lhe a cintura graciosa e delgada, passa a conduzi-la numa valsa estonteante. Vez por outra, aconchega-a ao peito, estremecendo de volúpia e prazer.

Ingrid tenta esquadrinhar o rosto do seu par, sem lembrar-se de como chegou ali e sem entender por que está dançando com um homem tão estranho. Em verdade, flutua, pois o chão parece ter desaparecido sob os seus pés. Sentimentos contraditórios a alcançam, inexplicáveis... Vibrações estonteantes a envolvem, poderosas.

Nestes inebriantes rodopios, a sensação dúbia de atração e rejeição por este homem que a arrasta pelo salão, com energia e vivacidade. Ele sorri exibindo belos dentes. Seus olhos fulminam, parecendo despí-la por inteiro.

Sua mão ardente tocando seu corpo parece febril.

Amolecida na vontade e na ação, ela se deixa levar... Consegue aquilatar a carga sensual que este homem carrega e derrama intencionalmente sobre sua pessoa.

Enquanto isso, noutro salão, livre, enfim, Danilo se dirige a Astrid, convidando-a para dançar. Sorriso iluminado, ela aceita e sai a bailar com ele, a alma em festa.

Juntos, enlaçados, corações disparados, ambos parecem ter-se, enfim, reencontrado no espaço e no tempo.

Conversam trivialidades e falam de tudo, principalmente de si mesmos. Em poucas horas se reconhecem íntimos, como se jamais tivessem vivido distantes um do outro. Numa das valsas, apertando-a ao encontro de seu coração, Danilo lhe fala ao ouvido:

– Você parece uma estrela, caríssima! Como pude viver tanto tempo sem a sua beleza e a sua luz? Por onde tenho andado que jamais a vi?

– Bem, em verdade já nos vimos, caro conde!

– Naquela circunstância, quando nossos veículos se aproximaram?

– Sim!

–Todavia, antes disso, não nos conhecíamos!

– De fato!

– Podemos dispensar os tratamentos cerimoniosos?

– Sem dúvida, Danilo!

– Grato, Astrid! – Ele completa, com um olhar que não deixa dúvidas quanto ao seu interesse.

Astrid está encantada. A voz desse homem fala-lhe à alma. Seu porte airoso, seus gestos delicados e, ao mesmo tempo, tão viris, tão fortes, fazem-na recordar um não sei quê de venturas... Sim, há muito o esperava... Seus olhos, quando se encontram, dispensam palavras... Profundamente emocionados, eles falam ou silenciam, fruindo, felizes, a proximidade apaixonante um do outro.

Seus corpos parecem reconhecer-se, amalgamando-se, numa inexcedível sensação quando dos volteios... Astrid não deseja, absolutamente, separar-se dele, nunca mais! Enfim, ele chegou e a domina total e absolutamente!...

Assim, enleada, ela não viu mais a irmã, imaginando que descansasse, bem protegida.

Thilbor, todavia, após dançar loucamente com Ingrid, buscando espaços distantes dos olhares dos seus parentes e conhecidos, decide fazer uma saída estratégica. Para isso, escolhe uma porta lateral e pouco concorrida.

Fazendo um notável esforço para compreender aquilo que se passa, Ingrid tenta reagir, mas o olhar negro e magnético, que recai sobre ela, obnubila de vez sua razão. Sem forças, num gemido surdo, ela desmaia nos braços fortes do seu parceiro.

Thilbor sorri, sinistro, e suspende nos braços sua valiosa presa.

Desemboca no passeio público. Naquele ângulo, a rua está completamente deserta. Conhece aqueles sítios, sabia o que estava fazendo ao escolher especificamente a referida saída.

Faz um sinal para o seu veículo deixado a pouca distância, agiliza e, em poucos minutos, embarca sequestrando Ingrid completamente adormecida. Acomoda-a sobre as almofadas e contempla-a, embevecido.

Numa voz soturna e ao mesmo tempo acariciante, ele arranja-lhe os cabelos desfeitos, enquanto promete:

– Você é e será, sempre, minha! Farei de você minha mulher e ai daquele que tentar me impedir! Desejo um amor e nenhum melhor que o seu, minha cara!

Solta uma gargalhada estentórica, que assustaria a quem pudesse ouvi-lo – menos ao seu criado, já acostumado que, dando de ombros, incita os cavalos a correrem mais velozes.

Tais quatro fúrias, os animais desembestam pelos caminhos que levam à penha escura e grotesca que abriga os domínios deste trevoso senhor... Chegando, ele a toma nos seus braços vigorosos e leva-a, vitorioso, para dentro, quase a correr.

Após deixá-la confortável, ministra-lhe pequenas gotas de narcótico nos lábios entreabertos e beija-os, suave, sem pressioná-los, numa delicadeza que seria impossível adivinhar-lhe.

O aposento é luxuoso, limpo e confortável, mas mergulhado numa quase escuridão.

Cobrindo-a com uma grossa manta de pele de animal, fica ali a admirá-la, embevecido.

Em seguida, ergue-se e sai, olhar brilhante, fino sorriso nos lábios... Dirige-se ao seu gabinete onde tem trabalhos a fazer. Todavia, não consegue se interessar por nada naquele momento.

Desiste de trabalhar. Concentra-se, olhos fechados, corpo lasso.

Num estranho sorriso, dir-se-ia que ele dorme e sonha mas, em verdade, ele assiste, à distância, o burburinho causado pelo desaparecimento da caçula do barão Mateus...

O pai, enlouquecido, desarvorado, procura por ela em todos os departamentos da imensa embaixada, auxiliado por inúmeras pessoas, solidárias com o seu patente desespero.

Deborah, ao despertar, se surpreendera com a ausência da sobrinha. Imaginando-a melhor e dançando nos salões, saiu à sua procura para tranquilizar-se, mas não encontrando Ingrid em lugar algum, deu o alarme. Não consegue entender como dormira tão rápido e inevitavelmente...

Sente-se culpada e nada consegue tirá-la da aflição na qual se encontra. Chora copiosas lágrimas. Já explicou, um sem número de vezes, como tudo aconteceu. Nada, absolutamente nada, ela vira ou ouvira.

Astrid e Danilo procuram Ingrid pelos jardins e ambientes externos; até pelas ruas adjacentes, mas sem êxito.

Abraçando-a, ternamente, Danilo consola Astrid, que se culpa por não ter sido mais vigilante e cuidadosa com a irmã...

Fazendo uso de fino lenço de cambraia emprestado por Danilo, ela enxuga as lágrimas e lhe fala, arrasada:

– Que juízo deve estar fazendo de nós! Parecemos uma família desajustada! Não nos julgue com severidade, peço-lhe!

– Quem julga que eu sou? Por que o faria?

– Porque é sabidamente um homem muito culto e de comportamento ilibado! Por Deus, não pense que somos insensatos e irresponsáveis!

– Eu jamais faria isto, Astrid! E não me entronize num imerecido pedestal, quando tão pouco me conhece, ainda! Pressinto-lhe uma admiração exagerada; não dê ouvidos àquilo que ouve do vulgo, por favor. Sou um homem como qualquer outro, imperfeito, num esforço constante de melhorar-me, e é bom que saiba disso. Não sou um herói dos clássicos de Homero, nem da própria vida que nos cobra, a todo instante, atitudes bem contraditórias! Nunca fui um sonhador e nem cego da alma; veja-me exatamente como sou: frágil diante de tudo que nos cerca, lutando para vencer sempre, mas nem sempre conseguindo!

Astrid fita-o, surpresa, de olhos muito abertos. Não consegue deixar de pensar que este homem está, desde já, prevenindo-a de algo que talvez seja maior que a sua capacidade de perdão. Aguardará, cuidadosa, o futuro, para saber ajuizar melhor. Danilo chegara para modificar-lhe, radicalmente, a existência.

Observando-lhe a abstração, Danilo sorri e complementa, cuidadoso:
– Pode contar com minha amizade e compreensão. Mais que isso, com os meus préstimos! Lamento, profundamente, aquilo que sua bela e nobre família está vivendo e ponho-me à sua disposição.
– Muito grata...
Silenciosa, ela se interioriza.
– O que foi, Astrid? Está recordando algo?
– Sim, e por isso não posso me perdoar!... Eu sabia que algo de ruim iria acontecer! Tinha a obrigação de estar mais atenta, de vigiar melhor minha querida irmã!
– Por que diz isso?
– Por vários motivos: Faz algum tempo venho pressentindo sofrimentos para nós. Sequer podia imaginar de onde os mesmos viriam, mas eu sabia – não me pergunte como – que Ingrid corria perigo! Hoje, aqui, caminhando pelos corredores para refrescar-me, ouvi um estranho ruflar de asas sobre minha cabeça, como se uma enorme ave estivesse a voejar ali...

Mais tarde, quando me dispus a vê-la, antes que alcançasse o salão de repouso, surpreendi-a num dos salões a rodopiar, vertiginosamente, com um homem todo vestido de negro. Concluí que ela já estivesse bem.

Minha irmã sempre apreciou pessoas diferentes, exóticas, por isso, deixei-a à vontade. Afinal, estávamos todos próximos. Que mal poderia alcançá-la?

Danilo empalidece mortalmente:
– Pode descrever o tipo do estranho que dançava com sua irmã?
– Sim, analisei-o muito bem. Ele era muito alto, forte, ágil e magérrimo; tez levemente bronzeada, roupas completamente negras e muito luxuosas...

Danilo não se contém e explode, punhos cerrados:
– Ele! Sim, quem mais poderia ser?!...
– O que disse? Conhece esse homem?
Sem responder, Danilo toma-a pela mão e a arrasta enquanto convida:
– Venha, vamos procurar seu pai!
– Ele não está! Foi à nossa casa, na esperança de lá encontrá-la.

Danilo estanca e declara:
– Temo que sua esperança seja inútil...
– Por que diz isso? Sabe de algo?
– Não, mas suspeito! Aguardemos o regresso de seu pai...
– Oh, Danilo! Tomara você consiga encontrar minha irmã!
– Não se entusiasme demais, por favor! Tenho apenas algumas suspeitas.
– Está bem, todavia sinto que você sabe mais do que diz, Danilo...
Fitando-a, embevecido, Danilo conclui:
"Que intuitiva é você, minha bela! Não fossem os atropelos que estamos vivendo e poderíamos nos aprofundar mais nesta afeição que parece ter superado o tempo... Seu olhar azul como o céu invade-me a alma com um poder que jamais concedi a outra mulher. Será que o verdadeiro amor existe? Estarei perto de descobrir?..."
Enquanto assim reflete, vê o barão adentrar de novo a embaixada para comunicar que sua filha não fora para casa. Seus olhos vermelhos e inchados de chorar falam do seu desespero.
Ao vê-lo, Astrid se precipita, abraça-o e explode em soluços, enquanto lhe pede desculpas por não ter vigiado melhor a irmã.
Retribuindo-lhe os carinhos, ele a consola e responde às suas queixas:
– Não se culpe, minha querida! Ingrid sempre nos escapou aos cuidados! Por certo, decidiu nos pregar uma peça! Ela vai aparecer, verá!
Aproximando-se, respeitoso, Danilo lhe diz:
– Caro senhor barão, é provável que a presença de alguém muito suspeito possa nos levar a alguma referência mais direta!
– De quem fala, caro conde?
– Venha, por favor, precisamos averiguar algo.
Deixando Astrid aos cuidados da tia, o barão segue o conde que se dirige aos departamentos da embaixada, nos quais várias pessoas se desdobram para entender o sumiço de Ingrid, diante da responsabilidade que lhes cabe.
Adiantando-se, Danilo fala a um adido, seu particular amigo:
– Diga-me, por favor, o conhecido ocultista, Thilbor Sarasate, esteve entre os convidados nesta noite?
Prestativo, o inquirido pede:
– Aguarde, por favor, vou procurar os responsáveis pela recepção dos convidados.

Minutos depois, testa vincada, ele retorna, confirmando:
— Sim, o mesmo esteve aqui, por pouco tempo. Vaidoso, elegante e refinado, dançou algumas vezes e depois desapareceu. Concluiu-se, que, desinteressado, tenha abandonado o evento.
— Alguém o viu sair?
— Não, mas fui informado de que ele foi visto dançando com Ingrid.
Já ciente do fato, Danilo tem quase certeza que Thilbor está envolvido ou é o responsável pelo desaparecimento da moça.
Ciente da referida presença na festa, o barão sente o coração bater forte e a respiração lhe faltar. Boatos terríveis são espalhados à boca pequena, quanto a rituais macabros, terríveis feitiços e, principalmente, ao desaparecimento de pessoas de todas as idades. Todavia, jamais se conseguiu provar, o que quer que fosse, contra Thilbor...
Num mal-estar súbito, o barão precisa de auxílio e um assento é-lhe oferecido. Ali, ele cai num pranto desesperado.
Fechando a porta, Danilo o protege dos olhares indiscretos.
Silencioso, já concluiu onde deve estar Ingrid...
Danilo e Thilbor são velhos adversários, como seria de se esperar. Defrontaram-se, muitas vezes, em várias ocasiões, e se envolveram em polêmicas científicas e metafísicas.
Ocultistas, ambos, e voltados para o saber, tornaram-se rivais devido às diferenças de princípios e valores morais; um ao lado do bem e da lei, o outro, dando as costas para tudo que é certo e legal, fazendo, em contrapartida, os seus próprios códigos de vida.
Cumpridor dos seus deveres para com o Estado; bom pagador; cidadão "respeitado", pelo poder financeiro que representa, Thilbor desdenha àqueles que intentam envolvê-lo para desvendar as ações da sua vida privada e muito misteriosa...
Nesse instante, bem acomodado numa poltrona, ele medita, decide e clama por Buffone. Correndo, a mais não poder, com suas pernas trôpegas e curtas, balançando-se todo no esforço que faz, o anão chega, exausto, olhos esbugalhados, suor no rosto redondo.
— Sim, senhor! — ele grita, ao pé do patrão.
— Vá até a gruta e deixe-a em boas condições! Mande preparar alguns alimentos e leve para lá, assim, como, uma ânfora com vinho e outra com água! Diga a Olga para supri-la de tudo que uma mulher precisa para viver confortavelmente.

– Vai hospedar alguém ali, meu senhor?

Um pontapé responde à pergunta. E ele se vai, gemendo de dor e claudicante, a arrastar-se com dificuldade.

Em alguns quartos de hora, apronta tudo a contento, enquanto Olga faz a sua parte, ciumenta e revoltada. Thilbor então vai até os aposentos onde Ingrid dorme. Ali admira-a, reverente. Depois, toma-a nos braços, cuidadoso.

Entra num aposento ao lado, procura uma mola, disfarçada numa reentrância da parede, que por sua vez, desaparece atrás de um grande armário. Ao pressioná-la, abre-se uma porta que range nos gonzos. Depois de entrar, fecha-a de novo.

À sua frente se desdobram corredores escuros e úmidos, nos quais o musgo cresce verdejante. Alguns filetes de água escorrem pelas paredes.

Após caminhar alguns minutos, dirige-se a uma pedra específica, mas que se assemelha a todas as outras, e imprime nela alguma força, fazendo girar uma outra maior que, com ruído, se afasta e exibe uma porta habilmente escondida. Para abri-la usa uma chave de ferro de estranho formato, que trouxera na cintura, e chega enfim, com seu precioso fardo, a uma gruta redonda, seca e muito bem mobiliada.

Em largas passadas, ele alcança e depõe a moça sobre um leito macio, coberto por dossel de veludo verde, sendo a colcha da cama de igual tecido e cor. Cobre-a, zeloso, e fita-a, fascinado.

Paixões e relações amorosas, das mais grosseiras, Thilbor tem experimentado ao longo da vida, mantendo ao seu lado apenas a bela e útil Olga, que o segue e reverencia.

Afere as acomodações e confere as providências recomendadas.

Satisfeito com o que vê, deduz que, ao despertar, fora o susto e a surpresa por encontrar-se ali, longe dos seus, a moça não passará nenhum tipo de privação. Ele só voltará a vê-la quando lhe aprouver. Aguardará que se acalme. Ali, ela estará muito bem escondida, pensa ele, ciente de que virão procurá-la, dentro de algumas horas.

Debochado, emite uma gargalhada ao imaginar-se sob tais acusações, às quais negará, peremptoriamente! E, ensimesmado, conclui:

"Não fosse você, minha bela, e seria sua adorável irmã! Entre nós dois, todavia, existem pendências, você sabe..."

Presto, sai de novo e fecha tudo, cuidadosamente, como fizera para abrir. Dirige-se ao seu gabinete e ali finge trabalhar, enquanto

aguarda as 'visitas' e alisa a barba, num solilóquio profético:
"Enfim, velha Marfa, você se vai! Muito em breve, aquele que foi um acréscimo de tormentos na sua rude vida a seguirá! Agora, só me falta reencontrar o pai que me pôs no mundo e me esqueceu, pois que, à revelia de vocês dois, já sei quem ele é e onde vive! Em Bangcoc, naturalmente! Assim como todos aqueles que ousam me desafiar ou depreciar, como ele fez, ele sentirá o peso do meu ódio e da minha revolta! Ele não sobreviverá ao nosso reencontro! E de onde estiverem, seja no céu – ele ri, debochado – ou no Inferno, vocês verão!"

Agitado, decide, sai e precipita-se até as culminâncias da penha. Dali vigia a curva da estrada. A Alva começa a aparecer, vaidosa e plena de luz.

Suas vestes, esvoaçantes, balançam contra o vento que naquelas alturas ganham muita força. Numa gargalhada que lhe sacode o corpo, ele distingue as silhuetas das pessoas que pretendem subir e desafiá-lo, na suspeição de que a bela desaparecida seja sua refém...

Envia, então, um dos criados aos vigias, ordenando que deem passe livre às pessoas que acabaram de chegar, enquanto, enervado, se dispõe a esperá-los e retorna ao seu gabinete, afivelando ao rosto a máscara da inocência...

Hoje, Marfa despertou pela manhã envolvida em estranhos sentimentos. Desde o tratamento recomendado por seu filho adotivo, melhorou dos achaques e passou a viver melhor, movimentando-se muito bem. Assim, resolveu e foi visitar parentes que há muito não via e, ao revê-los, alegrou-se, sobremaneira, como se jamais os tivesse visto antes, ou como se estivesse se despedindo dos mesmos.

Suas feições e aparências lhe pareceram tão diferentes, como se, ao longo da vida, jamais os tivesse examinado sob um prisma mais meticuloso e profundo.

Boris estava viajando a serviço e ela foi ficando com os parentes, a conviver, ora com um, ora com outro, desabafando e narrando-lhes, como nunca fizera antes, os fatos mais marcantes da sua vida.

Quando foram para a Tailândia, realizavam um antigo sonho de Boris. Uma vez ali, as circunstâncias os prenderam, modificando-lhes, desde a base, os planos de vida.

Em conversa, ela comenta, pesarosa:

– Ah, meu tio, de que angústias passei a viver, quando tomei conhecimento, junto aos atropelos insuperáveis nos quais estávamos mergulhados, da decisão de Boris em radicar-se naquelas terras tão distantes e místicas! Estremecida, lamentei a ideia, objetiva e racional como sempre fui...

– E ambiciosa, em excesso, não se esqueça de dizê-lo – completa o velho tio, que já não sai mais do leito e enxerga cada vez menos.

— Sim, o senhor meu tio me conhece muito bem, pois auxiliou minha mãe na minha criação.

Vaidoso, ele confirma:

— De fato, de fato!

— Sempre fui muito ambiciosa, é verdade, mas a vida me desiludiu, sem piedade... Criada na miséria, debaixo de pancadas...

— Bem merecidas!

Marfa teve vontade de contradizer, de apontar-lhe a selvageria e a insensibilidade, mas calou-se.

Afinal hoje esse homem, outrora tão temido, é apenas um trapo de gente, um resto. Caso não seja alimentado e cuidado, por compaixão, morrerá sozinho, à míngua, sem defesas...

"Ah, o ocaso da vida!" – Ela reflete, sem se esquecer de que está igualmente inserida no mesmo contexto e vivenciando, aos poucos, a mesma experiência do tio.

Ladino e experimentado na vida, o tio muda o teor da conversa, antes que ela lhe jogue na cara as suas crueldades para com ela, quando ainda era tão indefesa, tão pequenina:

— Diga-me, Marfa, o que a fez regressar à Rússia?

— As ordens do nosso patrão, que vieram de encontro a um antigo anseio nosso de revermos nossa amada terra, nossos parentes e amigos!

— Quando aqui chegou, era de notar-se a sua emoção!

— Sim, muita emoção! Somente Deus pode aquilatar, meu tio!

Interiorizando-se por alguns instantes, ela comenta:

— Boris está se demorando demais!

— Ora, ora, desde quando anseia pela presença do seu marido? O casório foi um acerto de família. Vocês nunca se amaram! Naquela época, deve lembrar-se que Boris nos pareceu a solução para os problemas que você nos causava em sua patente rebeldia!

Fitando-o, entristecida, Marfa lhe responde:

— Como poderia me esquecer, meu tio, o 'grande dia', no qual vocês decidiram minha vida e meu futuro sem nenhum respeito por mim, sem me consultar, sequer?! Ignoraram as minhas lágrimas e a minha recusa... Em pouco tempo me vi casada com um homem que havia visto uma única vez na vida!

— Ora, Marfa, você exagera! Boris era um belo homem em toda sua pujança viril. O 'Grande Urso', como era chamado por todos.

Ele encantou-se por você e nós não conseguimos nos controlar diante da oportunidade que nos acenava de nos livrarmos das preocupações com você, bela jovem, alegre e teimosa!

– Oh, quanta saudade tenho de mim mesma, meu tio! Da minha alegria esfuziante e dos meus sonhos que vocês conseguiram abortar! Em verdade, eu já namorava e sonhava casar-me por amor. Nos primeiros tempos de casados, eu me esforcei para amar Boris, mas devo dizer-lhe que não consegui. O 'Grande Urso', como dizem vocês, me atacou com as suas patas poderosas e magoou-me uma centena de vezes!... Hoje, refletindo sobre tudo que já vivemos, se não morro de amores por ele, a ele já estou acostumada. Descobri que temos algumas semelhanças. Algumas vezes nos amparamos, algumas vezes nos digladiamos. Assim, lá se vão quarenta longos anos de convivência...

– Que lhe deixaram marcas no corpo e na alma – o tio comenta, jocoso.

Marfa não se contém e declara, frente a frente com o tio:

– Ele não foi o único responsável por elas...

O tio percebe que perdeu uma ótima ocasião para ficar calado. Pigarreia, desconcertado.

– Tomara Boris regresse logo... Temo que não nos vejamos mais nesta vida.

– Por quê? Teme que ele não regresse?

– Não, absolutamente. Ele está feliz por ter voltado à Rússia, mas eu, apesar da saúde, sinto-me muito estranha, algo distanciada da realidade que me cerca...

Bem a propósito, meu tio, apesar dos muitos defeitos que carrego, eu o perdoo por tudo e igualmente à minha mãe, onde ela estiver...

Consternado, ele responde, sincero:

– Quero lhe pedir a mesma coisa. Temo enfrentar o tribunal de Deus com tantas culpas... Aqui neste leito, só, interiorizado, por força das circunstâncias, após ter vivido muito, lamento tanta coisa!... É bom que saiba: hoje não sou mais aquele que um dia você conheceu, minha sobrinha...

– Nenhum de nós o é, meu tio. Ao longo da nossa existência vamos aprendendo com os sofrimentos e com os erros. Abatidos, agimos e pensamos com mais vagar e menos impulsividade.

– Ah, se o tempo voltasse! Pudesse, eu, oh, Deus, recomeçar, noutros comportamentos e noutros pensamentos!

– Infelizmente, isso não é possível. O tempo é implacável e tem a sua própria lei. De minha parte, descanse! Não mais o condeno por tudo que me fez passar. Se Deus é justo, eu provavelmente merecia...

– Não posso, nem devo, me acomodar com essa ideia que me parece muito desculpista, Marfa. O que fiz, eu fiz, e terei de dar contas aos céus. Contarei, todavia, com a misericórdia divina.

Marfa fita aquele tio que no passado feriu-a, bem fundo, vezes sem conta... E não apenas ela, mas todos que o cercavam.

Respira fundo e pede:

– Se algo me acontecer e eu me for antes do senhor, meu tio, quando Boris chegar, diga-lhe que o perdoo por fazer-me muito, muito infeliz!

Nas últimas palavras, Marfa demonstra uma grande vontade de chorar, entretanto, se contém, como sempre fez. Não tinha direito de extravasar suas dores e aflições, fossem físicas ou morais; devia 'engoli-las' e digeri-las sozinha.

"E também disso eu sou culpado!" – conclui, pesaroso, o tio.

Marfa decide regressar para casa no primeiro trem. Despede-se e se vai, ignorando, todavia, que num dos vagões, acomodados em leitos improvisados, viajam as vítimas de uma grave epidemia, que são transportadas para um hospital das redondezas.

Embarca, faz a viagem profundamente interiorizada e chega emocionalmente cansada. Suas lembranças parecem um grande mosaico que precisa organizar, colocar os pedaços nos lugares certos.

Alguns dias depois, surpreende-se doente. Tenta erguer-se e não consegue. A cabeça lhe roda e as pernas se negam a sustentá-la. Suores abundantes banham seu corpo e uma febre muito forte se instala. Não sabe o que fazer. Caso Boris estivesse ali, poderia chamar um médico. Sua forte intuição lhe diz, porém, que sua hora é chegada; que nenhuma providência surtirá o efeito desejado.

Acamada, sozinha, febril, delirando, ela se entrega, cada vez mais, a uma inércia perigosa que se transforma, aos poucos, numa letargia irreversível.

Numa noite pior que as outras, ela se sente morrer... Parece esvair-se, como um recipiente do qual o conteúdo é derramado até a última gota. Seus pés e mãos gelam e tornam-se insensíveis. Tudo nela convulsiona, como a revoltar-se intimamente por algo que põe fim a um processo vital que antes gravitava poderoso mantendo a sua existência...

Ora por si mesma e entrega-se, suave, sem revolta, vazia de alegria ou de tristeza, de amor ou de ódio. Sua mente rodopia e tudo fica distante, como se invisível cortina estivesse se fechando para sempre. Fagulhas ardentes parecem ferir-lhe o corpo. Numa forte impulsão, sente-se projetada para fora e perde a consciência de tudo...

Assim, Marfa deixa o mundo, desiludida até os recessos de sua alma carente de luz. Ali, no seu catre, ela é descoberta por alguns vizinhos através de uma circunstância fortuita. Em pânico, constatam que ela foi mais uma vítima da peste que já vitimara tantos outros. Alguns mais corajosos carregam seu corpo, envolvido em lençóis, até o quintal e o queimam, na tentativa de evitar o contágio.

Quando, enfim, Boris regressa, recebe a trágica notícia e se depara com a casa completamente vazia. Desencantado, despedido que fora, pelo patrão, ele se entristece demais, mergulhando numa terrível depressão.

Alguns dias depois, seu coração para e ele deixa o mundo dos vivos, encerrando uma existência, praticamente malograda; exceção feita ao trabalho, sempre árduo, por toda vida...

O tio de Marfa, logo após o perdão recebido da sobrinha, também foi prestar contas a "quem de direito".

*

Guilherme, do qual parecíamos esquecidos, quando se viu só, sem a presença de sua amada Dhara, e profundamente triste, depois da cremação do seu corpo, chegando em casa, preparou alguma bagagem, acrescentando a ela recursos amoedados. Despediu-se dos seus pais, já envelhecidos, da irmã muito querida, e partiu para o Tibet.

Ali, se inscreveu numa escola para monges budistas.

Alguns anos depois, dedicado, viu-se entre os maiores daquela irmandade de homens que vivem longe de tudo e de todos, voltados para o amor ao mundo, a Buda e a Deus.

Cada vez mais ansioso por se iluminar e se ilustrar de conhecimentos transcendentais, teve acesso a um antigo e desconhecido mosteiro, na cordilheira do Himalaia, onde somente aqueles que são selecionados conseguem ser admitidos.

TENDO DESPERTADO, APÓS muitas horas de um estranho letargo, Ingrid julga-se morta e enterrada numa tumba diferente de quantas já vira. Eis o primeiro pensamento que lhe ocorre. Mas ao surpreender os alimentos recentemente preparados e frescos, analisa melhor a sua situação.

Por acaso, vive um terrível pesadelo? Onde se encontra, afinal? Quem a trouxe, e quando? A última coisa que recorda é a solicitude da tia Deborah, que permaneceu ao seu lado enquanto ela se refazia de um súbito mal-estar...

Apertando a cabeça entre as mãos, ela indaga, em desespero:

"O que houve comigo? Como cheguei aqui?!... Oh, Deus! Como estarão meu pai e minha irmã? Ter-se-ão dado conta do meu desaparecimento?

Com os nervos em frangalhos, ela desaba numa confortável poltrona e explode num pranto convulso:

– Só me resta rezar! Que os céus tenham piedade de mim!

Cai de joelhos sobre o piso frio e bem polido, de pedras desiguais.

– Meu Deus! O que será de mim? O que será dos meus? Onde estarei? Que sorte me aguarda? Quem será o meu raptor e que intenções o movem?!... Dinheiro! Sim! Por certo exigirá altas somas para o meu resgate! Serei libertada? Há quantas horas estou aqui, dormindo?... Oh, Pai de todos os homens, socorrei-me, na Vossa imensa misericórdia! Se por acaso pretendes provar-me, dai-me compreensão e forças! Mas se for da vossa vontade, livra-me, Senhor, dessa desventura! Em Vossas mãos, ponho a minha sorte e o meu destino!

Após a oração, sente-se melhor, algo reconfortada e mais confiante. Investiga, meticulosa, o ambiente. Apalpa as paredes, mas não descobre brecha alguma. Observa o luxo ao redor e conclui, sabiamente, que mãos muito habilidosas o prepararam com talento admirável.

Súbito, estremece de horror diante da suspeita:

"Estarei aprisionada em algum castelo? Histórias tenebrosas são espalhadas aos quatro ventos... Em muitas delas, seus proprietários constroem e mantêm nos seus redutos, geralmente nos subterrâneos, prisões e celas, nas quais segregam os seus inimigos ou simples adversários para torturá-los e fazê-los desaparecer... Será essa a minha atual condição?..."

Analisa, porém, tudo à sua volta, e conclui:

"Pode ser que eu esteja num castelo, mas isso aqui não tem a feição terrível das famosas prisões..."

Sente fome. Sua ardente juventude exige alimento, ar, sol, água e, principalmente, liberdade! Ouve um suave marulhar e se depara com uma pequena queda d'água no espaço contíguo.

Experimenta os alimentos que possuem agradável aspecto, estão bem preparados e são muito saborosos. Não teme que estejam envenenados. Tudo indica que quem a aprisionou deseja que ela sobreviva, e muito bem! Mas, diante desta conclusão, pensa aterrorizada:

"Para quê?"

Busca acalmar-se e, olhando ao redor, descobre em cima de um aparador, dentro de uma bandeja de prata, uma taça enorme cheia de doces finos e deliciosos. Alguns ela reconhece:

"Quem quer que seja, possui um gosto refinado... Quanto mistério!..."

Alimenta-se com certa gula. Aproxima-se da cascata, lava o rosto, molha os cabelos, refresca-se e aproveita para beber água com as mãos em concha. Faz uso dos objetos de higiene pessoal, colocados ali à sua disposição. Logo depois, um torpor a domina. Deita-se, confortável, mas luta para não adormecer. Precisa estar atenta; seu raptor deve aparecer de uma hora para outra... Seus olhos, porém, pesam e se fecham. O narcótico ainda faz os seus efeitos e ela cai num sono profundo.

Enquanto isso, Thilbor recepciona, profundamente contrariado e irascível, Danilo e o barão, seguidos de outros que engrossaram o grupo por indignação, amizade ao barão, ou simples curiosidade.

Ousado, enfrenta-os:

— A que devo o desprazer de recebê-los?

Danilo e o barão aproximam-se.

Fuzilando Danilo com um olhar ameaçador, ele aguarda.

— Senhor Thilbor, minha filha Ingrid foi vista dançando consigo, ontem à noite, no baile da embaixada da Áustria. Por isso estamos aqui, na esperança de que o senhor saiba de algo que possa nos valer! – O barão declara, trêmulo e ansioso; procurando as palavras adequadas para o que pretende, numa situação desconcertante e desesperadora.

— A respeito de quê? Sinceramente, não entendi. Onde pretende chegar e o que espera de mim? O que houve com sua filha, afinal?

— Caso eu soubesse, não estaria aqui, há de convir...

Fingindo surpresa, Thilbor retruca:

— Sua filha desapareceu?! E vieram aqui à sua procura?! Ora, por essa eu não esperava! O que eu tenho a ver com isso, pode me dizer?

— Pouco antes de desaparecer, ela foi vista dançando com o senhor.

— Ora, se dancei com tantas outras! Ela, por sua vez, deve, igualmente, ter dançado com muitos outros! Voltei para casa antes do término do baile e sequer estava informado desse fato, que diz respeito ao senhor e não a mim! A juventude, nem sempre, é muito prudente! Ela pode ter saído com algum rapaz. Por certo, a essa hora, já se encontra em casa a esperar pelo senhor para explicar-se ou... não! Quem pode saber, não é? – Ele sorri, malicioso.

O barão enrubesce de ira. Fecha os punhos e ameaça atirar-se sobre ele. Adiantando-se, Danilo o impede, enquanto declara, educadamente:

— Qualquer lembrança ou informação poderá nos valer, senhor!

Este respira ruidoso, muito impaciente:

— Como? Se eu mesmo não estava informado a respeito do fato em si? É muita ousadia! Vir à minha casa, interrogar-me! Saiam daqui e deixem-me em paz!

Senta-se, ruidoso, e fixa no grupo suas pupilas poderosas, obstinado. Embora mal-impressionados, eles não arredam pé. Diante do seu mutismo e teimosia declarada, Danilo decide ser mais convincente:

— Temos sérias razões para acreditar que a filha caçula do senhor barão, aqui presente, esteja em seu poder!

Batendo com estrondo na sua secretária, Thilbor explode:
— Esta é uma acusação muito grave, caro senhor conde, a qual deverá provar, ou enfrentará sérios problemas!

Ousado, brilho intenso no olhar; conhecedor da alma humana, inclusive dessa, Danilo retruca:
— Pois lhe digo que sua situação nada tem de confortável, muito pelo contrário, é altamente comprometedora! Muitas pessoas viram a senhorita dançar consigo pouco antes de desaparecer!

Thilbor sabe que está diante de um inimigo de respeito, todavia blefa, sem mudar de atitude:
— Qualquer um que ali estivesse, poderia tê-la levado consigo! A prevenção, todavia, que existe contra mim, responde por essa acusação absurda! Pois bem! Contribuirei com o que for preciso para procurá-la! O que esperam de mim?
— Não se faça de tolo, Thilbor! Sabe, muito bem, aquilo que queremos! O tempo urge! — Danilo explode impositivo.

Furioso, ele corre o olhar na direção de todos e de cada qual, enquanto avisa:
— Todos vocês me pagarão essa afronta inominável! Um por um! E sabem que não ameaço à toa!
— Neste momento, e diante de uma situação como essa, suas ameaças não interessam a ninguém! — O barão exclama, alterado.

Descontrolado, bem próximo a Thilbor, dedo em riste, ele se impõe:
— Dê-nos passe livre para procurá-la aqui e talvez nos convença de sua inocência, mas, por Deus — ou pelo diabo, ao qual, sem dúvida, serve muito bem — ande logo e nos premie com aquilo que desejamos! Do contrário, eu lhe garanto que não verá muitas luas, antes de se juntar aos seus iguais, rabudos e chifrudos! Sua fama é amplamente conhecida, e muitas outras pessoas têm desaparecido nesta cidade! Quem se cerca de tanta lenda e esquisitice, como você, é suspeito, sempre! O povo é sábio quando diz que "onde há fumaça, há fogo!..." Avie-se, que a minha paciência já se esgota! Reconheça a autoridade que represento nesta cidade e cuide-se para não cair em desgraça comigo!

Thilbor sabe que o general reformado é amplamente conhecido e respeitado, por sua coragem e seu passado glorioso. Um homem assim não se detém diante de qualquer obstáculo.

Levanta-se, pigarreia, e se movimenta, assustando a alguns que

ali estão. Sua figura e compleição física intimidam.
Clama aos gritos pelos criados, chamando-os todos pelos nomes e convocando-os para acompanharem na busca.
Enquanto os convocados chegam, desarvorados e se atropelando, ele se dirige ao barão e a Danilo:
— Somente aos dois franquearei o interior da minha casa! A ninguém mais! Afastem-se todos os outros ou serão atirados à rua, a pontapés, como se faz aos cães!
Olhando, significativamente, para o barão, Danilo anui:
— Por enquanto é o que nos basta! Depois, veremos!
Aceitando os cicerones de Thilbor, eles fazem um cuidadoso reconhecimento do local, inclusive nos departamentos do seu laboratório. Danilo sente ali vibrações poderosas e malignas. Arrepia-se ao imaginar o que esse homem deve fazer na convivência com o mal e com os seus representantes mais diretos...
Inspeção feita, Thilbor fecha as portas do laboratório, quase expulsando Danilo e o barão dali, cioso de seu espaço "mais sagrado".
Horas depois, cansados de andar no enorme e antigo castelo, decepcionados, certos de que a moça não se encontra no local, eles saem sem se despedir.
Embarcando na sua carruagem, acompanhado do barão, Danilo torna-se sombrio e muito tenso. Por seus conhecimentos e percepção espiritual, sentiu a presença de Ingrid ali, mas como provar? Examinaram tudo, exaustivamente!
Regressam para dar a Astrid a notícia desanimadora. Esta, de olhos vermelhos e inchados por tanto chorar, ao surpreender-lhes as fisionomias contrafeitas, nada indaga; corre na direção do interior da casa e desaparece. Seu desespero é visível.
Danilo, ao vê-la tão infeliz, lamenta as circunstâncias, desastrosas, que os impedirão de prosseguirem no mesmo diapasão, para se conhecerem melhor, na intenção de firmar os laços afetivos, que se concretizavam.
Ele e o barão saem em busca da justiça; o que já deviam ter feito, antes. O desespero e a precipitação do barão falaram mais alto que o bom senso. Era urgente tê-la procurado antes de tudo, para agir com mais propriedade, contando com o apoio legal e pessoal especializado.
Enfrentaram alguém que, em qualquer lugar ou situação, possui uma lucidez doentia. Nada lhe escapa aos sentidos, aguçados, como

os de um animal, na luta pela sobrevivência.

À distância, Thilbor assistiu seus opositores partirem e, presto, retornou aos seus interesses imediatos.

Convocou todos os seus serviçais e iniciou uma arrumação, ou melhor, uma desarrumação, tendo deliberado antecipar a mudança para a Moldávia.

Devidamente instruída, Olga vai até Ingrid. Usando os mesmo caminhos e recursos, ela surge diante da moça, já desperta. Em choque, Ingrid depara-se com aquela mulher que parece ter surgido do nada. Apavorada, põe-se em guarda.

Observando-lhe a beleza peregrina, ciumenta, Olga compreende as razões de Thilbor. Sorrindo, malévola, goza o medo que surpreende nos seus olhos. Faz um gesto amável e aconselha:

– Descanse seu coração, porque venho em paz!

Recobrando ânimo, Ingrid indaga-lhe, olhos coruscantes:

– Você disse que vem em paz?!... E foi em nome desta 'paz' que fui capturada e trazida para cá? Onde estou? Diga-me!

Exijo que me solte! Quem pensa que é? Por que estou confinada aqui e que poderes julga possuir para manter-me aprisionada? Já devem estar à minha procura e eu lhe garanto que terá muito com o que se ocupar! Meu pai tem poderes que você sequer imagina!

Num patente desespero, ela demonstra a coragem que a caracteriza. Olga desata numa risada de deboche e isto a desconcerta:

– Sua tola! Flor de estufa! Bem se vê que não tem a mínima noção do perigo que corre! Será inútil qualquer busca, seja de seu pai ou de qualquer outro! Você jamais será descoberta! Isto aqui – e ela aponta ao seu redor – é inviolável! Escondido e disfarçado, como um grande cofre! Somente aquele que a arrebatou aos seus poderá conceder-lhe, ou não, a liberdade! Por certo a tomará para si, como faz a tantas outras, até cansar-se!

Empalidecendo, mortalmente, Ingrid sente-se desfalecer.

"Essa mulher parece a guardiã do inferno!..." – pensa, em pânico.

Cobre o rosto com as mãos e desata em pranto. Fitando-a, indiferente, Olga goza o horror que conseguiu causar. Continuando com o jogo, aventa:

– Estarei dizendo a verdade, ou não? Como saber, não é?...

Súplice, olhar molhado de pranto, Ingrid pede:

–Você é mulher como eu, ajude-me! Preciso voltar para casa!
— Ora, ora, a leoazinha transformou-se num cordeirinho! Sua mocinha estúpida, como pode me pedir isso? A ninguém mais verá, até que aquele que a trouxe decida a sua sorte!
Ingrid intensifica o choro e pede de novo:
— Por tudo que ama, me auxilie a fugir daqui! Será muito bem recompensada, eu lhe garanto!
Dando uma gargalhada estentórica, Olga exclama:
— Ah, sim! Serei recompensada com a prisão e, quiçá, com a morte! O que pensa que sou, sua idiota? Além do mais, ninguém pode me dar mais do que já possuo! Você ficará surpresa ao descobrir que nem somente de bens materiais é feito este mundo, mas de poder, muito poder! Fazer tudo que se deseja sem entraves e sem culpas!
Chocada, Ingrid indaga:
— Não crê em Deus?...
— Que Deus? Meu Deus é a minha beleza e a minha inteligência que me alçaram até onde me encontro!
— E onde se encontra? — Ingrid aventura, talvez ela lhe diga algo que possa lhe valer.
Olga prossegue, vaidosa:
— No topo de uma montanha! Ao admirar o mundo, lá embaixo, tudo me parece muito mesquinho, pequeno, miserável! Desprezo-os, a todos!
Ingrid conclui que a mulher que ali está é digna de muita compaixão. É, sem dúvida, uma infeliz... Ela sofre e se debate, delirando, em meio a fantasias que, sem dúvida, um dia, a desencantarão. Numa derrocada final, ela verá o seu mundo desaparecer, como sói acontecer aos paranoicos de todos os tempos.
Apiedada, comenta:
— O que me diz soa como um grande desespero íntimo, uma grande frustração. Não crê sequer em si mesma e na luz que todos carregamos, porque feitos à imagem e semelhança do Criador?
Rindo, amarga, Olga responde:
— Se não creio em mim mesma? Mas é o que estou lhe dizendo! Só creio em mim mesma! De que luz está falando?
Ela solta uma gargalhada estridente que ecoa por todo o ambiente. Seu corpo convulsiona e seu riso parece o cântico assustador de

uma ave agonizante. Para, súbito, e declara:
– Quando fala em luz, ignora, completamente, onde está! O que há ao seu redor são apenas trevas, trevas espessas e absolutas!
– Por que diz isso? Poderia ser mais específica?
– Não, não poderia!
Ingrid fita-a, condoída, e expressa o seu entendimento:
– Tudo que apregoa é passageiro. Sua beleza fanará, aos poucos, e pior será para aquelas que a tiveram do que para aquelas que jamais a possuíram, trazendo-lhes um desencanto assustador! Sua inteligência dependerá, sempre, de fatores externos, de saúde mental, e também declinará, um dia, diminuindo e desaparecendo, como se nunca houvesse existido... Sua vida está construída sobre a areia!
Estremecendo, nervosa, Olga fita sua interlocutora, desejando que ela jamais lhe tivesse falado assim:
– Cale-se e cuide de si própria, enquanto pode! Alimente-se direito e durma bem, senão morrerá, antes que essas degenerações a alcancem!
– Você declarou que está no alto, que observa as pessoas lá embaixo. Onde estamos?
Corando fortemente, Olga descobre que fora muito imprudente e que Ingrid é muito esperta.
– Usei uma metáfora: Estou "acima" das convenções humanas!
– Não, eu entendi muito bem, você disse que mora num lugar muito alto. Onde fica este lugar?
Num olhar de desprezo, Olga dá de ombros e se dirige para a saída. Rápida, Ingrid a alcança para saber por onde ela sairá.
Olga, todavia, a empurra, com violência, impedindo-a de segui-la.
Ingrid se agarra a ela, desesperada. Defendendo-se, Olga lhe bate forte no rosto e na cabeça.
Ingrid cai, incapaz de raciocinar, tal a dor e a vertigem decorrentes da agressão.
Quando consegue reagir, Olga já desaparecera.
Arrasada, Ingrid volta a chorar. Instantes depois está dormindo, pois o cansaço físico e emocional a dominaram.
Olga vai em busca de Thilbor, que expede ordens e mais ordens, numa exasperação notória. Ele a instrui sobre como proceder junto a Ingrid, que deve ser narcotizada e escondida num grande cesto de vime. Será assim que ela deixará a Rússia.

Horas depois, tendo agido com rapidez, o barão e Danilo conseguem a ordem judicial e partem, incontinenti, na mesma direção de antes.

Dessa vez, um grupo de pessoas autorizadas fará a sindicância. Thilbor ver-se-á em dificuldades, porque *experts* investigarão, palmo a palmo, a sua estranha moradia.

O barão Mateus parece ter envelhecido em poucas horas.

Astrid acamou-se. Em meio a febres e delírios, ela clama pela irmã. O médico prescreveu-lhe calmantes e repouso.

Silencioso, sentindo vibrações antagônicas, Danilo conclui que, de uma forma ou de outra, não conseguirão resgatar Ingrid. Isso lhes será impossível. Supõe com sagacidade que, nos seus domínios, Thilbor deve possuir prisões e esconderijos indevassáveis... Num deles, Ingrid poderia estar quando lhe sentiu a presença.

O barão, exaltado, já se entusiasma, imaginando sua filha regressando ao lar.

– Os investigadores saberão pressionar o feiticeiro! – declara, esperançoso.

Percorrendo os mesmos caminhos, eles sobem a penha. Danilo estranha a ausência dos vigias habituais, que da primeira vez pareciam ter recebido ordens para deixá-los subir...

"O maldito já nos aguardava e isto comprova a sua culpa!" – ele conclui.

À primeira visão do frontispício, Danilo estremece. O vento parece segredar-lhe que é tarde, muito tarde! Quanto mais se aproximam, mais o coração lhe bate.

As autoridades que os acompanham observam que, pelo caminho, marcas de rodas de carruagem se fazem visíveis e são recentes. Essa observação confirma a intuição poderosa de Danilo, que se apressa. Chegam, enfim, ao topo. Nenhum ruído, a não ser o vento, que ali parece uivar incessantemente. Defrontam-se com um homem mal-humorado que, ao vê-los, aproxima-se na intenção de argui-los. Ali ficara, sem dúvida, para isso.

– O que os senhores desejam?

– Viemos averiguar algo e para isso requisitamos a presença do seu patrão! – o barão responde, impaciente.

Fazendo um muxoxo, ele responde, displicente:

— Chegaram muito tarde! Meu patrão e sua secretária viajaram por tempo indeterminado. Participarão de um congresso muito importante! Aqui estou a cavaleiro de tudo, até que eles voltem!

O policial superior que os acompanha, dirige-se a ele e ordena:

— Abra a casa e todas as suas portas, de par em par, em nome da lei! Viemos para uma sindicância!

— O senhor Thilbor não vai gostar disso...

— Ele não precisa gostar ou deixar de gostar! Obedeça ou sairá daqui direto para a prisão!

— Está bem — ele responde indicando-lhes o caminho, aparentemente disposto a obedecer.

Num grande furor e angústia, secundando os policiais, o barão corre por todos os espaços, mais uma vez. Analisam cada aposento, cada recanto, cada espaço.

Mais uma vez, esgotados todos os recursos, desta feita seguindo as diretrizes dos profissionais na área da investigação, nada encontram, a não ser alguns criados, que estão incumbidos de manter a ordem, durante a ausência do patrão, e celas vazias, ao lado de calabouços sinistros, descobertos os corredores que ali vão dar.

Tudo é investigado, do sótão atulhado de velharias, aranhas e morcegos, até os porões.

Os tapetes foram arrancados na procura de alçapões que, encontrados, cobriam espaços vazios e muito envelhecidos. Nem um vestígio, sequer, da recente presença de Ingrid, ou de qualquer outro prisioneiro.

Móveis foram afastados, com muito esforço, na busca desesperada. Atrás de um deles, revelou-se uma mola muito bem disfarçada que, quando apertada, fez surgir um corredor úmido, aparentemente abandonado há muito tempo, o qual afunilava-se consideravelmente, terminando num perigoso abismo.

Palmo a palmo, tudo fora revistado, sem nenhum resultado. A noite chegara, envolvendo-os na tristeza de um retumbante fracasso... Inconformado, praguejando enquanto arrancava os ralos cabelos e puxava a barba branca e bem tratada, o barão parecia estar à beira da loucura:

— Desgraçado, infeliz! Filho do diabo! Hei de encontrá-lo e, quando o fizer, você sentirá o peso da minha mão! Seu crápula!

Corre desatinado pelos diversos espaços, à procura da filha, chamando-a pelo nome. Seu desespero emociona e comove aos demais. Num determinado momento, perde as forças e é auxiliado a sair dali.

Danilo se dirige à maior autoridade policial do grupo de operações e indaga-lhe, respeitoso:

– Não há caro senhor, na lei que representa, alguma outra saída? Nossos pontos de referência mais evidentes nos levam a crer que o senhor Thilbor foi o sequestrador de Ingrid!

– Absolutamente, não! Aquilo que podíamos fazer, já foi feito. Não possuímos provas contra o senhor Thilbor e a lei as exige! Aqui falece o meu poder judicial!

– E, com o que contaremos a partir de agora?

– Com o Departamento de Investigações, mas queira Deus, a senhorita em questão esteja por aí e apareça, para a felicidade de seu pai!

– Se eu conheço bem a alma danada que saiu daqui, nunca mais o veremos... E se ele estiver, mesmo, com Ingrid... Oh, meu Deus!

Danilo sustenta o barão que, enfraquecido pelas emoções, está extremamente pálido, e ajuda-o a subir no veículo. Uma vez acomodado, o barão desabafa, voz embargada:

– Gastarei tudo o que possuo para encontrar a filha querida!

Antes de embarcar, Danilo se dirige mais uma vez ao mesmo policial:

– Caro senhor, enquanto a investigação prossegue, o senhor barão terá passe livre para contratar outros profissionais?

– Não, enquanto os nossos ainda não tiverem esgotado todos os recursos!

– Estaremos atentos e acompanhando todas as providências legais! Grato por tudo!

Apertam-se as mãos e se separam.

Retornando à carruagem, Danilo dá ciência ao barão daquilo que acaba de fazer. Ele agradece com um assentimento de cabeça e se recosta em almofadas. Fecha os olhos e Danilo surpreende-lhe as lágrimas a escorrerem, livres. Pensa em Astrid e em como, em poucas horas, a vida desta família mudou...

Diante da promessa de demora no caso, decide investir na sua relação, junto a ela – mormente, agora, que também precisava de muito apoio. Fecha os olhos e revê seu doce semblante, seu olhar azul safira, sua voz melodiosa, seus gestos nobres e elegantes, seu caminhar. Não, nunca mais prescindirá de sua amorável companhia...

Arrepia-se ao supor, muito acertadamente, que poderia ter sido ela a sequestrada.

"O que levara Thilbor a fazer a escolha?

Astrid é só um pouco mais velha e tão bela quanto a irmã. Ingrid é uma flor em botão, ingênua e boa, estouvada e ainda sem muito juízo. Thilbor terá agido por impulso, por atração ou por vingança? Terá ele alguma pendência com o barão? Não, essa suposição não encontra respaldo algum. Thilbor é suspeito de muitas coisas, mas jamais conseguiram provar que ele fosse responsável pelo desaparecimento de quem quer que seja... Talvez o seja, quem sabe? Ele não parece um novo Barba-Azul... Histórias, o povo conta a respeito de muitas mulheres com as quais ele se envolve. Imoral, ele é... O que se esconderá por trás de tudo isso? Seja o que for, trouxe e trará muitos transtornos a essa família..."

Chegam à casa do barão. Danilo deixa-o entregue aos seus criados e se informa sobre a saúde de Astrid. Carlota, criada da casa e namorada de seu cocheiro Ivan, lhe diz que ela dorme sob o efeito de calmantes.

– Melhor assim – responde, sem muita certeza daquilo que diz. Sente-se exausto.

Precisa relaxar, recompor-se de tantas emoções e ansiedades.

Chegando em casa, busca reconforto e descanso. Após um banho demorado, coloca-se numa postura de meditação e entra em orações profundas, refazendo-se. Em seguida, deita-se e dorme profundamente, entregando-se ao Criador.

Em Bangcoc, o marajá Hamendra luta contra o próprio coração, que não esquece Dhara. Sua lembrança atormenta-o. Reconhece-lhe, tardiamente, o amor incondicional...

Mesmo no seio de Brahma, ela lhe inspira o desejo incompreensível de procurar o filho. Jamais, contudo, fará isso! Deseja, mesmo, esquecê-lo completamente. Ama apenas aos seus filhos legítimos e à sua bela mulher. Mirtes é culta, elegante e sábia, como poucas.

Ela, que ali se encontra, silenciosa, mede as estranhas modificações pelas quais ele tem passado. Sabe, exatamente, desde quando: desde o nascimento de seu caçula, Richard Arjuna. Por quê?

O filho mais velho radicou-se definitivamente na Inglaterra em função de compromissos com o governo inglês, regressando esporadicamente para revê-los.

Sua linda e culta Selene casou-se muito bem com um elegante e sedutor adido da embaixada. Mesmo de origem pobre, soube subir na vida, galgando degraus com o próprio esforço.

Mirtes suspira, enlevada, ao relembrar a cerimônia de casamento que fora um verdadeiro conto de fadas, tal o luxo e o requinte. A festa durou vários dias e reuniu as famílias mais importantes e abastadas do país e de muitos outros.

O palácio esteve feericamente iluminado por muitas noites.

Após o deslumbramento das cerimônias e comemorações, eles partiram para a lua-de-mel numa aprazível cidadezinha da França. Presente de seu pai, o marajá.

Hoje, bem instalada numa riquíssima mansão, Selene é feliz. Além dos recursos do marido, sua família continua patrocinando a sua vida confortável.

Richard Arjuna, todavia, nunca saiu de casa, nem tomou rumos mais definidos na vida. Continua sendo a maior preocupação dos familiares. Avesso a disciplina, foge a toda e qualquer responsabilidade. Com trinta e cinco anos, fartos e comodamente vividos, desbarata tudo o que suas ávidas mãos podem alcançar.

Mirtes, severa e amorosa, descobriu há muito que, com ele, todos os esforços são inúteis... Belo como um anjo, todavia, ele é mau como um espírito das trevas... Por sua causa, tem vertido muitas lágrimas, e com muito desespero tem vivido o marajá.

As famílias passam grandes apertos quando surpreendem Richard às voltas com suas filhas... Nas relações com as mulheres, ele é cínico e canalha. Isto é amplamente sabido e divulgado. Sedutor, sensual e belo como um deus, ele as conquista para depois atirá-las ao léu. Não fosse ele o filho do marajá e, há muito, estaria morto.

Alguns, mais revoltados, tentaram fazer justiça com as próprias mãos e foram severamente punidos, indo parar nas prisões ou desaparecendo, misteriosamente. O marajá argumenta, em defesa do filho, tratar-se de mulheres ambiciosas, que perseguem o rapaz de maneira imprudente. Mesmo ciente de suas culpas, defende-o e acaba por perdoar seus constantes desmandos, em consideração a Mirtes.

Naquele instante, porém, no qual se surpreende com vultosas dívidas contraídas pelo caçula, odiento, abomina o filho – tanto quanto o outro, do qual, ignora o paradeiro – a ponto de desejar que ele tivesse morrido na trágica noite do seu nascimento. Todavia, naquele tempo de triste memória, a vida parecia se divertir às suas custas:

"Nunca deveriam ter sobrevivido! Infelizes que são! Filhos enviados pelos deuses infernais para embranquecer-me os cabelos e alterar as batidas do meu coração! Sinto que um dia me defrontarei com o bastardo! Sim, um dia nos veremos! A vida ainda me trará o passado de volta!..."

Recorda a primeira vez que o viu na porta da casa de Boris e de como ele o agredira verbalmente, sem saber com quem falava... De como prometera matá-lo.

"Por onde andará? Ao despedir seu pai adotivo, cortei, de vez, a condição de receber informações. Aquilo que soube, porém, foi o suficiente para concluir que ele caminha a passos largos para o abismo que escolheu como opção de vida. Laço algum nos une mais, a não ser que o destino me pregue uma peça. Por que e para que eu tinha de regressar sobre os próprios passos e salvá-lo, naquela noite tenebrosa?"

Mirtes decide abordá-lo:
– O que se passa, meu amado?
Sua voz é sincera e doce. Vivem mergulhados numa grande injustiça social, sacramentada e mantida num duro regime. Usufruem, diuturnamente, os benefícios do suor, dos sacrifícios e das renúncias impostos aos seus súditos explorados e esquecidos pelos poderosos.
(E assim tem sido, ao longo dos milênios, com mudanças muito tímidas, em todos os países desse mundo ainda tão imperfeito!)
Ela sabe que as mãos do marido estão sujas de sangue, todavia, ignora, intencionalmente, tudo o que possa desmerecê-lo. Fitando-a, grato e sincero, ele responde:
– Estou pensando nas diatribes do nosso caçula. Ah, filho desnaturado!
Aproximando-se e acariciando-lhe os cabelos, ela o beija, apaixonada:
– Esse filho chegou com um recado dos deuses, quando nasceu, morreu e reviveu! Temos, por seu intermédio, muitas dores e muitos sofrimentos. Rogo, incansavelmente, aos céus ,que o modifiquem para melhor.
– Não vejo como! Já perdi as esperanças!
– Uma mãe jamais perde a esperança de ver seu filho melhorar!
Apertando-lhe a cabeça de encontro ao seio farto, ela sussurra:
– Confiemos nos deuses da sua raça e no meu Deus Único... O futuro há de nos favorecer.
– Não se iluda Mirtes, o fim do nosso filho será trágico!
Persignando-se, ela pede:
– Não diga isso, por Deus!
Tomando-lhe as mãos, enlevado, ele desabafa:
– O que seria de mim sem você? Sem a sua coragem, o seu otimismo e a sua dedicação?

Enquanto beija-lhe as mãos, ele recorda que Dhara também o amou sem reservas...
– Eu não mereço...
– Não merece o quê?
– Tanto amor!
A Mirtes a exclamação pareceu muito ampla...
Apertando-a mais de encontro ao seu rosto, quase se escondendo, como um menino nos braços da mãe, ele lamenta:
– Mas por outro lado, eu sofro tanto! Governar esse povo é um tormento!
Compreensiva, ela alega:
– Há que entendê-los nas suas idiossincrasias!
– Concordo, todavia, os problemas excedem a capacidade de quem quer que seja em suportá-los e resolvê-los, a contento, como seria de esperar! Precisamos de recursos, cada vez mais! As castas, também, trazem-me sérias dificuldades! Os párias aumentam a olhos vistos, e melhor seria ter mais gente rica que indigentes!
Corajosa e lúcida, Mirtes lembra:
– Tudo isso, fruto do sistema de governo, meu querido! Veja os párias, por exemplo: já nascem na miséria! Como podem ser úteis se são explorados, desconsiderados e injustiçados? Eles perambulam pelas ruas, doentes, enfraquecidos pela falta dos elementos essenciais à vida. Sem ocupação, amolecidos pela inércia e sem nenhum estímulo... O que esperar deles, pode me dizer?!
Perplexo, ele se afasta, duvidando dos próprios ouvidos:
– Pensa mesmo assim, Mirtes?
– Sim, penso! Todavia, o que penso não é o que vivo! Afinal, diante das circunstâncias, minha obrigação será sempre apoiá-lo, acima de tudo, meu marido!
Respirando, aliviado, ele exclama:
– Oh, deuses! Ainda bem! Ideias como essas enfrentamos todos os dias, e há que sufocá-las nas suas origens!
Atraindo-o, de novo, para si, Mirtes promete:
– Estarei sempre ao seu lado, descanse! Sua vida é a minha vida... Jamais serei a vara quebrada que enfraquecerá nossa casa. Um dia, juntos ou separados, pagaremos aos céus o preço de tudo que usufruímos e de tudo que somos hoje, meu amado Hamendra, marajá de um povo!

Algo incomodado, Hamendra ouviu e calou. Como contestar? Abraçados, permanecem, ambos a pensar, em silêncio, nos castigos divinos, quando os mesmos desabarem sobre suas cabeças...

\*

Alguns dias depois, Danilo se faz presente na casa do barão Mateus e se informa sobre os dois amigos.

O mordomo da casa informa-o que ambos estão adoentados, mas que, apesar disso, o barão saíra a cuidar dos seus negócios.

– Pode me dizer, como está Astrid, neste momento? – insiste.
– Ainda acamada. Esta casa está muito triste!...
– Confiemos em Deus! Tudo isso há de passar! Se não se incomodar, aguardarei aqui o regresso do barão!
– Absolutamente! Fique à vontade! Caso queira, espere na biblioteca!

Ele aconselha, indicando-lhe o caminho.

Ótima sugestão! Enquanto aguardo por ele, poderei ler algo interessante.

– Quando o senhor barão chegar pode avisá-lo da minha presença, por favor?
– Sim, senhor!

O mordomo se vai, enquanto Danilo faz o que pretende. Adentra a enorme biblioteca e observa, satisfeito, a ordem e a grande quantidade de livros. Sobre uma das mesas estão algumas obras que lhe chamam a atenção, pela originalidade.

Senta-se ali mesmo e passa a analisá-las, vivamente interessado.

Assim concentrado, não percebeu que Astrid se aproximava. Ela vem em busca de um livro.

Pálida como um tecido de linho, enfraquecida, ela mal se sustenta nas pernas, caminhando devagar. Ao adentrar o recinto, silenciosa, surpreende-se com a presença dele e se detém.

Atraído por seu olhar, ele se volta e fita-a, admirando-lhe a beleza, deslumbrante, apesar do extremo abatimento físico.

Nos olhos de Astrid a alegria, pelo inusitado do momento.

Danilo levanta-se e se dirige para ela, sorriso no olhar.

Curva-se, beija-lhe a mão enquanto se desculpa:

– Perdoe-me a invasão. Decidi aguardar o regresso de seu pai e, enquanto isso, estou aqui a ler. Incomodo?

Corando levemente, emocionada, ela faz um gesto com a mão enquanto responde rapidamente:

— De modo algum! Sua presença e a oportunidade de lhe falar me alegram muito!

Tomando-a pela mão, gentil, ele a conduz a um sofá próximo, sentando-se, ao seu lado.

— Diga-me, como está?

Suspirando, ela responde, sincera:

— Como pode ver, não estou bem. Creio que não sobreviverei a tão grande desgraça! Como ficar sem a presença encantadora da irmã querida?

Somos muito unidas, cúmplices, mesmo! Nós nos amamos, nos protegemos, dividimos alegrias e tristezas! Deus, como suportar a ideia de que ela pode estar infeliz e correndo perigo?

Enfim, ela desata a chorar. Danilo lhe entrega um lenço no qual ela enxuga os olhos. Tomando-lhe a mão, ele a anima:

— Acalme-se! Assim pode piorar! Tudo faremos para encontrar sua querida irmã. Tomo a peito a incumbência de secundar seu pai na busca!

Ela intensifica o choro e Danilo a abraça, amorável.

Confiante, Astrid recosta a cabeça no seu ombro.

Sentindo-se no céu, um bem-aventurado, ele precisa de muito esforço para controlar o imenso desejo de apertá-la de encontro ao seu peito e declarar-lhe os seus sentimentos. Seu coração está aos pés desta mulher. Algo confortada, Astrid se afasta e pede:

— Perdoe-me a fraqueza!

— Não precisa se justificar! Particularmente, agradeço aos céus, a oportunidade de tão preciosa proximidade!

Ela sorri, suavemente, aprovando-lhe a sutil investida.

Vendo-a interiorizada, entristecida, acha melhor confirmar:

— Caso deseje ficar sozinha, irei embora e regressarei em momento mais oportuno!

Rápida, ela rebate a ideia:

— De modo algum! Eu é que interrompi sua leitura! Perdoe-me!

— Ora, não me peça isso! Que belíssima e desejável interrupção! Caso os céus se abrissem e um cortejo celestial viesse em minha di-

reção, eu não teria ficado mais surpreso, nem mais feliz!
Matreira, olhos nos olhos, ela indaga:
— Além de ser um homem de ciência, é também, por um feliz acaso, poeta?
Sedutor, Danilo lhe responde:
— Casualmente! Quando a inspiração me domina por completo, como agora!
Sorrindo, silenciosa, ela demonstra sua satisfação com o que ouviu. Olhos nos olhos, como hipnotizados mutuamente, eles permanecem.
Assim, o barão vem encontrá-los. Observando-os, sem ser notado, teme quebrar o encanto:
"Ele a fez sorrir! Essa amizade promete... Não fosse a tragédia que nos alcançou, eu me alegraria com as boas perspectivas entre eles. Gosto desse rapaz!..."
Notando-lhe a presença, Astrid se precipita para ele e dá-lhe um sonoro beijo no rosto.
Timidamente, arrisca:
— Descobriu algo mais, meu pai?
— Não, filha querida! Em verdade, fui ao banco resolver pendências financeiras.
A Danilo pareceu que mãos estranhas lhe arrancaram a chance que se anunciava, muito oportuna, tirando-o do enlevo no qual se deliciava. Levantando-se, presto, dirige-se ao barão:
— Caro senhor barão, perdoe-me a invasão de sua biblioteca. Decidi ler enquanto o aguardava. Os bons livros me fascinam! — Enquanto fala, estende-lhe a mão, com fidalguia.
Ao apertá-la, o barão responde, amigável:
— Fique à vontade, caro senhor conde! Adquiri, recentemente, algumas obras raríssimas; seja pela edição primorosa, seja por seus riquíssimos conteúdos! Caso queira, poderá consultá-las, elas estão ali sobre aquela mesa!
— Era o que eu fazia, antes que Astrid chegasse. Julguei que elas estivessem apenas fora dos seus lugares.
— Ora, fique à vontade! Elas estarão à sua disposição, assim que eu possa catalogá-las. Espero que Astrid me auxilie, como de hábito.
— Sim, papai, faremos isso, quando desejar!
Entusiasmado, Danilo declara:

– Agradeço e aceito. Algumas delas me interessaram vivamente.
– Pois faça uso delas, onde, como e quando desejar! Agradeço-lhe, igualmente, pois posso perceber que consolou, em parte, a minha querida Astrid!
– Eu vim apanhar um livro e me surpreendi com a presença de Danilo. Conversamos, chorei e ele, muito gentil, me consolou!

Sentam-se os três a ali mesmo, falam a respeito das obras recentemente adquiridas pelo barão, dando Astrid as suas abalizadas opiniões como leitora assídua e competente, encantando, ainda mais, a Danilo. Num interregno, Danilo decide perguntar:
– O senhor barão conseguiu mais pistas a respeito do desaparecimento de Ingrid?
– Não! O Inferno parece ter-se aberto sob os pés daquele infeliz! Como pôde arrastar com ele o nosso anjo, roubando-nos a alegria da sua presença amada?!... Para onde a terá levado?!...

Pigarreando, Danilo comenta, racional:
– Caso ele a tenha raptado, naturalmente! Apesar de todos os indícios, há que se ter provas! Enfim, acabaremos descobrindo a verdade. A polícia ainda está investigando!
– Oh, Deus de todos nós! Que ela esteja bem onde estiver! – Roga Astrid, interiorizando-se, entristecida.
– Sim, que seja assim e que brevemente a tenhamos de volta! – Danilo completa, despedindo-se.
– Não quer almoçar conosco? – o barão convida.
– Agradeço-lhe, mas hoje não me será possível. Noutra ocasião, talvez.

Danilo surpreende, nos olhos de Astrid, a decepção da sua recusa. Saindo, enfim, ele caminha em meio aos seus pensamentos:
"Pobre e infeliz menina! Estar sob o poder de Thilbor já é uma desgraça! Que a misericórdia divina esteja com você, Ingrid!"

Nesta e noutras reflexões, ele chega em casa. Hassan vem recepcioná-lo, ágil, quase correndo, calçado nas suas sandálias de couro grosso e curtido.
– Oh, meu senhor, Danilo! Vejo que traz o brilho de todas as constelações no olhar!
– Talvez tenha me deparado com alguma musa, quem sabe?

Ele responde, habituado à perspicácia de Hassan, enquanto se liberta da capa, do chapéu e das luvas. Desabando numa cadeira de

ébano, ele retém ainda os últimos acontecimentos e a recordação de uns maravilhosos olhos azuis...
"Cuidado, Danilo! O coração não foi feito para pensar!" – reflete.
Discreto, Hassan vai organizar o trabalho do dia.
No laboratório, a boa higiene é visível e a arrumação meticulosa.
Depois de um reconfortante banho, Danilo veste-se de maneira apropriada, segue para o laboratório e ali passa o restante do dia, entregue aos seus afazeres. Recorda outro laboratório, no qual, a morbidez, a pouca higiene, os cheiros penetrantes e irritáveis, as sombras do mal desafiam, desrespeitosas e imprudentes, as Leis Maiores...

*

Enterrados, Marfa e Boris caíram no esquecimento, como se jamais tivessem existido.
Curiosamente, suas famílias, das quais só restavam alguns idosos, foram, igualmente, seguindo os mesmo caminhos. Crianças, há muito deixaram de nascer entre eles.
Thilbor que já os esquecera em vida, confirmou isso na morte.
Por vezes, consegue vê-los à distância, errantes e solitários, um ignorando a presença do outro. Separados em vida, separados na morte.
Saindo da Rússia naquele dia, precipitadamente, arrastando atrás de si a bela Ingrid, Olga e alguns serviçais, ele viajou para o país que sempre ocupara os seus pensamentos e aspirações: a Moldávia.
Ali chegando, aproveitou os préstimos do seu mais recente 'amigo' e peregrinou à procura de uma residência que o satisfizesse.
Naturalmente, esta deveria ser a cópia da anterior que muito lhe custou deixar para trás.
Em algumas semanas, ele se instala, enfim, num castelo luxuoso, encravado – assim como o outro – numa montanha de difícil acesso, na Bucovina. Thilbor ama as alturas...
Ali, reativou, ponto por ponto, a sua vida de antes.
Nessas terras, expandiu as suas ações de magia, vendo sua fortuna crescer, assustadoramente. Realizado, ele se permitiu voos de grandeza cada vez mais altos. Desta forma, integrou-se ao círculo de amizades do seu recém-conhecido.
Adquiriu um título de nobreza e mudou sua identidade civil, bem

assim como a de sua assistente e a de sua vítima.

Thilbor Sarasate transformou-se no barão Daghor Phanton. Sua assistente, Olga, na sinistra senhora Albaan Prates.

Ingrid, agora, é a baronesa Vicky Phanton.

Desde que ali chegou, ele divulgou a notícia que a baronesa se encontra doente, incapacitada de sair de casa. E assim como foi na Rússia, ele é bem-vindo e incensado pelo poder que ostenta.

Festas ruidosas, regadas a bons vinhos e muita comida, foram programadas e levadas a efeito quando da sua apresentação à sociedade local. Pessoas proeminentes do lugar compareceram para ver aquele que chegava apresentando-se como cientista, metafísico, profeta e mago.

Numa nova realidade e sob nova identidade, Daghor sente-se seguro. Num ritual de vidência à distância, ele tem acompanhado a vida de seu pai, da Marani e dos seus irmãos. Interessa-se, vivamente, pelo irmão caçula, em tudo parecido com ele, todavia, tem-lhe profunda aversão, por tudo que o mesmo lhe tirou, assim como os outros dois o fizeram, mesmo sem saberem.

Passou a planejar, meticuloso, a maneira de como resolver, de vez, o assunto que o incomoda desde a mais tenra infância.

"Que espécie de pai eu seria? Nunca saberei, jamais terei filhos! Abomino a ideia, nunca procriarei! Se bem que... Seria muito interessante descobrir se meu filho herdaria os meus poderes ou se, surpreendentemente, seria um cretino!..."

Um sorriso diabólico surge em seu rosto.

"Ora, ora, que seria um ótimo laboratório! Uma experiência *sui generis!*..."

Explode numa gargalhada sinistra.

Depois de meses e meses de desespero, revoltas e tentativas de defender-se; situações sempre resolvidas com os poderes maléficos de Daghor, que a traz sob o seu domínio mental, o uso constante de narcóticos e a violência de Olga, hoje senhora Albaan, a situação de Ingrid – baronesa Vicky – se mantém incerta e infeliz.

Reiteradas vezes ela suplica ao seu raptor:

– Senhor, por quem sois! Preciso regressar à minha casa e aos meus! Para que e por que me mantém sua prisioneira? O que terei feito para sofrer, assim, as agruras do inferno?

Nessas ocasiões ela explode em pranto, desesperada.

Ele fita-a, algo comovido, e, estranhando os próprios sentimentos que o alcançam à sua revelia, deixa-a entregue a si mesma, enquanto avisa:
— Jamais a deixarei ir, desista!

Profundamente desalentada e, algumas vezes, indiferente ao que se passa ao seu redor, Vicky desliza pelos diversos ambientes.

Vez por outra, apesar da fé que a caracteriza, chega a duvidar de que algum dia possa rever os seus e regressar aos braços do pai e da irmã...

Sabe-se desejada por ele, como mulher, mas se mantém intacta, por uma providência que agradece e que está acima da sua compreensão. Todas as vezes que ele investe contra ela, na intenção de tomá-la para si, acaba por recuar, olhos arregalados, palidez mortal...

Apesar de todos os percalços, de boa índole, Vicky tem-se esforçado para conquistá-los. Roga aos céus não desenvolver o ódio em seu coração, nem desejos de vingança.

Um ano já se passou...

Mais confiante, ameaçando-a, e ao mesmo tempo dominando-lhe a vontade, ele a apresenta à sociedade local, já ansiosa por conhecê-la. O impacto que sua beleza produz deixa-o muito vaidoso.

Vicky a cada novo dia torna-se mais bela. Sua elegância e beleza são notáveis. Suas feições, antes quase infantis, está maturada pelo sofrimento, tornando-a quase diáfana.

Extremamente sedutora, ela passa a ser a fantasia preferida dos homens invigilantes e imorais que vivem mergulhados nos seus vícios. Estes ignoram que ela é prisioneira e triste marionete nas mãos de Daghor...

Hoje, ninguém a reconheceria com facilidade. Extremamente delgada, com os cabelos tingidos de preto, vestida em roupas escuras e pesadas, artificialmente maquiada, ela acompanha Daghor, tal qual uma estátua que se move, em meio a pessoas estranhas e excêntricas.

Quando em casa, depois de banhar-se e dormir, Vicky tem a impressão de que as noites foram pesadelos, nos quais ela se movia, muito devagar, alheia à realidade, e que falava automaticamente...

A senhora Albaan, por sua vez, não tem acesso à referida sociedade. Vive incógnita, escondida em casa, por ordem de Daghor, do qual torna-se, cada vez mais, uma simples e útil cúmplice.

Ela odeia Vicky por todos os motivos, mas principalmente pela afeição que surpreende nos olhos de

Daghor. Ele a exibe, vaidoso, nos salões, tal qual ave rara; uma ave rara que diz lhe pertencer...

Nesse instante, bem próximo ao castelo, os sinos de uma igreja tocam, dolentes, e Olga recorda a infância feliz que parece nunca ter existido...

Relembra sua mãe a fazer orações, cheia de fé e de esperança na vida. De como ela se esforçou para educá-la nos mesmos princípios.

Tomada de alguma sensibilidade, ela analisa a situação de Vicky sob um prisma diferente, debatendo-se entre dois sentimentos: de ódio e de piedade. Afinal, ali, Vicky é a única vítima.

A despeito das suas prevenções, tem-lhe aproveitado a boa companhia e ouve-lhe, por vezes, interessada, as conversas que são sempre muito positivas. Vicky retira do próprio sofrimento as forças de que precisa.

Sem muitas mudanças, dois longos anos já se passaram; uma eternidade para Vicky, mas pouco tempo para Daghor, que almeja sempre mais, absorvendo tudo que lhe está à volta, quiçá o ar que se respira...

O seu novo castelo possui torres pontiagudas, fosso, ponte levadiça, seteiras, pátios enormes e, também, prisões indevassáveis.

Como não poderia deixar de acontecer, diante das circunstâncias, homens ousados investem na conquista de Vicky, ignorando os direitos do "marido". Atento, ciumento e muito violento, Daghor cuida de cada qual à sua maneira. Assim, alguns desaparecem misteriosamente e outros carregarão, no corpo e na alma, as marcas dos seus "avisos".

Ele, todavia, surpreso, descobre-se amando-a de fato, e com todas as forças de seu coração atormentado e endurecido. Profundamente aflito, questiona-se:

"Serei capaz de amar?!"

Anda pela sala inquieto, atônito com o que acaba de constatar. Todavia nega, negará sempre... Sacode a cabeça, procurando entender-se... Exaspera-se, atormenta-se, sofre, como negar?

Bate com estrondo na mesa que lhe está ao alcance e explode:

– Tolice minha! Estou confundindo, sem dúvida, sensações e emoções! Minha alma, sombria e revoltada, só sabe odiar! Assim serei, sempre! Não quero amar, isso não é para mim! O amor enfraquece, modifica, desarma! Longe de mim tal sentimento!...

Senta-se com estrondo numa cadeira e mete os dedos por entre os cabelos negros e escorridos... Nunca imaginou passar por isso...

Seu coração se aperta, constringindo-se numa dor quase física.

A imagem de Vicky parece sorrir-lhe, como uma belíssima aparição angelical. O que fazer? Dominar-se tão completamente, que ela jamais desconfie deste novo sentimento, o qual não terá condições de sobreviver, de ganhar espaço em sua alma...

Ao sequestrar Ingrid, desejava conquistá-la e fazer-se amar. Não tinha, jamais teve, a intenção de corresponder a sentimentos que, não consegue administrar, que lhe trazem insegurança. Bem cedo descobriu que o "feitiço voltara-se contra o feiticeiro", no seu caso, literalmente, como num triste fado.

Levanta-se e sai precipitado como a fugir de si mesmo. Atira-se ao trabalho com afinco, buscando esquecer os "tolos devaneios".

Todavia, apesar das suas resoluções racionais, passa a viver em suspense quanto ao desejo de conquistar Vicky. Afinal, tem a moça em suas mãos, e todo o poder de que precisa... Da mesma forma que cria amores onde nunca existiram, pode usar os mesmos recursos para dominá-la!...

Não! Seu orgulho masculino se revolta. Reconhece os próprios atributos físicos e é ciente do fascínio que o caracteriza. Poderá conquistar qualquer mulher, se a isso se decidir.

Insatisfeito, envolvido em tormentos, aos quais jamais esteve submetido, ele julga enlouquecer...

\*

Na casa do barão Mateus, algum tempo depois do desaparecimento de Ingrid, as coisas voltaram à rotina. Embora tristes, tiveram de dar continuidade a vida.

Astrid, mesmo com a saudade que era imensa, conforma-se, enquanto aguarda que a irmã seja encontrada e recambiada para casa.

Junto a Danilo, estreitou a convivência e, num dia mais feliz que os outros, eles se declararam, muito emocionados.

Tomando-lhe, amoroso, as mãos, Danilo abriu seu coração:

– Astrid, amei-a desde a primeira vez em que a vi. Nunca escondi meus sentimentos mas, por causa das circunstâncias, tive de calar a voz do coração. Lamento aquilo que vivem, tão tristemente, mas acredito que Ingrid voltará.

Coração a bater, loucamente, diante da sua confissão, ela abre

um espaço para indagar:
— Por que afirma isso, Danilo?
— Porque exercito várias práticas espiritualistas.
— Como faz isso?
— Num trabalho sério, voltado para o bem e para o amor verdadeiros, sob o poder de Deus.
— Até nisso, nos afinamos! Estes fenômenos sempre fizeram parte da minha vida e da vida de minha irmã... Mas, conte-me mais, por favor!
— Trabalho em círculos fechados, aos quais frequento e dos quais faço parte.
— Ouço algumas pessoas dizerem que esses "trabalhos" têm parte com o demônio.
— Pensa, assim, também?
— De modo algum!
— Quando se fala em forças ocultas, supõe-se, quase sempre, que o mal pode transgredir as Leis Maiores e levantar o véu que encobre ao vulgo esses conhecimentos, para satisfação da curiosidade de uns e de outros, além do uso destes mistérios para prejudicar as pessoas. Em verdade, isso é possível e até acontece, mas o bem também se faz presente, da mesma maneira e forma, naturalmente mais elevada; esclarecendo, consolando e amparando àqueles que merecem.
— Muito coerente! Por que o mal se faria presente e atuaria, e o bem, não? Estranho seria, quando sabemos que tudo está submetido à Divina Providência, até mesmo o mal, que se arroga de poderoso e invencível.
— Se todo bem nos vem do Criador, porque o que nos foge ao entendimento teria origem somente no mal? Levantar o "Véu de Ísis" é permitido a qualquer um que a isso se disponha e se prepare, convenientemente. Há um preço a pagar, que para alguns pode parecer excessivo. É preciso ter pleno conhecimento das leis que regem os fenômenos físicos e espirituais e, fazendo uso dos mesmos, chegar à prática, ultrapassando as barreiras que separam os "dois mundos". Somente de Deus nos vem a justiça perfeita! Mas, caríssima, estou a desviar-me do assunto que iniciei, lembra? – Ele indaga, olhos sedutores, envolvendo-a, intencional, e apertando-lhe ambas as mãos entre as suas.
Corando, Astrid lhe responde:
— Sim, pode continuar.

Refletindo nos olhos negros a paixão e o amor que lhe dedica, Danilo declara:

– Já lhe confessei o meu amor. Agora, quero ouvir dos seus lábios aquilo que leio, em suspense, nos seus olhos!

– E o que lê neles? – Ela indaga, divertida e submetida aos seus encantos. Quer usufruir, bem, e lentamente, o momento...

– Eles me dizem, e mentirosos não são, eu bem sei, que você corresponde ao meu amor, Astrid!

– Sim, eles não mentem. Você me conquistou, plenamente. Amo você!

Enlaçando-a, ardente, ele declara:

– Para mim você é o ideal de mulher, minha certeza de ventura!

Encostando a cabeça no peito amado, Astrid confirma:

– Trago você em minh'alma, desde a primeira vez que nos vimos. Sofri, ao imaginar que seu coração pudesse estar comprometido com outra e eu tivesse chegado tarde demais!

– Nunca amei antes. Concluí, muitas vezes, que esse proclamado amor não passasse de fantasia!

– Eu também, Danilo, jamais amei antes!

Em transportes de felicidade, Danilo a atrai para si e beija-a nos lábios, sendo plenamente correspondido.

Assim enlaçados e trocando carícias, eles se mantêm, ignorando que dois olhos azuis, marejados de lágrimas, surpreendem-nos:

"Seja feliz, minha querida! Espero, em Deus, que nossa Ingrid venha, ainda, fazer parte desta felicidade!"

Em seguida, o barão se afasta, discreto, deixando-os a arrulhar.

Alguns dias depois, Danilo pede a mão de Astrid em casamento.

No mosteiro, Guilherme envelheceu, após dividir com muitos discípulos a sabedoria que alcançou, ali, longe de tudo. Nunca, jamais, esqueceu Dhara, que frequentemente lhe aparece e dança para ele, envolta em véus coloridos e enfeitada com flores.

Guilherme sabe que ela nunca terá paz, enquanto o filho estiver comprometido com o mal.

Há muito sabe da existência de Thilbor que, naquela noite no passado distante, parecia ter desistido de viver. Desde então, passara a acompanhar-lhe a jornada terrestre, integrado à solicitude de Dhara para com o filho querido e tão necessitado.

Vezes sem conta, protege-o dele mesmo. Estas ações, todavia, são gotas d' água no oceano de maldades de Thilbor.

\*

Enquanto vigia e aguarda que os seus dois maiores amores se modifiquem ou regressem ao Plano Espiritual, Dhara se fortalece na afeição sempre presente de Guilherme.

Durante os seus desdobramentos espirituais, eles conversam, como fazem agora:

– Dhara, mulher querida de minh'alma, o que a faz procrastinar a ventura da paz espiritual?

Antes que ela responda, ele faz um gesto de mão e completa:

– Ora, como se eu não soubesse...

— Sim, meu caríssimo Guilherme, você sabe. Meus amados industriam o mal para tantos... Quando isso terminará, ou melhor, como isso terminará?

— O epílogo será lastimável, afinal, ambos desafiam as leis divinas. Um dia eles se defrontarão!

— Oh, deuses! Meu filho tenciona vingar-se! Quantas vezes eu procuro lhe inspirar o perdão, inutilmente. Quantas vezes, "aconselho" o marajá a implantar a justiça no seu reinado, mas ele finge não ouvir. Reiteradas vezes, porém, meu querido Hamendra liberta seu coração e confessa seu amor por mim, esquecido dos seus preconceitos. Caso eu pertencesse à sua casta, nossa história teria sido diferente.

— Mas era, exatamente, este, minha querida, o desafio das suas vidas! Você também se atirou aos sofrimentos por ambição, recorda? Visando um futuro de riquezas, você fechou os olhos e se atirou no abismo. Como mulher, deveria ter-se preservado melhor e tempo virá em que terá de provar novas atitudes, numa outra existência. E quiçá, arrastará, mais uma vez, os dois para viverem, enfim, uma nova situação na qual o real objetivo, mais uma vez, será a redenção!

— Censura-me, Guilherme? — Os olhos de Dhara estão marejados.

— Não a você, mas aos seus atos, que causaram tantos sofrimentos, mormente, para seu filho, espírito tão carente de orientação e de amor! Somente um amor abnegado pode transformar almas assim, Dhara. Quando a mulher se consorcia, ela não apenas escolhe o companheiro para a sua vida mas, sobretudo, um pai para os seus filhos, sem esquecer que com o homem acontece o mesmo.

— São tão lógicas as suas ilações... Reconheço tudo isso, acredite!

— A consciência dos nossos erros denota algum progresso. Valer-nos-á muito, na próxima oportunidade.

— Praza aos céus, saibamos aproveitá-la melhor!...

— Infelizmente, não é o que vemos. Quase sempre recaímos nos mesmos erros, devido às nossas patentes imperfeições...

— Você é tão sábio, Guilherme!... Tivesse eu amado você, e minha vida teria sido diferente, mas me apaixonei, doidamente, por Hamendra, por sua beleza, ostentação e fascínio...

— Nós sabemos que no coração ninguém manda, não é? Desanuvie estes pensamentos e seja feliz, dentro das possibilidades, enquanto aguarda um futuro melhor.

– Perdoe-me por tudo...
– Nada tenho a perdoar. Conte sempre com minha eterna afeição e com o meu auxílio. Evoque-me, sempre que precisar, e lá estarei de coração aberto e grato aos céus pela oportunidade de demonstrar-lhe o meu amor e fazer a vontade do Nosso Criador, que nos manda amar o nosso próximo como a nós mesmos. Não foi por acaso que nos reencontramos nesta existência.
– E assim, Deus cuida das suas criaturas, em qualquer plano de vida!
Abraçam-se, fraternos e amorosos.
Dhara, tirando uma flor dos cabelos entrega-a a Guilherme que, regressando ao corpo, surpreende-se com a mesma nas mãos. Beija-a, zeloso e grato, como se o fizesse à mulher amada...

*

A despeito da dor e da saudade, o barão estipula algum tempo para o noivado de Danilo e Astrid.

Danilo torna-se, cada vez mais, íntimo da casa e da família. Também ele se apresta para o próximo futuro que modificará, radicalmente, a sua vida.

Diante dessas compreensíveis providências, Celeste revolta-se e demonstra o ciúme que carrega na alma, apesar de conhecer os parâmetros que nortearam sua passada relação com Danilo.

Apesar de tudo, ela ama Danilo e decide abordá-lo:
– Muito bem, agora que vai se casar, o que eu faço com os meus sentimentos? Jamais pensei enfrentar tal situação. Você me parecia um solteirão inveterado!

Vincos na testa, profundamente contrariado, Danilo procura as palavras certas para responder sem magoá-la.
– Celeste, seja razoável! Nunca me comprometi com você! Somos adultos e eu fui sincero desde o primeiro momento, lembra?
Algo desconcertada, ela responde, quase em lágrimas:
– Eu me acostumei ao seu amor, Danilo!
– Não ao amor, Celeste, mas à paixão que, como um fogo, devora e depois se transforma em cinzas. Nada resta, nada, quando o verdadeiro amor não a acompanha. Foi o que aconteceu entre nós!
– Com você, não comigo! Aprendi a amá-lo, de verdade!

— Este, o risco que ambos sabíamos estar correndo, minha cara!
— Todavia, eu é que sou deixada de lado!
— Perdoe-me, mas nada posso fazer... Não conte comigo e nem se humilhe. Saia dessa situação com dignidade! Há tanto tempo me posicionei diante de você, e você ainda me fala como se tudo estivesse acontecendo agora? Situe-se Celeste e seja mais sensata!

Mordendo os lábios, ela se cala, aparentando conformação, mas decide agir. Alcançando-lhe as intenções, ele avisa:
— Cuide-se para não me criar embaraços! Seria péssimo, não apenas para mim! Recorde como tudo começou...
— Muito bem! Se eu o persegui até convencê-lo da minha afeição, você me aceitou, comodamente!

Celeste está irada. Punhos fechados, as unhas compridas quase lhe ferem as palmas das mãos. Sente vontade de atirar-se contra Danilo, mas como ousar tanto? Existe uma hierarquia que jamais fora quebrada e códigos de relação que nunca transpôs, nem poderia fazê-lo, porque Danilo jamais permitiu.

Recorda a própria persistência em conquistar-lhe o coração, coisa que nunca conseguiu. Esperançosa, aguardava que Danilo se cansasse de Astrid. Ao invés disso, ele se compromete, cada vez mais, marcando o casamento!

Compreensivo e paciente, Danilo lhe fala:
— Posso aquilatar-lhe os conflitos, Celeste. Eu substituiria o termo "cômodo" por "irresponsável". Muito imprudentes e desavisados, investimos numa relação que, sem dúvida, findaria, mais cedo ou mais tarde. Uma relação amorosa depende de duas pessoas, uma completando a vontade da outra; por conseguinte, não há inocente nem culpado. Como rejeitar uma mulher bela como você? Sou homem e italiano, ardente e apaixonado! O meu sangue corre nas veias, embriagador, como os melhores vinhos do meu país!

Aceitei, e enquanto durou foi muito bom, mas a vida nos prega peças e eu, que jamais imaginei pudesse amar, encontro-me submetido a este sentimento de maneira forte e determinante. Esse novo fator modificou a minha vida e, consequentemente, a sua...

Você é ciente de que, desde o primeiro momento, avisei-a e me afastei de você, sincero, sempre! Sua presença aqui já se torna difícil, para não dizer impossível. Talvez seja melhor deixar esse trabalho e

sair de minha casa. Caso precise, eu a colocarei num outro emprego, através de conhecidos. Não quero, de modo algum, prejudicá-la. Perdoe-me, se puder... Jamais tive a intenção de magoá-la, creia.
– Está sendo cínico! – Ela explode, chorando.
– Sabe que não, nunca fui um cínico e jamais o serei! A revolta fala por você!...
Virando-lhe as costas, não antes de fulminá-lo com um olhar de ameaça, ela sai quase a correr. Dando vazão às lágrimas, interna-se nos seus aposentos e solta as comportas de sua alma desesperada. Rumina um jeito de se vingar e planeja como fazê-lo.
Alguns dias depois, vai visitar Astrid. Informada da sua presença e imaginando que ela esteja sob as ordens de Danilo, Astrid recebe-a, solícita e gentil. Indicando-lhe um assento, senta-se também, mas ela retruca aborrecida:
– Estou muito bem de pé!
Surpresa, Astrid prossegue fazendo o seu papel:
– Se é assim, então fale: por que está aqui?
Corando, fortemente, ela declara intempestiva:
– Venho abrir-lhe os olhos já que, suponho, desconheça os atos da vida privada do seu noivo!
Estremecendo, Astrid levanta-se precipitada e exclama quase em choque:
– O que está dizendo? Explique-se, senhorita!
Enfrentando-a, avermelhada pela ira, Celeste prossegue:
– Muito bem! Eu e Danilo estamos comprometidos! A senhorita Astrid está invadindo um terreno que desconhece! Seu pretenso noivo não é um homem livre! Ele, desde há muito, me pertence!
Astrid cambaleia e, por pouco, não perde os sentidos. Senta-se novamente e prossegue indagando. Sua voz, todavia, sai indecisa e fraca. Sente a cabeça rodar, parece-lhe que tudo gira ao seu redor.
– Pode ser mais clara, por Deus?
– Vou repetir: Eu e Danilo estamos juntos, faz muito tempo!
– Vocês... são.. casados?!...
– Casados? E para quê? O que importa é o amor e Danilo me faz muito feliz! O resto é pura balela, coisas para pessoas puritanas!
Pálida de morte, Astrid imagina-se num terrível pesadelo. Os seus sonhos de felicidade estão ruindo por terra...

Neste instante, irrompe na sala, o próprio Danilo que, surpreendendo a cena, compreende tudo. Constatando a inexplicável ausência de Celeste nas suas obrigações diárias, o coração lhe segredara que ela dera vazão à sua revolta. A primeira pessoa a quem ela atacaria, sem dúvida, seria Astrid. Por isso correra, rápido, para a casa da noiva.

O conde fulmina Celeste com um olhar de censura e busca os olhos amados, para avaliar o prejuízo. Astrid lhe corresponde com uma expressão dura, implacável, de condenação...

Precipita-se para ela e implora, enquanto Celeste sorri, zombeteira, julgando-se vingada.

– Astrid, ouça-me, por Deus!

Precipitada e impulsiva, Astrid sai da sala correndo, sem olhar para trás. Tropeça numa cadeira, quase cai, equilibra-se e segue o seu caminho, desaparecendo no interior da casa, sem mais delongas.

Ao fitar o noivo, adivinhou-lhe a culpa. Ele sequer negou! Desejava explicar-se? Explicar o quê?!...

Enquanto corre em direção aos seus aposentos, um pranto convulsivo a alcança. No caminho esbarra no pai que vem chegando.

– O que tem filha?

Detendo-se, sem maiores explicações, ela tira do dedo o anel de noivado e pede ao pai:

– Devolva isto a Danilo, por favor, e diga a ele para nunca mais me procurar!

Pasmo, ele recebe a joia, enquanto clama por Carlota e lhe mostra Astrid que, tremendo, encosta-se na parede, abatida, incapaz de prosseguir na intenção de alcançar os próprios aposentos.

Carlota sustenta-a e leva-a para o seu quarto.

Ali, ajuda-a a deitar-se, diz-lhe palavras de conforto e pede-lhe que aguarde, pois vai buscar-lhe gotas calmantes.

Em prantos convulsos, Astrid concorda com um aceno de cabeça e enterra o rosto nos travesseiros para abafar os gritos de sua alma desesperada.

Sua vida, antes tão prenhe de esperanças, parece tingir-se de negro, completamente. Como fora tão cega? Imaginou-se imune a conflitos como este? O que fazer da dor que está sentindo?!...

Carlota chega, sustenta-a, cuidadosa, e lhe oferece uma xícara de chá adoçado com mel e algumas gotas de calmante.

Astrid bebe, lágrimas a escorrer, agradece e deita-se novamente. Seus pensamentos, um caos... Seu mundo íntimo está transtornado. O que virá? Como será sua vida depois disso?!...

Alguns minutos mais de pranto, e ela adormece, dominada pelo medicamento e pela exaustão...

Quando adentra a sala, o barão dirige-se a Danilo e, em silêncio, abre a mão exibindo a joia preciosa que representou, até então, a aliança amorosa entre ele e Astrid.

Ignorando-lhe o gesto, Danilo tartamudeia:

– Perdoe-me os atropelos desta hora, peço-lhe! Eu me explicarei, devidamente, ao senhor e a Astrid, caso ela queira me ouvir!

– Eu o ouvirei quando desejar! De Astrid, porém, sequer conseguirá aproximar-se depois desta hora, se eu conheço bem minha filha! Ela lhe envia um recado com a devolução deste anel: de que nunca mais a procure!

Olhando à volta, distingue a presença de Celeste e indaga:

– Esta não é a sua assistente?

– Sim, e é também o motivo do nosso desentendimento...

– O que me faz supor que ela não seja apenas sua assistente!

Pálido, Danilo silencia.

Diante do seu mutismo, o barão lhe pede, educado, mas impositivo:

–Por favor, deixe esta casa e faça aquilo que minha filha lhe pediu!

– Não me julgue precipitadamente, senhor barão!...

Voltando-se para Celeste, e indicando-a com a mão, ele responde:

– Ambos sabemos que não estou fazendo isso.

– Perdoe-me! O que me redime é que, ao conhecer Astrid, desvencilhei-me de uma relação sem compromissos e me posicionei, aberta e sinceramente, com esta que aqui está cobrando direitos que não possui!

Censurando-o, o barão exclama:

– Jamais poderia supor que fosse tão irresponsável, senhor conde!

– Que seja, concordo, mas, apesar de tudo, amo sua filha, que me conquistou no presente para a eternidade!

– Astrid, porém, já tomou a sua decisão e se bem a conheço, não voltará atrás.

– Astrid age por impulso! Está ofendida nos seus brios de mulher, e tem razão! Preciso se faz, porém, ouvir-me antes de condenar-me como está fazendo!

– Depois da "prova" aqui presente?

Ofendido, Danilo fita significativamente o barão e lhe indaga com azedume:

– Nunca teve "casos", senhor barão?!...

Enrubescendo, fortemente, e muito indignado, o barão retruca:

– Não me use para desculpar-se, senhor conde Danilo!

– Admita que está me tirando a oportunidade de defesa por puro preconceito!

– Não é diante de mim que deve defender-se!

– Cada qual por sua vez, depois Astrid me ouvirá, quando estiver mais calma. Sua opinião a meu respeito, todavia, é importante demais, senhor barão! Por Deus!...

Severo, o barão decide encerrar o assunto:

– Estamos nos constrangendo, desastradamente, caro Danilo. Deixemos para outra ocasião! A presença dessa mulher nos impede de falarmos mais abertamente.

Voltando-se para Celeste, que parece pregada ao chão, ele explode:

– Francamente, minha senhora, que desastre! Se alguém aqui está na "berlinda", esse alguém é a senhora! Expor-se dessa forma! Vir aqui desafiar minha filha! Com efeito! O que faz aí parada? Não vê que não é bem-vinda? Já ateou o fogo! Quer ver queimar até o fim?!...

Encarando-a, desafiador, ele a induz a retirar-se.

Corando até a raiz dos cabelos, Celeste se dirige para a saída, depois de sorrir, vitoriosa e debochada, na direção de Danilo.

Ao vê-la desaparecer, Danilo insiste:

– Agora, nós, senhor barão!

Hesitante, quanto a atendê-lo, o barão respira fundo e o convida a sentar-se.

Muito pálido, e profundamente envergonhado, Danilo pigarreia e começa:

– Caríssimo amigo, quando adentrei os portais desta nobre casa, me sentia, tal qual agora ainda me sinto, digno de aqui estar e de pleitear a mão de sua filha, apesar de tudo, pela justiça de uma consciência tranquila.

Pois bem, antes de conhecê-la, sendo um homem normal, com todas as necessidades da matéria, nas carências afetivas que assaltam todas as almas e sem haver encontrado a pessoa certa – aquela que chega e muda, definitivamente a nossa vida – tenho me envolvido, esporadicamente, com muitas mulheres, em relações que pouco têm durado...

No meu caso, porém, além daquelas que casualmente atravessam o meu caminho, tenho dentro de casa, por necessidades técnicas e profissionais - e aí o meu maior erro, sem dúvida – uma mulher que além de ser minha sábia e competente assistente, envolveu-se comigo, sentimentalmente.

No dia a dia, enfrentando as diversas dificuldades que o meu trabalho acarreta e aproximando-nos perigosamente, entregamo-nos um ao outro, sem explicações ou responsabilidades de parte a parte.

Confesso que me acomodei, quando deveria preservar-me, todavia, o tempo passa e não observei, imprudente que fui, que a senhorita Celeste abrigava no seu coração esperanças vãs a meu respeito...

Quando, enfim, conheci Astrid, vi-me fortemente interessado. Senti-me abismado em meio aos sentimentos novos que me alcançavam, modificando-me a maneira de pensar a respeito do verdadeiro amor.

Pois bem, a partir de então, distanciei-me de Celeste, posicionando-me e recuperando a minha liberdade de homem.

Ela, porém, não aceitando a nova situação, passou a amargar sentimentos de revolta e de vingança contra mim, vindo hoje se expor dessa maneira e diante de Astrid que, ingênua e ignorante do mundo nas suas relações, nem sempre honestas, caiu na esparrela preparada por Celeste, mulher experimentada na vida. Mulher inteligente que é, todavia, há de entender-me quando permitir que me explique devidamente.

Lamento, deveras, este terrível constrangimento, creia-me!

Sou-lhe imensamente grato por ter-me ouvido, paciente. Quero afirmar que serei obstinado naquilo que pretendo com relação a sua filha. Para o meu coração comprometido, nada é mais importante, nem mais desejável, que o amor de Astrid, minha noiva, por mim assim considerada sempre e acima de quaisquer circunstâncias. Nosso amor nos auxiliará a superar quaisquer barreiras!

Danilo se cala, dando por terminado o seu discurso.

– Pois digo que se engana, em parte, porque existem barreiras e "barreiras"! Uma delas, a mais intransponível, será o orgulho ferido de Astrid. Caso os Anjos tivessem defeitos, este seria o de minha filha mais velha. Ela é extremamente sensível quanto às coisas do coração, e prima por elas. Julga, com acerto, mas não aceita fraquezas de quem quer que seja. Espera, sempre, que todos tenham a sua força moral. Como pode concluir, não será fácil!

– Eu não disse que seria fácil, caro barão. Em verdade, sei que deverei enfrentar, pacientemente, grandes dificuldades, antes de convencê-la da sinceridade do meu amor e de fazê-la entender que o meu comportamento, dentro dos padrões realistas, nada tem de reprovável.

– E esta filha é, no momento, a única que me resta!... Minha esperança de felicidade e de futuros netos! Isso, caso minha Ingrid nunca mais regresse para casa... Estará ela viva ou morta?

A esta indagação, o barão embarga a voz, pranto na garganta.

Num impulso, Danilo lhe responde:

– Ela está bem e regressará sã e salva!

– Como pode afirmar isso?

– Não esqueça que convivo com os dois planos de vida, o material e o espiritual.

– Confesso que isso me assusta!... Mormente agora, quando uma pessoa que vive de maneira semelhante, parece ter-nos arrebatado Ingrid...

Algo ofendido, Danilo responde, frontalmente:

– Senhor barão, com todo respeito! Somos homens cultos e civilizados! Sejamos dignos da razão esclarecida que nos caracteriza! Não misture, peço-lhe, o joio com o trigo! Eu e aquele do qual desconfiamos, somos radicalmente opostos! Orgulho-me de fazer uso dos meus conhecimentos para o bem, socorrendo as pessoas. Nestas práticas que nada possuem de assustadoras, tenho me mantido vigilante no que diz respeito à sua filha, movimentando as forças sutis e poderosas com as quais convivo, a favor dela. Por isso, aconselho que renovem, dia a dia, as suas esperanças porque, no nosso destino, prosseguiremos todos juntos, unidos e felizes!

– Apesar das reservas que tenho quanto às práticas das quais fala, agradeço-lhe pela esperança com a qual nos acena. Não me julgue um ingrato, nem um ignorante, por favor! Sou cioso da sua amizade e gratíssimo pela valiosa contribuição que nos tem concedido. Mas, diante daquilo que ora vivemos, causa-me espécie a sua declaração. Crê mesmo que seguiremos "todos" juntos?

Sorrindo, esperançoso, Danilo responde:

– Questão de tempo, senhor barão, apenas uma questão de tempo! Este momento passará e seremos felizes, todos nós!
– O senhor com Astrid?
– Sim! De outra forma não poderia ser feliz.
– E o que lhe dá esta certeza?
– Bem, a vida que levo, se me traz muito cansaço físico e mental; atropelos de toda ordem; alguns preconceitos daqueles que ignorando as minhas verdadeiras ações e intenções, rotulam-me de feiticeiro; tenho, em contrapartida, outras compensações.
Quando buscamos o saber em nome de Deus, Ele nos recompensa com respostas aos nossos anseios!
Duvidando, em parte, de tudo que ouviu, o barão conclui:
– Muito bem, aguardemos! Quem viver, verá! De minha parte, apesar da indignação do primeiro momento, continuo admirando-o e ciente de que fará minha filha feliz!
– Muito grato! Sua amizade e seu apoio são muito importantes para mim. Como já deixei claro, não desistirei de Astrid. Jamais o faria!
Levanta-se e aperta a mão do barão, despedindo-se. Segue o seu caminho pensando que, ao chegar em casa, dispensará os serviços de Celeste...
O barão, por sua vez, ao dirigir-se ao interior da casa, esbarra desastrado em Astrid que está, no momento, recostada num aparador.
Ela, dominando, com muita dificuldade, o torpor que a invadira, após o primeiro sono, levantara-se, cambaleante, incapaz de continuar à margem dos acontecimentos que lhe dizem respeito primordialmente.
Sustentando-se no aparador, ela ouviu o final do diálogo do pai com Danilo.
– O que faz aqui, filha? – o pai se surpreende.
– Vim ver se... Danilo e aquela mulher abominável já tinham ido e ocorreu de ter ouvido a conversa de vocês... Perdoe-me...
– E, como se sente a respeito? – o barão se aventura em perguntar, apesar de perceber que ela mal se sustenta em pé.
Buscando forças, ela se revolta:
– Ora!... Quanta empáfia!
Respira fundo, apoia-se no pai e repete o que ouviu:
– Apenas uma questão de tempo, imagine! ... Talvez dure toda a eternidade, porque eu jamais o perdoarei!...

Sustentando-a, o pai a reconduz aos seus aposentos, enquanto lhe fala baixinho:
– O tempo cura, conserta, explica e redime, minha querida!
Astrid nada responde. O barão, contudo, roga aos céus que Danilo tenha razão; que Astrid venha a perdoá-lo; que Ingrid volte e sejam todos felizes!...
Em sua casa, Danilo procura Celeste. Ela lhe deve muitas explicações... Fazendo uma rápida sindicância, porém, constata a sua ausência.
Demóstenes informa-o de que ela se fora, sem explicações.
–Melhor assim! – responde, lacônico.
Incapaz de concentrar-se no que quer que seja, recorda, em detalhes, tudo que viveu em tão pouco tempo, e lamenta, tardiamente, não ter afastado Celeste da sua casa e de não ter se explicado, convenientemente, com o barão e com Astrid, antes do desastre instalado.
Sente-se profundamente vexado; mais que isso, duvida que Astrid venha a perdoá-lo, apesar do otimismo demonstrado diante do barão. Como serão os dias vindouros? Quando conseguirá reaproximar-se dela?!... É patente que, em seu coração, o orgulho tem um espaço muito bem reservado e impera, vez por outra, acima da razão e do bom-senso... Ela eleva a própria dignidade a culminâncias difíceis de imaginar...
Alma exigente e perfeccionista, Astrid encarna a cobradora, implacável, de todas as virtudes humanas. Não tendo enfrentado, ainda, os normais desafios da vida, ela julga e condena, duramente, aqueles que nem sempre conseguem agir, ou ser, como deveriam.
Bem criada e super protegida, ela jamais enfrentou, de fato, os percalços do mundo. Para ela, o homem amado deve possuir todas as qualidades de um herói.
Em meio a essas reflexões, Danilo fica indignado consigo mesmo:
"Ora, ora, que vergonha! Estou usando sofismas para me defender! Não fui, em verdade, suficientemente correto. Como pude ser tão leviano, tão irresponsável? Não sou, absolutamente, um tolo ou um ingênuo, sou um homem vivido, experimentado na vida!"
Apertando a cabeça com ambas as mãos, desabafa:
– Precisasse eu de defesa competente, não poderia contar com a minha própria razão!
Acalmando-se, otimista, como é da sua natureza, ele sorri e augura:

– Apesar de tudo, minha bela Astrid, você me ouvirá e me perdoará, mais cedo do que imagina! Não posso – nem vou! – perder o seu amor!

Assim, em meio a certezas e incertezas, ele se propõe a trabalhar, desta vez sem Celeste...

*

Sofrida e magoada, Vicky indaga a Albaan:
– Por que você e Buffone me atormentam tanto? Por pura malvadeza?
Displicente, ela responde, categórica:
– Obedecemos ordens! Apenas isso.
– Não acredito.
Agastada, ela quer saber:
– Por que diz isso?
– Porque Daghor me trata muito bem. Concluo que, apesar de ordenar-lhes que me vigiem, não deve querer que me maltratem.
Furiosa, Albaan fuzila Vicky com um olhar de ameaça. Sem se intimidar, esta prossegue:
– Apesar de tudo que me fazem, sinto pena de vocês!...
– Odeio quando se dirige a nós desta maneira! Você é incansável, não? Gosta de parecer melhor que nós!
– Ser melhor que vocês não exige esforço, Albaan. Afinal, por que me odeia tanto? Não vê que estou aqui contra a minha vontade? Sente ciúmes?
Olhos brilhando, exaltada, ela confirma:
– Certamente! Você é de sangue nobre, belíssima, culta, e Daghor demonstra um interesse inusitado por você!
– Não se agaste com isso, Albaan. Ele se cansará com o passar do tempo, verá!
Duvidando, ela silencia.
Minutos depois, aventa a hipótese:
– Sua família acabará por encontrá-la, mais cedo ou mais tarde... Eu gostaria muito que se fosse para sempre! Nunca, jamais, deveria ter entrado nas nossas vidas, Vicky!
– Não tivessem me sequestrado, e eu não estaria aqui! Como sabe, não foi opção minha! Acredito, também, que minha família me encontrará. Isso, se vocês não me destruírem antes...

Sorrindo, sombria, Albaan pede:
— Não me tente!... Sabe quantas vezes já me esforcei para isso, mas você sai incólume, a despeito de tudo!
— Não vê nisso a ação poderosa de Deus?
— Não! Vejo a ação "poderosa" de Daghor! Sabe quantos castigos tem-nos infligido por sua causa!?
— Bastaria me atormentar menos, não acha? Forre-se aos castigos de que fala, me poupando.
— Você confessa que ele a protege contra nós e espera que eu aceite isso? Por certo, não me conhece!
— Lamento-o, deveras!... Se me desse oportunidade poderíamos nos conhecer melhor e ser amigas. Ainda tenho esperanças de que, um dia, você se modifique.

Avermelhada pela ira, Albaan se levanta e se atira sobre ela.

Segurando-a pelos cabelos, passa a esbofeteá-la, desvairada.

Gemendo e chorando de dor, Vicky surpreendeu-lhe uma notável transformação: os seus traços fisionômicos parecem ter sido "cobertos" por outros que se modificam, por sua vez, em fácies de horror que lhe causam arrepios.

Cansando-se, satisfeita, ela larga a sua presa e se afasta, arrastando os pés; seu caminhar é pesado e algo claudicante... Casquinando uma risada, desaparece nos corredores...

Enquanto banha o rosto para amenizar a dor, trêmula, indignada, lágrimas abundantes a rolar, Vicky recorda que na noite passada, esteve com Astrid:

"Ela chegou suavemente, como se flutuasse no piso, e se dirigiu a ela, com um sorriso luminoso. Aconchegando-a, ao peito, disse-lhe palavras de conforto, acenando-lhe com a esperança do feliz reencontro num futuro próximo..."

Em prantos, desabafando a dor física e moral, ela se socorre na recordação de sua casa e os seus. Exausta, faz as suas orações e dorme.

Nos seus trabalhos, algumas vezes, Daghor faz uso das suas energias jovens e estuantes, adormecendo-a profundamente. Todavia, preserva-a, não lhe exaurindo as forças, para não prejudicar-lhe a saúde.

Em verdade, guarda-a para si mesmo e, nesse sentido, os ciúmes de Albaan têm razão de ser.

Quando exercita os rituais de bruxaria, tudo se modifica nele e ao seu redor. Nesse momento, ele se transforma numa entidade inquieta e cheia de trejeitos esdrúxulos; voz cavernosa e olhar terrível.

Atendendo às suas evocações, por vezes impositivas, por vezes lamentosas, em meio a línguas desconhecidas, surgem, vindos não se sabe de onde, seres animalescos, diabólicos, de todos os tamanhos, formas, e colorações. Seus comportamentos são semelhantes: turbulentos, agitados, desconfiados, selvagens.

Ao chegar, farejam a comida servida em grandes recipientes e que se compõe de carnes cruas, miúdos de animais e outros alimentos similares.

Após se fartarem, expressam-se por meio de silvos e ruídos característicos; alguns estridentes, alguns cavernosos, mas todos profundamente desarmônicos, movimentando-se ao redor de Thilbor.

Suas cores variam dos tons mais escuros aos mais difusos. Num matiz de tons marrons e acinzentados, eles às vezes parecem negros... Peludos em excesso ou de pelagem curta; pele lisa e áspera, escura e quase impermeável; membros muito longos, muito curtos, ou tortos; unhas compridas que fazem ruído ao chocar-se com o piso sobre o qual caminham, quase sempre, de quatro.

Quando se indispõem uns com os outros, engalfinham-se, na disputa pela comida ou sem motivo aparente.

Seus olhos são penetrantes, miúdos, saltados e redondos; as orelhas, tal qual as dos morcegos, quase sempre estão de pé, como antenas móveis... Exalam cheiros misturados a tudo que desagrada ao olfato humano, às vezes, odores sufocantes...

Comandando-os, Daghor trabalha com evocações, nomes, endereços, pedidos em profusão; confiante em resolver, satisfatoriamente, todas as demandas...

Após o término desses rituais, ele deixa algumas ordens para Albaan, sobre esta ou aquela maneira de agir, e ordena ao anão e a alguns outros que limpem e reorganizem tudo.

Por sua vez, banha-se num ritual de limpeza.

Depois veste suas roupas elegantes, negras e luxuosas. Ato contínuo vai visitar Vicky.

Encontrando-a adormecida, ainda, ministra-lhe algumas gotas de um licor de estranho odor e aplica-lhe, com as mãos, forças revigorantes, despertando-a.

Ela abre os olhos, tranquila, suspira profundamente, fecha-os, de novo, e volta a dormir, respirando suavemente.

Ele se inclina para beijar-lhe o rosto, mas se afasta, em choque; surpreende-lhe a vermelhidão das faces e conclui que Albaan mais uma vez se excedera.

Vai procurá-la e castiga-a, duramente.

Em prantos, corpo lanhado de chicote, ela prageja e jura destruir Vicky, enquanto se socorre com os medicamentos adequados.

Afastando-se, satisfeito com o corretivo aplicado na sua insubordinada assistente, ele segue o seu caminho pensando:

"Ninguém magoará você para continuar impune, minha Vicky! Não sei o que o futuro nos reserva, mas você estará nele! Não é a primeira, nem será a última vez que nos encontramos minha bela! Você me amará e, juntos, conquistaremos o mundo ao nosso redor! Anseio pelo dia, no qual, você será minha, enfim!"

Estes sentimentos, que ele não consegue disfarçar, exasperam Albaan. Enquanto ele viveu os seus amores de longe, ela podia suportar. Mas, agora, sua pior rival está ali, sob o mesmo teto e sob a sua guarda e proteção, por ironia de todos os demônios!...

Revoltada, enquanto se socorre, promete:

– Um dia, eu me vingarei!

Buffone sorri debochado, imaginando que gostaria, igualmente, de vingar-se dela e de Daghor...

Embora maltrate Vicky, ele já desenvolveu por ela um estranho sentimento, misto de piedade e encantamento...

A sombra de sua alma danada anseia por algo melhor, que possa iluminar-lhe o íntimo mau e empedernido...

Suspira, ao pensar que é muito feio e desajeitado. Com um sorriso de enlevo, imagina-se belo, alto, admirado, passível de ser amado...

Observando-lhe, contrariada, a abstração, Albaan tira-o das suas reflexões e sonhos com alguns tapas sonoros, recambiando-o à sua realidade. Já que não pode reagir contra Daghor, descarrega sua raiva nele. Há algum tempo, suspeita que este feioso, torto e infeliz, está de beicinho por Vicky!...

"Ah, se Daghor descobre! Teremos mais um "animal" para os sacrifícios!"

Algumas semanas se passaram depois do seu desentendimento com Astrid... Um mês decorreu; dois meses se cumpriram, e Danilo vive pisando em brasas...

Discreto e silencioso, Hassan percebe-lhe a notável distração e desinteresse pelo trabalho.

Enquanto mistura alguns elementos químicos, Danilo analisa a própria vida. Sua distração, porém, responde pelo mau resultado do experimento.

– Oh, meu senhor! Seu alheamento é assustador!

Aborrecido, Danilo indaga:

– Quer tomar o meu lugar e fazer melhor?

– Não, Deus me livre! Eu acabaria por explodir esta casa, e nós dois, dentro dela!

– Então, cale-se e deixe-me trabalhar!

Hassan não se contém e desabafa:

– Estou surpreso, meu senhor! Habituei-me a vê-lo sempre tão equilibrado!

Parando o que faz, Danilo responde:

– Ora, Hassan! Sou um homem do mundo, imperfeito como qualquer outro! Responsável pelos meus atos, certamente, diante de tudo que sei e diante da ciência que represento, mas, quando o mundo nos desafia os limites, nos desvestimos do homem "civilizado" e mostramos as garras afiadas, na defesa daquilo que possuímos ou desejamos! A ansiedade e a contrariedade modificam o nosso humor. Todavia, devemos procurar sempre o equilíbrio, citado por você, imprescindível, para viver em harmonia com os nossos propósitos elevados! Desculpe-me, e grato pela observação! Sinceramente, hoje, não estou bem...

Desistindo de trabalhar, ele respira fundo e torna-se introspectivo. Compreensivo, Hassan decide dar-lhe apoio:

– Meu sr. Danilo, haja o que houver, conte sempre comigo. Vejo que está muito triste, por isso se distrai a ponto de não conseguir trabalhar.

Danilo ouve-lhe as boas palavras e confirma, uma vez mais, a decisão que o fez trazê-lo da Argélia:

– Louvo a Deus e a Allah por tê-lo trazido comigo, Hassan!

– Louvo aos dois, também! Fui muito beneficiado!

– Fomos, Hassan, fomos...

Danilo silencia, e se impacienta. Não suporta mais a situação que está vivendo.

– Vou procurar Astrid e ela terá de ouvir-me! – declara em alto e bom som.

– Assim é que se fala! Este é o meu senhor conde Danilo de Abruzzos! – Hassan brada com entusiasmo.

Livrando-se da roupa de trabalho, Danilo se dirige aos seus aposentos, veste-se com apuro e sai.

Chegando à casa do barão Mateus se faz anunciar. O próprio barão vem recebê-lo; sorriso de satisfação, olhos brilhantes:

– Seja bem-vindo, senhor conde!

– Grato! Folgo em revê-lo, senhor barão!

– O que o traz aqui, meu rapaz?

– Aquilo que já deve estar concluindo. Quero falar a Astrid, por favor.

– Se ela o atender, ficarei surpreso!

– Insisto, faça-me este favor, caro amigo!

– Está bem, aguarde! Vou avisá-la da sua presença!

Alguns quartos de hora se passam quando ele ouve passos miúdos, rápidos e muito conhecidos do seu coração...

Com o coração a sair pela boca, fica tomado pela emoção.

Enfim, ela surge no limiar de um portal redondo que se comunica com o salão de recepções.

Bela como nunca, divinamente paramentada, ela denuncia a emoção que sente na extrema palidez.

Silenciosa, adentra o salão e fita Danilo, encarando-o frente a frente.

Conhecendo-a, bem, Danilo consegue adivinhar-lhe os pensamentos.

De pé, pois que se levantara quando da sua chegada, ele aguarda, silencioso.

Controlando-se, estoicamente, ela lhe indica o assento e sugere:
— Sente-se, por favor. Aqui estou, como requisitou.
A voz é grave, indiferente, informal.
Danilo imagina as dificuldades que enfrentará.
— Sente-se primeiro, peço-lhe!
Ela atende, displicente, e aguarda.
Danilo se remexe, desconfortável, diante da sua aparente frieza.
— A princípio, quero me desculpar por não ter marcado, previamente, esta visita.
— De fato, é muito desagradável sermos surpreendidos por visitas inesperadas!
Ignorando-lhe o comentário desairoso, ele se pronuncia:
— Decidi lhe falar e aqui estou. Agradeço-lhe por ter-me recebido.
Obstinada, ela permanece em silêncio, desconcertando-o.
Persistente, porém, ele prossegue:
— Chegando aos meus limites, decidi me explicar e ouvir a sua opinião a respeito do assunto que deixamos pendente!
Ela respira fundo e conclui, desinteressada:
— Já que veio, fique à vontade. Fale!
Armando-se de paciência, Danilo começa:
— Há dois meses não nos falamos, Astrid. Não vim antes porque temia a sua revolta.
— E quem lhe diz que agora será diferente? Está sendo muito precipitado!
— Não, não estou. Preciso desabafar, falar-lhe, abrir o meu coração. Pedir-lhe que me ouça e me julgue com imparcialidade.
— Por quê? Acha-me injusta?
— Não, mas àquele que se ama, pede-se em excesso e se julga precipitadamente!
Sorriso de desdém, ela indaga:
— Julga-se amado, depois de tudo?
— Perdoe-me a ousadia mas, em casos assim, o que menos se vê é a razão estabelecida, e o que mais transparece é a exacerbação dos sentimentos!
— Ah, sim! O senhor conde tem muita prática nisso!
— Como qualquer outro homem da minha idade e do meu tempo, nem mais nem menos!

– Explica-se com muita indulgência!

– Deixe-me dizer-lhe que não é o que parece! Se me permitir, procurarei me explicar, sem 'muita indulgência' e com muita sinceridade!

– Pois bem, faça isso. Estou ouvindo.

Danilo fita a mulher que ama até a adoração. Sente ímpetos de arrebatá-la para si e cobri-la de beijos...

– Pois bem, naquele dia de triste memória, quando minha ex-assistente veio falar-lhe...

– Melhor dizer sua amante...

– Namorada, noiva, ou simplesmente um caso, Astrid. Nunca fui casado!

Ela morde os lábios, contrariada.

– Prosseguindo: Ladina, como poucas, ela 'esqueceu' de lhe dizer que, desde o dia em que a vi, ao ultrapassar a sua carruagem, neguei-me a continuar uma relação que havia iniciado por força das circunstâncias e por falta de qualquer outro impedimento.

Astrid enrubesce e demonstra todo seu desagrado com o que ouve, todavia cala e prossegue atenta.

– Descomprometido eu era, não apenas socialmente, mas emocionalmente, uma vez que sempre duvidei do alardeado amor único e eterno.

Descrente quanto ao amor verdadeiro, pouco importava se, esta ou aquela, me satisfazia a carência afetiva desde que houvesse, entre nós, um mútuo acordo e respeito.

– Está sendo cínico!

– Não, não estou. Estou sendo sincero!

– E quanto à situação esdrúxula de conviver com sua assistente na sua própria casa?...

Num sorriso leve e desdenhoso, Danilo indaga:

– Fora dela eu poderia, Astrid? Está sendo preconceituosa e moralista! A quantos infantes eu posso ter escandalizado se vivo só, pode me dizer? A quem dar satisfações de minha própria vida, como homem independente e responsável?

O que a incomoda é ter sido sob o meu teto? E sob quantos tetos viverão amores considerados escusos, apenas por não possuírem um pedaço de papel assinado e carimbado, antes da entrega plena?

– O *expert* nestes assuntos é o senhor e, não, eu!

– Pois bem, Astrid! Ouça-me e reflita! A sociedade nos atira ao mundo, com tudo que ele possui de bom ou de ruim, e, nos cobra, duramente, uma patente masculinidade com todas as atitudes concernentes, enquanto prende a sete chaves e correntes, os pés, as mãos e, quiçá, os pensamentos e a vontade, das mulheres, a fim de que elas sejam puras até o casamento, quando se entregarão a um marido já vivido e experimentado na vida, sem que nada lhe perguntem, porque o mundo e a hipocrisia humana lhes sacramentam os atos de macho desde o seu nascimento!

O homem é o orgulho dos pais quando corre atrás das mulheres e é uma vergonha mortal para eles quando não o faz, chegando eles ao ponto de arranjarem para os seus filhos, ainda imberbes, mulheres da chamada vida livre para testá-los e iniciá-los na vida sexual!

Astrid enrubesce até a raiz dos cabelos e faz um gesto com a mão, tentando interrompê-lo, mas ele, noutro gesto igual, a detém e aumenta o volume da voz:

– Ouça-me! Como pode julgar os pobres mortais daí, do seu trono dourado, nessa redoma de vidro? Protegida e impedida pela família e pela sociedade machista e hipócrita de exercer, de fato e de direito, a sua liberdade? Muitas como você, pré-santificadas, feito peças de museu, jamais se casarão e terminarão os seus dias, 'virtuosas', porém muito infelizes e frustradas, por jamais terem se entregado, verdadeiramente, aos seus naturais anseios, numa dolorosa 'castração' emocional imposta pelo mundo!...

– O senhor fala como um libertino, senhor conde!

Assim dizendo, indignada, Astrid se levanta, para sair, em protesto ao que ouve, mas Danilo a detém, frente a frente, e a faz sentar-se, novamente, embora com muita delicadeza, enquanto avisa:

– Não se esqueçade de que está falando a um cientista, minha cara!

Inquieta e desconfortável, ela se conforma e aguarda.

– Pois bem! Não pense que estou fazendo a triste apologia da liberdade sem responsabilidade! Absolutamente, não! É-nos prazeroso toparmos com mulheres realmente puras, não apenas de corpo, mas de alma! Preconizo, sempre, e dia virá em que esses conceitos atrasados se modificarão, desde o cerne e, praza aos céus, a mulher saiba aproveitar bem aquilo que lhe será oferecido sem se conspurcar, como muitas fazem e milhares farão, por não terem o cuidado de se posicionarem com equilíbrio e dignidade!

O mundo ficará atônito, diante de mudanças incríveis, em prol dos verdadeiros sentimentos, dos comportamentos amorosos e conjugais, num mundo mais moderno, que conclamará, sempre, a honradez, acima de tudo, seja do homem, seja da mulher!

Algo vexada com a sua corajosa defesa, Astrid sente o coração disparar ao deparar-se com tanta força, empenho e capacidade, de argumentação do homem que, apesar de negar, ama, de verdade e irremediavelmente. Acha-o belíssimo, na sua justa exaltação. Sua voz, quase alterada, é modulada e agradável ao ouvido. Os seus olhos brilham numa força e intensidade, admiráveis... Ele freme e todo seu corpo acompanha-lhe as palavras e as emoções.

Como hipnotizada, firma o olhar e aguça os ouvidos.

– Está entendendo, caríssima? Não me julgue insano, todavia é preciso lhe falar assim. Acredito que nunca, jamais, alguém o tenha feito, não desta forma!

Constrangida, ela abaixa a cabeça, em silêncio.

Derramando sobre sua pessoa um olhar de admiração e respeito, de amor e carinho, ele respira fundo e prossegue:

– O que pode dizer de si mesma que já não lhe tenha sido pregado e instruído por aqueles que, em lhe tolhendo a liberdade, induzem-na a erros crassos? Um deles, por exemplo, dos mais apregoados, é que somente as puras são amadas! Onde estará, de fato, a pureza da mulher? Em seu corpo ou em sua alma virginal? Quantas flores nascem no pântano e jamais se enlameiam? Quantas nascem em estufas e negam todas as orientações e avisos, caindo, desastradamente, na conversa e no fascínio do primeiro que aparece? Oh, mas, de modo geral, estas são casadas, às pressas, e, sob o véu da hipocrisia, mesmo que venham a ser muito infelizes com aqueles que, não as tendo respeitado, prosseguirão agindo de igual forma pelos anos que estiverem juntos!

Com sua inteligência privilegiada, minha cara, veja, sempre, os dois lados da moeda para fazer uma justa avaliação!

Seja menos inflexível e não espere que o mundo caminhe de acordo com as suas verdades!

Olhe para mim e me analise como faz a todos; veja que posso ser bom em algumas coisas e imperfeito em outras; decidido a fazer, sempre, o melhor, mas nem sempre conseguindo!

Ela se abstrai e recorda aquilo que ele lhe dissera enquanto procuravam por Ingrid na embaixada, e que a deixara muito, muito insegura... As suas alegações se completam... Conseguirá perdoá-lo?... Duvida!

Respeitando-lhe a interiorização, Danilo se detém. Em seguida, volta a falar:

— Ciente de que nos meus erros não estou prejudicando ninguém, corrijo-os e sigo adiante, atento para não incorrer nos mesmos enganos. A vida deve ser valorizada com muita dignidade a cada novo instante.

Não me julgue, apenas, pela relação com minha assistente, que considera espúria, mas por tudo mais que represento, seja para você, para a sua família, para o mundo no qual vivo e atuo e, sobretudo, para Deus que nos julga em última instância e com equidade!

Danilo demonstra algum cansaço. Cala-se e aguarda a apreciação de Astrid que não se dá por vencida:

— Tudo que me disse parece justo e sensato, mas fala em causa própria, por isso, é suspeito!

— Engana-se, porque defendo a liberdade com responsabilidade e o direito de cada qual exercer o seu livre-arbítrio sagrado e natural! Diante dos diversos níveis de preparo diante da vida, a maioria aprende com os próprios erros! Somos, quase sempre, Astrid, anjos de asas quebradas ou santos vazios por dentro! Saia dessa redoma e não cobre, dos outros, atitudes que são compatíveis com a sua realidade, generalizando, de forma injusta, as ações, e nivelando as pessoas por seus juízos de valor!

— Oh, sim! Devo, para parecer indulgente, inteligente e moderna, aceitá-lo tal qual é, é isso?

— Não estou sugerindo que pareça, mas que seja, na acepção maior destas palavras, que devem sair da teoria para a prática! Saber viver é uma das maiores ciências!

— Pretende instruir-me, de acordo com as suas teorias, caro Danilo? Ignora-me a individualidade, impondo-me a sua, como modelo justo e racional?

— Não me entenda mal, nem se menospreze, minha cara! Diante de você, em verdade, sei que enfrento um tribunal que você jamais instalaria para qualquer outro, pois lhe conheço a bondade e a compreensão, sempre elevadas. Mas afirmo, sem risco de estar errado que, de minha pessoa exigirá, cruelmente, um comportamento diferente, quase impossível, e que raiará sempre a perfeição, coisa que estou longe de assumir, para não me enganar a mim mesmo, nem aos outros! Sempre exigimos demais e diferenciadamente, daqueles que amamos muito, porque atiramos sobre eles a incumbência, quase impossível, de nos fazer felizes! Não sou seu Príncipe Encantado, minha cara, nem cheguei à sua vida montado num Pégaso! Sou um homem comum, muito humano, que ainda age e reage de acordo com as circunstâncias neste mundo muito difícil de viver! Em prol das mudanças que já chegaram e daquelas que virão quando dermos condições, é que estudamos e pesquisamos conhecimentos cada vez mais elevados! Há, e sempre haverá em nós, o justo anseio de vivermos cada vez melhor para sermos cada vez mais felizes, todavia, este ainda não é o melhor dos mundos, Astrid! E nele, nem todos podem viver tão protegidos quanto você!

Sombreando as feições e demonstrando certo cansaço, Astrid comenta, quase num sussurro:

– A proteção de que fala não nos impediu de perder Ingrid! – Na voz percebia-se muita mágoa.

Aproximando-se mais, Danilo toma-lhe as mãos e lhe pede:

– Use comigo, Astrid, a mesma justiça que exerce ao seu redor... Não me veja como um pervertido, por favor! Sou um homem ardente e apaixonado pela vida, mas que soube reconhecê-la como seu único amor, aquele que surge apenas uma vez na vida! Desde então, tenho-lhe sido fiel, creia!

– Perdoe-me, peço-lhe, os rompantes, mas ainda estou muito confusa... Preciso pensar e avaliar tudo que ouvi de você. Por favor, não me julgue uma tola, ingênua ou puritana...

– Caso o fosse, Astrid, esta conversa teria sido impossível. Eu me dirigi a uma mulher inteligente e sensível, culta e bem informada, que defende o direito de jamais ser traída, o que posso provar-lhe, nunca aconteceu!

Beijando-lhe as mãos, apaixonado, Danilo mergulha os seus olhos no dela e fala sem palavras do seu imenso amor.

Estremecendo de emoção, ela se esforça para disfarçar os próprios sentimentos.

– Gostaria de me despedir do barão, Astrid.

Sendo requisitado pela filha, o barão adentra o salão de olhos faiscantes, com um fino sorriso nos lábios.

Astrid se despede de Danilo, gentil e educadamente, mas algo fria, e se interna na casa. Precisa pensar...

Ao vê-la desaparecer, o barão comenta entusiasmado:

– Jamais vi ou ouvi, caríssimo conde, alguém defender a raça humana, mormente aos homens, com tanta competência! Quase aplaudi! Caso fosse um advogado, só me confiaria ao senhor!

Perplexo, Danilo indaga:

– O senhor barão ouviu tudo?!...

– Perdoe-me, todavia, não pude resistir! – Ele responde, piscando um olho, matreiro.

Sorrindo, Danilo se despede.

Enfim, abriu as comportas de sua alma, comprometida com um amor tão belo, quanto inesperado, e disse tudo que precisava dizer a quem de direito.

Uma vez na rua, sofre por não tê-la abraçado e beijado, mas, esta é outra batalha, para outro dia...

Põe o seu chapéu e regressa para casa...

Uma vez nos seus aposentos, Astrid se debate entre o orgulho desmedido e a humildade; entre a razão e o coração. Teve ímpetos de aceitar o amor que se oferece, tão belamente, espontâneo e verdadeiro, e esquecer os seus melindres; todavia, é muito difícil modificar-se repentinamente...

Nesse sentido, Ingrid vai mais além. Avessa a muitas ordens e regras estabelecidas, desafia a tudo e a todos, em prol das suas vontades e verdades. Respeitando, porém, os limites, bem demarcados, de bem e de mal, ela jamais criou embaraços que alguém não os merecesse, arrancando, várias vezes, sorrisos satisfeitos, àqueles que, não tendo a coragem de agir, aplaudiram-na, silenciosos, na sua iniciativa positiva e atuante.

Nas diabruras infantis e adolescentes, era Ingrid quem a conduzia nas brincadeiras, dominando, esperta, as diversas situações instaladas.

– Oh, minha querida irmã! Que falta você me faz! Nesses momentos de conflitos quase insuperáveis, você seria meu apoio e meu consolo! Oh, Ingrid, como Danilo pode fazer isso comigo? Por que não me contou aquilo que vim saber de maneira tão desastrada?...

Dá livre curso às lágrimas. Ajoelha-se diante de um oratório e entregando-se a Deus, roga:

"Ingrid, querida, onde quer que esteja, receba o benefício desse amor que nos uniu desde que você nasceu! Que Deus a guarde e a devolva ao nosso lar que, sem você, é um imenso vazio! Papai está inconsolável!..."

Assim envolvida, Astrid se interioriza, cada vez mais, mentalizando o Criador e seu filho Jesus.

Súbito, divisa Ingrid, que parece ter surgido do nada.

Muito pálida, abatida, magérrima, cabelos negros, ela lhe sorri amorosa.

– Ingrid! Você voltou, minha irmã?!...

Numa voz sibilante, Ingrid lhe responde:

– Ainda não, Astrid...

– Todavia, voltará?

– Sim, voltarei... Amo vocês... Sinto tantas saudades!

– Onde você está, minha querida?

– Muito longe, Astrid!

– Você está viva, não é?

– Sim, estou. Vivo relativamente bem, apesar da saudade...

– O que houve com os seus cabelos?

– Foram tingidos, faz parte de uma nova identidade. Agora tenho outro nome, mas nada disso importa, porque Deus nos permitirá o reencontro.

Aproximando-se mais, Ingrid toca as faces da irmã lavadas de pranto e, muito suavemente, aconselha:

– Seja mais complacente com Danilo... Conceda-lhe o seu perdão! Vocês se amam de verdade! Não perca a chance de ser feliz, Astrid!

Intensificando o choro, Astrid desabafa:

– Não posso, perdoe-me... Estou muito magoada... Ele me traiu, Ingrid!

– Bem sabe que isso não é verdade! Seja mais sensata e cuide-se, a fim de que os seus exageros não a impeçam de ser feliz! Cuide-se para não vir a perdê-lo!...

Astrid, cabeça inclinada, sabe que a irmã tem razão. Suspira profundamente, e quando suspende o olhar para ela, aventa a hipótese:

– Ingrid, gostaria de abraçá-la! De senti-la, mais perto, junto ao meu coração!

Ingrid aproxima-se mais, abraça-a, carinhosa, e a beija em ambas as faces. Fita-a bem dentro dos seus olhos azuis e declara:
— Amo você, minha irmã!
Pressentindo a despedida, Astrid pede:
— Em nome de Deus, Ingrid, volte logo para nós!
— Não depende de mim! Anseio por regressar! Dê um beijo em papai e diga-lhe do meu amor e da minha saudade!...
— Diga-me onde se encontra, por favor! E iremos buscá-la!
— Não posso, todavia saiba que nenhuma distância separa, de fato, aqueles que se amam! Seja feliz! Um dia eu voltarei! Ele está me chamando... Adeus!...
Astrid ensaia retê-la, mas não consegue; é como abraçar uma nuvem que se esgarça.
Suas últimas palavras soam no ambiente e fazem um estranho eco. Em seguida, tudo parece silenciar ao redor.
Enquanto Astrid clama pela irmã, desconsolada, o pai assoma à porta. Viera vê-la por causa da entrevista com Danilo. Chega a tempo de ampará-la, antes que ela desabe no chão.
Sustentando-a nos braços, acomoda-a no leito, cobre-a, zeloso, e clama pela criada, que chega apressada.
— Traga-me os sais! Rápido!
— Sim, senhor!
Ignorando-lhes as presenças, ela abre os olhos e fala como se estivesse muito distante:
— É aqui que Ingrid está!... Oh, céus! Que homem pavoroso é esse e que estranho domínio ele possui sobre ela?... Ele se inclina para ela e chama-a com tanto amor, tanta reverência... Por quê? Faz gestos intencionais sobre o seu corpo, doando-lhe energias...
Que lugar é esse? É um castelo... Oh, como é extenso e sombrio!
Súbito, Astrid estremece e leva as mãos ao coração, em verdadeiro pânico:
— Senhor de misericórdia! Que criaturas são essas que por aqui se movem, tão asquerosas? Estarei no Inferno? E por que Ingrid veio parar aqui?!... Oh, meu Deus! Elas já me viram e correm ao meu encalço! Não! Saiam de perto de mim! Não!... Afastem-se em nome dos céus!... Submetam-se ao poder divino e me deixem em paz!...
— Filha, desperte! O que está dizendo? De que fala, minha queri-

da? Sua irmã jamais estaria no Inferno e, para isso, teria de morrer!
Ciente das "esquisitices" das suas filhas, o barão não duvida das exclamações de Astrid. A filha se debate, agitada. Sua extrema palidez fala do terror que a acomete. Faz gestos de defesa e desespero, patentes.
– Minha filha desperte! – o barão insiste, sacudindo-a.
Gemendo, ela passa as mãos sobre os olhos, fita-o como se não o conhecesse e olha ao redor, temerosa.
– Astrid, por Deus, acalme-se, minha filha, e desperte!
Ela suspira, profundamente, olha-o e surpreende-lhe as feições alteradas:
– Oh, meu pai, que horror! Jamais vi algo assim! Acaso estive no Inferno, meu Deus?!...
– Diga-me Astrid, o que via nos seus pesadelos?
Abraçando-se a ele, ela sussurra, trêmula:
– Não eram pesadelos...
– Não importa a classificação que possamos dar; diga-me, o que se passou com você, meu anjo?
– Eu vi Ingrid, meu pai! Ela aqui esteve e conversou comigo. Quando "regressou" eu a segui e vi onde vive atualmente. Ela está muito magra, abatida, e os seus cabelos, agora, são negros como as asas do corvo. O seu semblante, oh, céus, é uma tristeza só! Penso que ela tem outro nome, pois que eu o ouvi chamá-la...
– Quem a chamava, minha filha? Conte-me tudo! Você sonhava com Ingrid?
– Não, eu não sonhava, eu a vi e falei com ela.
– Bem, eu não duvido... Quantos atropelos temos tido por causa destas "esquisitices" suas e de Ingrid, não é?
– Sim, é verdade! E algumas situações bem engraçadas, também!
Tomando as mãos do pai, Astrid beija-as, amorosa e declara:
– Ela me pediu que o beijasse e lhe dissesse do seu amor e da sua saudade...
Não se contendo, o barão chora baixinho. A emoção o domina.
Astrid lhe conta a estranha experiência que teve. Ao finalizar, o barão quer saber:
– Você disse que ela foi chamada por outro nome, qual?
– Não sei dizer, apagou-se da minha mente... Pena.
– E onde fica o tal castelo?

– Também não sei, meu pai. Triste por causa de Danilo, invoquei Ingrid e ela veio dar-me apoio...
– Ela quer que você seja feliz, minha filha! Danilo é um bom homem e merece o seu amor!

Astrid cala-se. Não quer contrariar o pai.

Cofiando a bem tratada barba, o barão exclama, eufórico:

– Danilo tem razão! Por meios diferenciados, Deus nos socorre na Sua infinita sabedoria e misericórdia! A esperança ganha mais força no meu coração. Confiarei num futuro melhor para todos nós!

Ele se inclina e beija a filha.

– Preciso falar a Danilo. Ele por certo nos auxiliará a entender os fatos e traduzi-los de maneira acertada, usando para isso os meios científicos que exerce tão bem! Vou procurá-lo agora mesmo! Fique aqui e descanse, está bem?

Astrid concorda, balançando a cabeça.

Antes de sair, o barão aconselha:

– Astrid, seja cuidadosa! Cuide do seu amor e não o perca para outra! Perdoe-lhe os deslizes e seja feliz!

– Ingrid disse o mesmo...

– E então? Vai nos ouvir?

– Ainda, não... Obrigada, mas preciso de tempo...

Ao responder, ela se afunda nos lençóis e fecha os olhos. Não quer mais falar a respeito.

Guilherme, muito cedo, inicia as suas habituais atividades.

Mais uma vez esteve com Dhara, durante o desdobramento pelo sono.

Agora, enquanto se desincumbe das suas múltiplas tarefas, faz uma análise da própria vida:

Recorda a infância fagueira, as alegrias sãs do lar bem servido, o conforto físico e espiritual que os seus pais lhe concederam... A afeição valiosa e incomparável da irmã muito querida...

A estranha amizade e convivência com Hamendra, tolerando-o surpreendentemente até que, não suportando mais, afastou-se, tendo de proteger-se das suas constantes agressões físicas e morais...

Depois, sua vida no templo budista, no qual chegou muito infeliz, desiludido do mundo, desesperado pela perda de Dhara. Sua iniciação em meio às disciplinas rígidas que, de algum modo, balsamizaram-lhe a alma ulcerada.

De como se habituou àquela vida, merecendo louvores e prêmios, um deles, a sua inclusão na sabedoria dos Lamas, atingindo culminâncias que poucos alcançam...

Seu viver saudável e disciplinado é honorável exemplo para os jovens que, em suas aulas, buscam o saber e a elevação espiritual.

Recorda, agora, um deles, talvez o mais querido, aquele que hoje é o Conde Danilo de Abruzzos. Tendo se instruído ali, ele regressou ao mundo, do qual se diz parte, de bem com a vida, algo irreverente e muito sincero.

Hoje é um cientista respeitado e laureado pelas diversas academias de ciência psíquicas.

Sente saudades... Pois além de ter sido seu discípulo, Danilo tornou-se um grande amigo.

Por vezes, mesmo à distância, se reveem e sorriem um para o outro, fraternos.

Muitas vezes, em desdobramento espiritual, Guilherme se faz presente no seu laboratório, colaborando nos seus trabalhos de pesquisas.

Num esforço poderoso de concentração, o monge decide ir ver Thilbor e o faz. Uma vez ali, caminha com muita dificuldade, devido às emanações maléficas, e surpreende-o muito ocupado: seu rosto transfigurado exibe uma feição cadavérica e escurecida.

As suas mãos estão crispadas e os seus cabelos eriçados.

Deitada sobre um leito alto e confortável, Vicky dorme, letárgica. Ele recolhe as suas energias e manipula-as à sua vontade.

(Com suas tétricas encomendas, Thilbor mata, cria falências, incentiva suicídios, desfaz compromissos amorosos, aleija este ou aquele de uma hora para a outra, cega a outros, produz moléstias infecciosas em corpos antes saudáveis e a loucura onde antes não havia. Leva a dúvida e a cizânia aos lares e aos diversos grupos; alcançando, até mesmo, àqueles que têm os joelhos grossos de viverem ajoelhados, mas que não obedecem às sagradas leis do Criador.

Estas e muitas outras ações fazem parte do seu "trabalho".

Oh, imprudência e invigilância, que faz este homem e muitos outros, semelhantes, usarem as forças malignas para alcançarem os seus interesses! Para estes, Jesus nos disse que as portas dos céus estão fechadas!)

Infelizes daqueles que são o alvo de tais bruxarias quando, indiferentes às coisas dos céus, indolentes diante da vida e invigilantes, abrem espaços perigosos para a atuação do mal!

Tudo é feito nas sombras, na traição, covardemente. As únicas defesas são um comportamento ilibado, a força das orações e a submissão a Deus.

Guilherme assiste, enojado, a comilança daqueles seres abjetos que se atiram, ávidos, sobre os animais sacrificados, enquanto tomam ciência das suas trevosas incumbências.

"Ah, Thilbor, quantas dores terá de viver para pagar ceitil por ceitil! Já nesta existência, você sofrerá as penas do Amenti!

Mas, por que esta moça o serve à sua revelia?

Ah!... Seus passados são comuns e comprometedores!...

Hoje, porém, modificada, desde o cerne, ela trará ao coração de pedra do infeliz filho de Dhara, sentimentos novos, surpreendentes...

Ao pensar em Dhara, ela lhe surge, bela e sorridente.

Abraça-a, afetuoso, e lamenta-lhe a tristeza de surpreender o filho numa situação tão desastrada.

– Eu protejo esta moça, meu caro, da sanha do meu filho. Ao término desta expiação, eu a reconduzirei aos seus, sã e salva! Meu filho jamais lhe fará mal, eu não consentirei!

Aqueles seres que ali se digladiam, na disputa dos despojos que lhes são oferecidos, começam e ficar inquietos... Movimentam seus olhinhos miúdos, avermelhados, enquanto farejam o ar, desconfiados.

Thilbor, igualmente incomodado, clama:

– Vós que aqui não sois bem-vindos afastai-vos, eu ordeno! Saiam enquanto é tempo, ou sofrerão revezes que sequer imaginam!

Guilherme estende a mão na direção dos espíritos demoníacos e estes se contorcem, uivam e gemem, exibindo bocas em esgar e dentes afiados.

Ato contínuo, começam a esgueirar-se e sair em disparada.

Thilbor para, respira ruidoso e gira o pescoço, olhando ao redor enquanto avisa:

– Saiam daqui! Vão-se embora antes que eu descarregue minha fúria sobre vocês! – Sua voz é cavernosa e arrepiante.

Súbito, estremece quando vê Dhara materializar-se diante dele.

Mais lúcido e num outro estado, ele recorda, rancoroso, que ela se interpõe entre ele e Vicky.

Voz tonitruante, indaga:

– Por que me desafia e interfere na minha vida?

Iluminada, fortalecida pelos eflúvios poderosos de Guilherme, Dhara lhe responde:

– Eu não o desafio, meu filho, apenas me esforço para protegê-lo de si mesmo!

– É muito tarde para isso!

– Nunca é tarde para a transformação espiritual dos filhos de Deus!

A esta divina referência, Thilbor estremece, e parece vacilar sobre os próprios pés.

– Vá-se embora, e não me cobre atitudes das quais eu sou incapaz!

— Incapazes jamais seremos, filho! Imperfeitos e invigilantes, obstinados e recalcitrantes, sim! Você, como um ser imortal e responsável, teria de provar, mais uma vez, aquilo que já é e aquilo que já assimilou em termos de experiência evolutiva!
— Sou o que sou! E este é o caminho de poder e de glória, que eu escolhi!
— O legítimo poder e a verdadeira glória não são estes pelos quais você luta, num desespero constante!
— Depende do ângulo de visão! Eu faço o meu próprio destino de acordo com a minha vontade e as minhas próprias escolhas!
— Engana-se, meu filho! As legítimas leis estão e estarão, sempre, acima de tudo e de todos! Quando age no mal, enfraquece-o, pois leva o devedor a sofrer e a purgar os seus pecados! Caso a divindade não lhe permitisse, você sequer respiraria!

Thilbor solta uma estrondosa gargalhada e conclui debochado:
— Então, por que a preocupação se, de fato, cumpro, ponto por ponto, este poder de que fala?
— Está usando sofismas para explicar-se! Sabe, muito bem, que contraria, visceralmente, as leis sagradas e inquestionáveis!

Sem responder-lhes, ele silencia, na esperança de que saiam dali. Não deseja alimentar uma conversa que considera inútil. Um interregno se faz, pesado e desagradável.

Súbito, muito impaciente, impreca:
— Por todos os demônios ou por tudo que mais amem, saiam daqui e levem esta luz que me agride frontalmente!

Paciente, Dhara volta a lhe falar:
— Não poderá fugir indefinidamente, meu filho, de tudo que conhece e reconhece como Verdade! Mais dia, menos dia, devolvemos tudo, até o próprio corpo, à Mãe Terra, e então, o véu se levanta, devassando-nos a alma imortal que se convulsionará, tanto mais, quanto tenhamos sido rebeldes!
— Até lá, eu terei gozado de tudo que me delicia neste mundo que sabe ser generoso com aqueles que, como eu, sabem lutar por aquilo que desejam!
— Pobre infeliz! Aquilo que goza faz parte de um grande engano, um monte de satisfações descabidas que afundarão como areia, movediça, a qualquer momento!

– Enfrentarei de peito aberto, este momento, quando ele chegar!
– "Louco! Talvez esta noite o Senhor peça tua alma!..."
Dhara o faz estremecer, novamente, diante da citação das palavras de Jesus.
De olhar feroz, ele se reequilibra, desafiando-a.
Sem se intimidar, ela quer saber:
– E quanto à moça que aprisiona e mantém aqui, Thilbor? Por que o faz e para quê?
– Ela faz parte do meu passado! Está inserida na mesma lei de que falou há pouco!
– Você a ama, Thilbor! Este sentimento que o surpreendeu, aos poucos, modificará o seu coração! Quando a arrebatou aos seus, criminosamente, em verdade estava, sem saber, investindo na própria redenção! Estranhos caminhos, não? Afinal, você não sabe tanto quanto pensa! Enquanto cuida, irresponsavelmente, das vidas dos outros, a misericórdia divina cuida da sua!
Trêmulo de ódio e revolta, Thilbor explode:
– Engana-se, completamente!
– Não negue a si mesmo o sentimento que, aos poucos, vai-se enraizando no seu coração; sentimento este que lhe devolve alguns passados muito importantes das vidas de ambos!
Thilbor respira fundo, muito incomodado.
– Você ama, Thilbor! – Dhara insiste.
– Engana-se, volto a repetir!
– Submeta-se ao doce sentimento que ela lhe inspirou e se modifique! Este caminho trevoso o levará a um terrível epílogo!
– Veio vaticinar-me a desgraça?!...
– Vim abrir-lhe os olhos da alma! Desta vez, seu poder esbarrou em algo insuperável que encontra respaldo na justa proteção espiritual desta moça! Não se debata como um peixe fora d'água, seja razoável!
– A vida nunca foi razoável comigo!
– A vida nem sempre nos parece razoável! Vivemos num mundo que nos aponta as patentes imperfeições, necessitadas de corrigenda, por vezes, dolorosa, mas fruiremos uma felicidade relativa, se a mesma for estruturada na verdade de Deus e na paz da nossa consciência!
– Frioleiras! Este é um diálogo que não encontra os pontos de referência que seriam de desejar! Perde seu tempo! Odeio tudo que

ouço; odeio estar aqui a ouvi-la, inutilmente, quando há tanto por fazer e, nesse sentido, você jamais me será de alguma valia!
– Não, minhas palavras não serão inúteis, meu filho! Quanto àquilo que faz e ao qual dá tanto valor, terminará, de repente, e de maneira muito cruel!
– Está se repetindo! Caso desejasse premonições, eu mesmo as faria, pode apostar!
– O que me move é o amor que lhe voto desde antes do seu nascimento. Nascimento sofrido, como sabe, e que me impediu lhe concedesse em vida todo afeto que meu coração alimentou durante a gestação. Assim teria de ser e assim foi! A vontade divina se sobrepõe à nossa, acima de quaisquer circunstâncias! Para ver que você está caminhando na direção de um terrível abismo, não é preciso muito, Thilbor, basta o bom senso e a razão!
– Deixe-me em paz!
– Paz? Ninguém a possui sem forjá-la dentro de si mesmo!
– Basta, basta! Você já excedeu todos os limites! Não lhe concedo este direito! Vá-se embora, e leve, consigo, àqueles que, aqui, secundam as suas tolas intenções!

Dhara derrama sobre o filho um olhar amoroso, enquanto avisa:
– Eu lhe mostrarei, sob a aquiescência de Deus, os direitos do meu amor por você!

Em seguida, ela aponta numa determinada direção e, oh, surpresa! Thilbor se defronta com as cenas do seu nascimento:

"Em meio a uma bruma, em Bangcoc, num antigo casarão, ela dá à luz entre sofrimentos atrozes, para depois, quando planejava ser feliz, morrer desesperada, deixando-o...

Logo após, Thilbor surpreende-se consigo mesmo, recém-nascido, aparentemente morto, nos braços de seu pai, que o deixa num lugar deserto, debaixo de uma chuva torrencial...

Agora assiste à queda de um raio, do qual, uma faísca lhe atinge o tórax com um grande impacto, alcançando-lhe as fibras do coração, revertendo os processos anteriores e permitindo-lhe reviver para o mundo...

Boquiaberto, ele vê as feições transtornadas do marajá, Hamendra Sudre, que ao ouvir o seu choro estridente, retorna sobre os próprios passos, desfaz a ação anterior e leva-o consigo...

Em seguida, uma casa muito humilde, muito conhecida abre-se ao toque de seu pai, e Boris aparece..."

Com voz roufenha, mas muito mexido, ele quer saber:

– O que pretende? Demonstrar, sem rebuços, e mais uma vez, o quão desgraçado sou desde o primeiro sopro de vida?

– Não, muito ao contrário, meu filho. Reflita: os fenômenos do seu nascimento denunciavam, sem rebuços, a sua necessidade de transformação espiritual. Havia que aproveitar a oportunidade! Tudo ao redor contrariava a chance da sua reencarnação, mas a misericórdia divina, dominando os próprios elementos do planeta, agiu e trouxe você de volta!

Arrependa-se Thilbor! Desperte, enquanto é tempo!

– Não, mil vezes, não! Abandonado pelo pai desnaturado; criado sem amor; mergulhado em muitos sofrimentos; revoltado e ciente, de que só contava comigo mesmo, forjei o meu próprio destino, fiz a minha própria sorte!

– E para isso, enveredou por caminhos tortuosos! Engana-se quando diz que jamais teve amor, pois nunca esteve sozinho, meu filho. Eu sempre estive ao seu lado. Tivesse você escolhido as trilhas do trabalho árduo e saudável, e encontraria corações amigos, que poderiam compensá-lo das carências afetivas, como sói acontecer, a quase todos, na face deste planeta, não apenas de sofrimento, mas de venturas, também, quando sabemos buscá-las nos lugares certos! A Grande Lei, meu filho, se cumpre, acima da nossa vontade e para nosso próprio bem!

Algo abalado, Thilbor responde:

– Agradeço-lhe a vida que me deu, em troca da sua, todavia, desista, meu caminho é sem volta. Jamais serei aquilo que almeja!

– Engana-se, meu filho! Um dia você será bom! Isto é fatal! O seu momento chegará cobrando-lhe acertos e modificações, intransferíveis e inadiáveis!

– Basta, basta! Não quero mais ouvir! Saia daqui!

Thilbor aperta a cabeça com ambas as mãos e demonstra um grande cansaço, mental, aliado a um patente desespero. Dhara fita-o, condoída. Ignora-lhe as afirmações e volta a lhe falar, enquanto aponta para Ingrid:

– Esta que, por ora, você nega amar, brevemente regressará aos seus, deixando-o mais vazio que antes. Nunca mais, depois disso, ela estará sob seu poder. Terá ressarcido suas dívidas para com você e caminhará mais livre. Quando se reencontrarem, Thilbor, terá de merecê-la, caso a queira! Deus há de iluminá-lo, meu filho!

Extremamente revoltado, ele responde, cada vez mais impaciente:
– Onde estava ele enquanto eu sofria, tão pequeno e sem defesas, nas mãos de pessoas cruéis? Onde estava ele quando não me impediu de arrebatá-la aos seus, como fiz? – ele indaga, indicando Ingrid, adormecida.

Fazendo-se visível e levantando a mão num gesto de paz, Guilherme toma a palavra:
– Tudo a seu tempo!

Frente a frente com ele, Thilbor explode agressivo:
– Quem pensa que é? E que direitos possui para estar aqui, imiscuindo-se na minha vida?!...
– Eu sou aquele que o viu nascer e que apoiou sua mãe naqueles momentos trágicos! Por ela, pelos laços que nos unem, e que você por enquanto ignora, tenho colaborado nas suas boas intenções em auxiliá-lo a sair deste abismo no qual você se atirou, invigilante e obstinado!

O amor de mãe, Thilbor, acompanha seu filho, em qualquer plano de vida e, não raras vezes, se preciso for, vai até o Inferno para resgatá-lo de lá. Diante deste amor, podemos imaginar o amor de Deus que não nos impede de agir, para sermos responsáveis por nossa própria evolução espiritual.

Quando indaga "onde" Ele estava, eu lhe respondo:
Ele estava dentro de você, mas você preferiu ignorá-Lo, virando-Lhe as costas! Ouça sua mãe, Thilbor, e modifique-se enquanto é tempo!

Nossas contas serão cobradas, ao longo dos séculos, todavia, poderá forrar-se a maiores complicações! Inicie a sua redenção, enquanto pode! Em verdade, pessoas que foram prejudicadas por você, nesta vida presente, vingar-se-ão duramente, fazendo justiça com as próprias mãos! Este tempo já está a caminho, o estopim já foi aceso!

Guilherme ouve os soluços tristes e abafados de Dhara.

Thilbor, também, se emociona com as suas lágrimas, mas se mantém, aparentemente, inflexível.

Compreende, perfeitamente, o discurso de Guilherme. Não ignora que o tempo da dor e do ranger de dentes se aproxima. Por isso, sombrio, responde, entre dentes, quase num cicio:

— Antes, devo consumar a minha vingança!

Casquinando uma risada, aparentemente esquecido das presenças de Dhara e de Guilherme, ele ameaça:

— Enfim nos defrontaremos! Somente eu e você! Depois, quem sabe, poderei pensar em mim?!...

— Depois, Thilbor, será tarde demais!... O momento é este! Aqui e agora!

Guilherme declara, enquanto tenta aproximar-se mais, mas ele se envolve na sua ampla e negra capa, e "explode", desaparecendo e deixando no ar um estranho e irritante odor.

Amalgamados, numa luz maravilhosa, Guilherme, Dhara e o grupo de espíritos elevados se afastam, vertiginosamente, desaparecendo nos céus.

Albaan chega, desperta Vicky e estranha a ausência do patrão.

Dá de ombros e faz a sua parte. Conduz Vicky aos seus aposentos, coloca-a no leito e se afasta.

Os seus membros estão entorpecidos. Enquanto cumpria as tarefas encomendadas por Daghor, adormecera estranhamente, só despertando há alguns minutos...

\*

Danilo recebe a visita do barão Mateus.

— Ora que surpresa, senhor barão, como vão o senhor e sua filha?

— Muito bem! E o caro amigo, como está?

— Eu, muito bem, como pode ver!

— Vim por causa de Astrid!

— Ah, sim? E por quê? — O coração de Danilo dispara. Tem consciência de quanto fora impositivo com ela, ao se defender...

Enquanto reflete a respeito, indica ao barão um assento:

— Sente-se, por favor, e fique à vontade!

— Grato! Na verdade, o que me traz aqui tem mais a ver com Ingrid...

— Falou em Astrid...

— Sim, por causa de Ingrid. Através de Astrid tenho notícias de minha caçula.

— Por favor, conte-me, que ardo de curiosidade!

— Sim, ouça...

O barão narra, em detalhes, a experiência transcendente de Astrid. Muito atento a cada palavra e aos diversos detalhes, ao findar a narrativa, Danilo se levanta e caminha pela sala, a refletir. Depois, regressa ao ponto de partida e declara, entusiasmado:

— Caríssimo barão, o tempo pré-determinado pela Espiritualidade para devolver-lhe a filha está se cumprindo!

— Pode ser mais claro?

— Certamente! Através desse relato minucioso, identificamos sinais muito importantes! Thilbor Sarasate tem, realmente, sua filha em seu poder. Num outro país e sob uma nova identidade, ele prossegue as suas práticas abomináveis de feitiçaria. A nova cor dos cabelos de Ingrid sugere a necessidade de mudar-lhe a feição e a aparência, para apresentá-la em sociedade.

— Como a apresentarão, meu amigo? — O barão se entristece, consideravelmente. Conhece os homens para avaliar as intenções de Thilbor quanto à Ingrid...

— Difícil saber, senhor barão! Todavia, confiemos! Apesar das nossas múltiplas imperfeições e dívidas, a misericórdia divina nos alcança!

— Sim, eu confio... Astrid também! E como nos conduziremos?

— Nos próximos dias, farei aqui um ritual, no qual evocarei espíritos iluminados e, dentre eles, um dos meus mestres do Himalaia, ao qual me afeiçoei como a um verdadeiro pai. Tive a felicidade de conviver com ele por longos anos, após o meu regresso da Índia, onde havia feito a minha iniciação.

— Que vida estranha, caro Danilo. Pessoas, assim, geralmente, tornam-se ascetas, afastando-se de tudo e de todos!

— Nem todos! Temos, por aí — se bem que, muitas vezes, ignorados pelo vulgo — magos e mestres que se imiscuem na multidão para experiências de vida, no aprendizado que lhes diz respeito. Alguns se atiram à multidão, porque aí é que se encontra o seu maior desafio, enquanto outros dela se escondem, por precisarem de solidão e liberdade para agirem melhor. A alguns conheço, e com eles me relaciono. Nossa classe sabe uns dos outros, porque vibra na mesma sintonia. Seja aqui ou em qualquer outra parte do mundo, estamos todos enlaçados nas missões que nos foram confiadas.

— Muito interessante, Danilo! Quanto mais o conheço, mais o admiro. Diga-me, se puder, em qual destes comportamentos você se encaixa? Ou seja, por que você vive uma vida aparentemente normal quando é um iniciado? E, também, se me perdoar a curiosidade que pode lhe parecer excessiva, que missão carrega diante do saber que representa?

— Grato pela admiração! Posso dizer-lhe que é mútua! Eu, meu caro barão, jamais conseguiria viver em completa solidão e distante deste mundo que nos oferece tantas oportunidades de sermos felizes! Sou um entusiasta da vida e do amor; agora, principalmente, quando o encontrei, pleno e verdadeiro, a me acenar com a ventura completa, como me isolar, negando a minha natureza ardente e apaixonada? Quero ser feliz, mas no mundo e no meio das suas criaturas! Quando estive na Índia, quase optei pela reclusão completa. Felizmente, despertei a tempo! Eu jamais seria um ermitão, apesar de admirá-los no seu estoicismo e na sua invejável serenidade.

Quanto à missão, eu posso lhe dizer que é a mesma que o senhor carrega!

— Ora, assim me confunde, meu caro Danilo! Pode ser mais explícito?

— Naturalmente! Diga-me, qual a sua função neste mundo de Deus?

— Fazer a parte que me cabe, da melhor forma possível!

— Como militar que foi, laureado sempre; como pai e cidadão do mundo que cumpre os seus deveres: para com a Humanidade, com a sua família, consigo mesmo e com Deus! Certo?

— Sem dúvida!

— Esta é a missão de todos nós!

— Todavia, a sua é mais específica!

— Sim, e mais difícil, também, porque a minha responsabilidade diante de tudo que sei e represento, aumenta muito. Aquilo que para outros pode parecer tão simples, para mim, se complica, porque se abre nas mais variadas direções e diferentes ângulos de visão. A minha vida me exige mais cuidado e mais apuro em tudo que diz respeito ao nosso mundo e à Humanidade. No mais, gosto de viver como qualquer cidadão: ter saúde, amar e ser feliz, enquanto contribuo para que tempos melhores cheguem para este mundo que necessita ainda de muito, muito progresso, material e espiritual!

— Compreendo e ratifico, caríssimo Danilo, a minha admiração!

— Agradeço-lhe, mais uma vez, e sempre, senhor barão!

— Na reunião que vai fazer, poderei estar presente, ou... Astrid?

— Perdoe-me, mas não desta vez. Qualquer pensamento de revolta ou mera curiosidade implicará na queda das vibrações que por sua vez prejudicará a sintonia necessária a cometimentos como este. Todavia, eu lhe darei ciência de tudo, depois. Penso que o tempo de resgatar sua filha está se aproximando!

— Praza aos céus! — o barão exclama muito esperançoso.

— Diga a Astrid para intensificar as suas orações, que devem ser feitas duas vezes ao dia, nos mesmos horários, na intenção de fortalecer Ingrid e ampará-la. Os laços fraternos e estreitos que as caracterizam facilitarão, muito, o nosso trabalho. Envio-lhe o meu abraço e diga-lhe do meu amor, peço-lhe, caríssimo amigo!

— Farei tudo como diz, descanse, inclusive o recado que envia para Astrid chegará com a mesma força de sentimentos que surpreendo nos seus olhos!

— O barão é muito perspicaz! — Danilo comenta e sorri, enquanto aperta a mão do visitante, despedindo-se dele — Grato serei eternamente pela compreensão. Amo de fato à sua filha e tudo farei para ser feliz com ela. Apesar de tudo que vivemos, tenciono oficializar minha intenção, assim ela consiga entender-me e me perdoar.

Apertando-se as mãos, com fidalguia, ambos se abraçam logo em seguida, demonstrando a afeição que os liga.

O barão sai e Danilo fica imerso nos seus pensamentos...

\*

Em Bangcoc, o marajá Hamendra sofre as agressões de seu filho caçula que o desafia, diuturnamente, na disputa encarniçada pelo poder. Considera-se e é, de fato e de direito, o herdeiro mais direto ao trono.

Depois de tantos despautérios perpetrados contra tudo e contra todos, ele concluiu que o melhor caminho para a riqueza, o poder e a ventura, é o lugar que seu pai ocupa.

Ingrato e cruel, ele faz ouvidos moucos à mãe que o admoesta, carinhosa e tolerante. Ela ainda espera que ele se modifique.

Os cabelos de Mirtes, antes tão belos, bastos e dourados, são hoje, um amontoado de cabelos grisalhos. Ela teme que seu filho caçula se torne, num momento de insanidade, um parricida, pois o marajá se ressente e reage, defendendo-se.

Enfrentam-se frequentemente e, selvagens, já foram às vias de fato, sendo separados providencialmente por Telêmaco. Esse homem velho e doente, que se doou todo àquela casa e à casta da família reinante, é, por enquanto, o único ser que tem poder sobre Richard Arjuna. Como será quando se for para sempre?!...

Envelhecido, o marajá vive na mais profunda melancolia. No ocaso da vida, quase sem forças, vê os seus últimos dias serem atormentados por uma disputa, no mínimo, inesperada. Chega a odiar o filho que, traidor e infame, enfrenta-o, desrespeitoso.

Recorda os sucessos de morte e vida do seu nascimento e o compara ao outro nas mesmas condições, que considera malditas.

Dhara se faz presente nos seus pensamentos e saudade... Sonha muitas vezes com ela que lhe roga:

"Meu amor, pense em Brahma e se modifique! Os seus dias já estão contados! Muito breve, os seus dois filhos mais novos o levarão a uma situação irreversível! Por amá-lo tanto, vivo aflita por você! Aguardarei sua alma para recebê-la nos meus braços! Rogarei à Divindade que me conceda a messe de amor, de estar de novo ao seu lado numa outra existência, na tentativa de redimi-lo!

— Dhara, Dhara, por que faz isso? Sabe que eu não mereço!

— Todavia necessita, Hamendra, e no coração ninguém manda, você sabe.

— Dhara, perdoe-me os desmandos, a ingratidão, a indiferença e a irresponsabilidade! Fosse você da minha casta, e nos teríamos casado! Juntos, seríamos poderosos!

— Fala de um poder que não me interessa, mais. Hoje menos que ontem, quando julgava fazer uso dele para resolver os meus problemas terrenos, Hamendra! Quero dominar-lhe o coração, conquistar-lhe a afeição e receber, de novo, nos meus braços, o mesmo filho; desta vez, rogando aos céus a oportunidade de educá-lo com muito amor!

— Engana-se quanto a mim... Jamais serei aquilo que almeja...

— Será, um dia, quando estiver mais consciente das suas responsabilidades como espírito imortal e parte deste Universo!

— Encontro-me muito só... Somente Mirtes me é fiel, querida companheira...

— Ela é o seu oásis, sua redenção nesta vida! Agradeça aos céus por este amor tão grande e verdadeiro!

— Meu caçula acabará por matar-me!
— Caso ele não o faça, nosso filho o fará, você sabe. Este um propósito terrível que ele carrega no coração!
— O quadro é aterrador!
— Concordo! Aquele que abandonou desde antes do nascimento, hoje, possui um poder abominável, conseguido através da conspurcação da própria alma! Tenho me esforçado para protegê-lo de si mesmo, todavia, ele frustra todas as minhas boas intenções.
— Infeliz!...
Ouvindo o eco da própria voz, Hamendra desperta e olha ao redor. Está só. Reflete depressivo:
"Brevemente deixarei tudo para trás... Regressarei ao mundo dos mortos, profundamente desiludido..."
Mirtes chega e abraça-o, fiel, dedicada e amorosa.
Num sorriso muito triste, ele lhe agradece e retribui os carinhos, sem muito entusiasmo...

*

Danilo conduz a reunião espiritual, na qual seu assistente Hassan é um dos intermediários entre o mundo físico e o mundo espiritual.
Após dias de jejuns e orações, Danilo veste uma túnica de branco refulgente, põe sobre a cabeça um turbante da mesma cor e rematado por riquíssima gema, que lhe denuncia o grau superior de mago.
Queima incensos odorantes e derrama ervas secas sobre brasas.
Um suave odor de rosas inunda o ambiente.
Ele toca a intervalos regulares um sininho de filigranas dourado; a este toque, responde um ruflar de asas e algum movimento que denota presenças cada vez mais numerosas no ambiente.
Após uma oração, seguida de mantras indianos, Danilo se concentra. Os medianeiros estão, aparentemente, adormecidos; uns mais outros menos.
Quem pudesse ter olhos de ver, surpreenderia, na testa de Danilo, raios multicores que se espraiam em todas as direções, enquanto presenças luminosas o cercam, movimentando-se, suaves, amorosas...
Súbito, ele ouve passos que se aproximam, céleres, alcatifados

pelo espesso tapete e acompanhados de harmoniosa onomatopeia das forças da Natureza.

Ato contínuo, um dos presentes à mesa exclama:

– Salve, conde Danilo, discípulo querido!

– Salve, meu caríssimo mestre!

Guilherme, pois que é ele, prossegue:

– Eis que é chegada a hora de resgatarmos aquela que, distante, sofre sem queixas e trabalha em prol dos seus próprios verdugos! Aquele que a mantém prisioneira se distanciará em razão de uma vingança funesta que imagina levar a efeito, impaciente e revoltado!

Darei as coordenadas e o tempo gasto nesse mister deve ser muito preciso. Dhara, mãe de Thilbor, nos secundará.

No dia e hora, aprazados, estaremos todos lá, para espancar as trevas e fazer a luz!

– Que o Sublime Arquiteto do Universo seja, mais uma vez, louvado e glorificado, nas ações do bem na face deste planeta! Nossa eterna gratidão, caríssimo mestre por sua presença e auxílio!

– Como já deve estar prevendo, após o fechamento de dois trabalhos encadeados e dependentes, meu tônus vital terá se esgotado. Desde já me despeço de você, desejando-lhe todo bem nesta jornada que ainda irá muito longe!

– De onde estiver, peço-lhe, me proteja e auxilie, sempre!

– Assim será! Nesta existência, meu caro Danilo, não nos veremos mais!

Determine uma data e parta para o país que já está definido em sua mente, ali inserido por nossa vontade, no auxílio de que precisa.

– A Moldávia!

– Sim, a Moldávia, na sua parte mais alta. Reconhecerá prontamente um cenário bem semelhante ao anterior. Lá, siga as suas intuições e nada tema! Todo mal já terá sido diluído, pela misericórdia divina.

Após o resgate, concorram para o refazimento daquela que brevemente estarão abraçando e recambiando ao lar! Ela arrastará, atrás de si, dois outros seres, passíveis de transformação. Um deles virá por cansaço e anseios de paz, e o outro, virá por adoração.

Devo dizer-lhe que um destes dois, mais precisamente, a mulher, foi, outrora, em minha vida, uma filha muito querida. Como pode ver, estamos todos entrelaçados e comprometidos, a despeito dos diversos níveis de consciência! Minhas últimas saudações e minha despedida, Danilo! Fiquem em Paz!

Profundamente tocado, Danilo vê Guilherme afastando-se num gesto de paz, com luminoso sorriso.

Inclina-se profundamente, mãos postas, pontas dos dedos tocando a testa, coração iluminado, numa postura de saudação, submissão e reverência.

Aos poucos, a imagem do mestre desaparece, deixando no ar uma vibração amorosa e um perfume muito suave.

Alguns instantes mais e Danilo surpreende as mesmas luzes que chegaram se amalgamarem num belíssimo arco-íris, e saírem pela abóbada do teto.

Dia seguinte, ele vai à casa do barão e lhe transmite as orientações, sem detalhar os fatos e os fenômenos.

Ciente da sua presença, Astrid decide vê-lo e é recebida com um bem-aventurado sorriso.

Danilo beija-lhe as mãos, sedutor e submetido aos seus encantos.

Dá-lhe ciência daquilo que veio fazer e regressa para casa. Urge organizar o resgate de Ingrid, acima de qualquer outro interesse.

Enquanto isso, Vicky observa a senhora Albaan que deitada sobre um divã, cabelos desfeitos, parece dormir. Esta, porém, muito contrariada, está pensando:

"Daghor saiu sem me avisar! Onde terá ido? Enfim, ele sabe que tudo correrá bem sob as minhas ordens..."

– Albaan ouça-me, peço-lhe...

Abrindo os olhos, ela responde contrafeita:

– Oh, tormento! Você é incansável! Não percebe o quanto me aborrece?

– Por favor, ouça-me, temos pouco tempo...

– Pouco tempo para quê? De que está falando?

– De nós, das nossas vidas! Por circunstâncias alheias à nossa vontade, convivemos por longos anos. Apesar de tudo, procurei sempre ser sua amiga. Você não pode negar isso...

Respirando, ruidosa, ela concorda:

– É verdade! Não posso negar; você tem sido incansável na tarefa à qual se propôs, se bem que perde seu tempo.

– Hoje, você já se debate entre o antigo ódio e a vontade de aceitar-me a amizade...

– De fato, já não abomino, tanto, a sua presença!

– Grata...

Albaan senta-se. Fita Vicky com estranho olhar e declara:

– Não pense que sou completamente ruim!

– Eu jamais disse isso.

– Sim, eu sei, mas o que quer me dizer que eu já não tenha ouvido?

– Desta vez, o assunto é segurança...
– Nossa segurança?
– Sim!
Albaan demonstra alguma impaciência e aguarda.
– Brevemente, estarei livre, de novo! Foram longos anos, devo dizer, sem muita mágoa, mas com muita tristeza. Sinto-me como uma ave exilada, que não conseguiu regressar após a migração. Sofro as minhas dores e as dores dos meus amados familiares, dos quais jamais me havia afastado antes.
– Ora, se é ainda tão nova! Bem, Vicky, diga-me então, o que sabe que nós ignoramos?
– Fatos decisivos se darão ao nosso redor definindo esta situação e determinando o nosso futuro. A vida de todos tomará rumos completamente diferentes.
– Você está querendo dizer que virão à sua procura?
– Sim, e terão sucesso! As consequências alcançarão a todos, no castelo.
Albaan conhece Vicky o suficiente para não duvidar dela.
Levanta-se exaltada e a inquire:
– Quando isso se dará?
– Não sei a data certa, mas será logo. Quanto a Daghor, a vida o abaterá de tal modo, que dele nada restará! Isto se daria de qualquer modo, independente do meu resgate... Ele sabe, por isso viajou. Tem pressa em realizar seus planos porque o seu tempo se esgota rapidamente...
Pálida, respirando com dificuldade, Albaan exclama:
– Oh, e o que será de mim? Sem ele, como prosseguir vivendo?
Condoída, lamentando-lhe os enganos, Vicky esclarece:
– Você poderá modificar-se. Após tantos equívocos, terá a oportunidade de redimir-se. Uma nova saída lhe será oferecida. Aproveite, será a última nesta existência.
Amedrontada, ela indaga num fio de voz:
– De onde me virá o socorro? Se bem não o mereça...
– Seu próximo futuro está ligado à minha iminente libertação, Albaan.
Fitando Vicky com desconfiança, ela argumenta:
– Não... Aqueles que vierem ao seu encalço me destruirão!
– Não, engana-se! Você será protegida e recambiada aos seus.
– Sei que você é uma alma boa, diferente, plena de paz interior, mas...

Como poderá esquecer todo mal que lhe fiz?!... Eu não perdoaria, jamais!

– Somos diferentes, Albaan... As criaturas de Deus se assemelham e, ao mesmo tempo, são desiguais, sendo, todavia, almas em caminhada de evolução. Todos se transformarão, mais cedo ou mais tarde!

Albaan sente-se profundamente constrangida. Traz na retina todo mal que fez à Vicky, todos os tormentos que lhe infligiu... Como aceitar-lhe a ajuda que se anuncia? Todavia, como não fazê-lo? Há algum tempo almeja por isso. Seu coração está cansado...

Arranja os cabelos e não sabe o que dizer. Um arrepio lhe percorre o corpo ao imaginar-se sob o poder daqueles que descobrirem o paradeiro de Vicky, libertando-a...

Buffone que parecia dormir ali próximo, na verdade, está ouvindo a conversa que lhe interessa muito. Abre os olhos e indaga:

– Vai nos deixar, querida Vicky?!...

– Sim, vou. Regressarei aos meus, enfim!

Ele se levanta, fita-a com seus olhos muito grandes e redondos enquanto se expressa muito nervoso:

– O que farei sem você? Como prosseguir vivendo sem o sol do seu sorriso e a luz da sua presença?

Soltando uma estridente gargalhada, Albaan comenta:

– Ora, ora, este estupor quer ser poeta!

Fazendo gestos de reverência, elegantes, no mínimo surpreendentes, Buffone confessa prazenteiro:

– Poeta e menestrel fui, minha bela, um dia! Meu verdadeiro nome é Arquibald. Nosso amo me comprou do rei ao qual eu servia! Por esta razão denominou-me pela função que eu exercia na corte.

Albaan continua rindo, debochada. Admirando, sincera, a coragem e a alegria de Buffone, Vicky o incentiva, respeitosa:

– Meu amigo, você, como qualquer criatura de Deus, tem o seu valor!

Ele se agarra às suas saias e implora:

– Leve-me com você! Farei o que você quiser! Serei seu escravo, minha Vicky!

Desvencilhando-se dele com delicadeza, Vicky quer saber:

– Caso pudesse sair daqui, o que faria?

– Não sei!

– Ouça, você terá de modificar-se completamente!

– Eu já lhe disse que farei o que você quiser!

— Está bem. Então levarei você comigo!

Dando pulos de alegria, Buffone claudica aqui e ali, num arremedo de dança, satisfeito.

Vicky sorri. Já aprendeu a gostar dele, a aceitar-lhe a habitual solicitude e a adoração que há algum tempo ele lhe dedica.

Ele se senta, reverente, aos seus pés.

Albaan, cada vez mais inquieta, indaga:

— Posso saber quais as suas fontes de informação, Vicky?

— Eu e minha irmã Astrid conversamos, frequentemente. Ontem ela me disse que os meus já sabem onde estou e que muito breve chegarão aqui para resgatar-me!

Albaan torna-se sorumbática. Há algum tempo vem observando uma estranha mudança no castelo e por vezes surpreende Daghor revoltado e inseguro.

Parece-lhe que mãos poderosas estão arrebatando o leme.

O próprio ar está diferente, mais rarefeito. Algumas vezes, surpreende luzes a espocar aqui e ali...

Mais sensibilizada, seus anseios estão tomando rumos diferentes... Vicky tem-se esforçado para demonstra-lhe uma nova realidade, melhor, mais saudável... Surpreende-se, frequentemente, a recordar sua casinha, sua mãe tão amorosa e boa, sua vida de antes. Quase pode vê-la a orar, incansável, afetuosa e plena de fé, a rogar a Deus o regresso da filha...

"Que poder mágico possui Vicky para modificar-me assim?...

Devo ter esperança?..."

— Certamente, Albaan! — responde Vicky, como a ler-lhe os pensamentos — O Pai é misericordioso e não quer a morte do pecador, mas a sua transformação!

— Talvez seja muito tarde...

— Nunca é tarde para um filho voltar aos braços de seu Pai...

— Tomara esteja certa... Invejo você, que sempre viveu bem, feliz e muito rica; bonita e mimada!

— Viver que foi modificado ao talante de Daghor, homem invigilante que escolheu o mal como bandeira, quando poderia ter escolhido o bem, com o saber adquirido!

Buffone decide lutar por seu quinhão de felicidade.

Enrosca-se aos pés de Vicky e lamenta:

— Eu tenho medo! Lá fora vão me condenar e as Fúrias, para as quais trabalhei tanto tempo, me perseguirão, até que consigam me destruir de vez! Elas são implacáveis!

Paciente, Vicky esclarece:

– A misericórdia divina se sobrepõe às misérias humanas. Se você decidir modificar-se, os céus o auxiliarão nesse sentido e tudo lhe será possível nesta vida, ainda, e nas outras que virão!

– Nas outras que virão?!...

– Muitas outras, e, para cada uma delas, chances renovadas de crescimento material e espiritual!

Mágoa na voz, ele quer saber:

– Sempre assim, deformado? Este ser horrível de se ver?

– Não, diferente, conservando alguma semelhança de traços, mas em tipos diferenciados.

– Então, por que a Natureza me fez assim?

Ele se olha de alto a baixo, aborrecido.

Plena de compaixão, ela reflete quanto à condição de Buffone e lhe responde, intuitiva:

– Você nasceu apenas anão.

– Não consigo entender...

– Você foi deformado por homens cruéis que atravessaram o seu caminho, na fabricação de "monstros" para o comércio nefando de tantos quantos ganham a vida com a desgraça alheia! A sua aparência física corre por conta da selvageria e crueldade daqueles aos quais alguém, um dia, vendeu você! Nascido diferente, visado por criaturas excêntricas que gostam de possuir seres disformes ao seu redor, para exibi-los como aquisições caras e exóticas, suas formas foram atrofiadas e torcidas, complicando em muito a sua já difícil vida!

– Então, eu fui prejudicado duas vezes; uma ao nascer e outra ao ser subjugado e explorado por pessoas inescrupulosas e selvagens! Sequer tive defesas!...

Lamentando-lhe a terrível conclusão e a patente revolta, Vicky retruca:

– Engana-se, meu amigo! O acaso não existe. A vida obedece às leis do Criador. Inserido nas mesmas dívidas, você expiou e expia ainda hoje.

– Por favor, seja mais clara, Vicky.

– Você passa pela verdadeira Lei de Talião que se cumpre, inexorável; perfeita e justa. A mesma dor que infligiu aos outros voltou para você! Vivemos num mundo de ação e reação!

– Então, estou saldando dívidas?
– Sim, mas enquanto isso, você está se endividando, de novo. Perdoe-me dizê-lo...
Buffone abaixa a cabeça, pois infelizmente entendeu.
– Você é parte de um grande mal e sabe disso! Ao sair de uma vida leviana, no palácio real, onde vivia, e deixando para trás a vaidade que sentia ao apresentar-se, como artista, revoltado, você se coadunou, rapidamente, com o mal que lhe acenava e se esmerou em executá-lo, demonstrando, sem rebuços, que a ele já estava acostumado!
– Então, não vai mais me levar?
Buffone ensombra as feições e exibe um grande desalento.
– Acalme-se! Cumprirei a minha promessa, mas não se esqueça: suas dívidas o alcançarão ao longo do tempo, até que esteja renovado espiritualmente! O Pai é bom, mas é justo! Não desdenhe a chance que os céus lhe estarão concedendo, e faça bom proveito, quando ela chegar!
Num outro estado de espírito, Buffone exclama:
– Oh, ainda bem! Eu lhe agradeço!
– Agradeça a Deus!
Pigarreando, Buffone gagueja confuso:
– Sim, eu agradeço!...
– A quem, Buffone?
Ele respira fundo, ruidoso, se atrapalha e volta a tentar:
– Eu agradeço a...
Estremece, se agita e se emociona.
Um silêncio se faz no ambiente, à espera da sua pronunciação.
Ele se esforça, começa de novo e desta vez consegue:
– Eu agradeço a Deus!
Isso feito, solta as comportas da alma e chora. Abraçando-o, Vicky exclama, comovida:
– Louvados sejam aqueles que se arrependem em nome do Criador!
Albaan comenta:
– Enquanto falava, Vicky, surpreendi-lhe uma aura luminosa, que mais luminosa se tornava quando você falava em Deus. Suas palavras foram muito bem inspiradas, sem dúvida. Desconhecendo a vida de Buffone, você falou como se o conhecesse, há muito, e soubesse do seu passado, presente e futuro. Eu e Daghor somos cientes

de tudo que disse, mas jamais informamos você!

– Por causa desta faculdade, criei muitos problemas, para mim mesma e para os meus. Principalmente para aqueles que, já foram alvo da minha apurada observação.

– Quando conheci você, pensei que fosse uma menina estouvada!

– E não se enganou! Eu era, não apenas estouvada, mas uma pessoa manipuladora! Ninguém que passasse perto se furtaria às minhas arbitrariedades. Eu descobria, rápido e com muita facilidade, o verdadeiro caráter da pessoa em questão, pondo-a a descoberto, diante de todos. Estas estratégias faziam parte do meu ser, de cada célula do meu corpo e da minha mente; num comportamento condicionado... Sentia-me muito à vontade nesse terreno. Sempre conheci, muito bem, o gênero humano. Isso me permitia conduzi-lo, à sua revelia, para onde eu desejasse!

Vicky se interioriza, recordando as próprias peripécias, lamentando:

– Criei muitos embaraços para meu pai, por causa disso. E, preciso confessar: este poder me embriagava!

– Não embriaga mais?

– Não, mais! Hoje, mais consciente, sei que não devo abusar da inteligência que Deus me permitiu. Os dons que possuo devem ser usados para o bem...

Ensimesmada, ela sorri, matreira. Olhos brilhando, aduz:

– Se bem, que, quando fazia uso deles contra pessoas traiçoeiras e muito dissimuladas, favorecia alguém, ou alguma coisa, ao meu redor. Imagine você, eu armava e conduzia de tal forma as minhas intenções e estratégias, intelectuais, e pisava com tanta segurança num terreno tão inusitado, que o meu "inimigo" era apanhado de surpresa, e caía, fragorosamente, na minha cilada, sem defesas!

Vicky não consegue se controlar e ri muito, num riso cristalino que parece o canto, sonoro e agradável, de alguma ave.

Contagiada, Albaan sorri, também, fazendo coro com aquela alegria que afinal faz bem as duas.

– Vicky, você parece uma grande guerreira!

– Você fala como meu pai. Apesar de admoestar-me, muito justamente, ele se orgulhava daquilo que sou e que exibia, sem rebuços. Eu pensava que podia tudo; que o mundo se curvaria, sempre, aos meus desejos, imagine! Enfim, estes anos de alacridade parecem ter

ficado para trás. Já não sou mais a mesma que aqui chegou, há três anos... Bela lição recebi! Controladora, fui habilmente controlada e caí, sem defesa alguma, na armadilha, criminosa, de alguém, muito mais poderoso que eu! Assim é a vida!
– Mas, você é boa e muito sábia.
– Assim como acontece com a maioria das pessoas; esquecidas as suas más tendências, tenho, em contrapartida, qualidades, também. Uma vez aqui, os sofrimentos, a ausência de segurança, a saudade dos meus, a falta de chão para pisar, no contexto desestabilizador com o qual me deparei, eu me interiorizei, mais fortemente, na urgente necessidade de me socorrer a mim mesma, enquanto aguardo as ações da Providência Divina.
– Diante da sua narrativa, eu concluí que, acima de tudo, suas intenções eram boas, estou certa?
– Sim e não. Em verdade, a vaidade me conduzia naqueles atos que expunham minha patente inteligência e o meu poder em controlar e sair ilesa. Mesmo quando, a minha intenção, como diz você, era ajudar, eu exagerava, sem dúvida. Quem me investiu no direito de manipular as vidas das pessoas? É isso que faz Daghor, tal e qual... Respeitando as distâncias das consequências e da gravidade das ações arbitrárias, é assim que ele faz com tantos!...
Os olhos de Vicky se enchem de lágrimas... O quanto deplora o comportamento criminoso daquele que, apesar de tê-la sob o seu poder, dedica-lhe, por outro lado, um amor, inquestionável e atormentado!... Pobre ser infeliz!...
Enquanto se emociona, ouve a voz da sua interlocutora:
– Admiro-lhe a clareza de raciocínio, a generosidade, e a riqueza de conhecimentos!
– Ainda aí, devo ser justa: Possuo uma família maravilhosa; recebi carinho e bons exemplos, desde cedo; tive acesso à cultura e às artes, de modo geral. Ávida, de conhecimentos, tive recursos para me atirar a eles. Nasci com uma ótima saúde; e recebi, por mercê de Deus, uma ótima aparência. Minha mãe foi belíssima, deixando meu pai muito triste quando partiu para sempre. Além de tudo, nossa família desfruta a riqueza que meu pai soube amealhar, prudente e esforçado.
– Ouvindo-a, penso que também recebi muito da vida. Tenho uma mãe maravilhosa. Recebi orientação e instrução, adequadas.

Assim como você amealhei conhecimentos...

– As suas opções, Albaan, é que foram desastrosas. Enquanto, eu e minha irmã, Astrid, buscamos o saber que leva ao verdadeiro progresso e felicidade do ser humano, você e seu mestre se esmeram nos conhecimentos de magia negra, voltados para prejudicar e fazer infelizes a quantos lhes atravessam os caminhos!

Albaan não tem como retrucar.

Constrangida, aduz, ciumenta:

– Detestei você, desde o primeiro momento, mas não consegui manter, de verdade, esta primeira aversão, porque aos poucos você nos foi conquistando, com sua bondade e capacidade de perdoar!

Os ciúmes me fizeram maltratá-la em excesso, todavia, nem isso a fez desdenhar a oportunidade que os céus lhe concediam, como disse, para fazer-se amiga, solícita.

Daghor não faz segredo do interesse que lhe devota.

Quando ele me tirou de casa e me fez sua mais fiel discípula, pensei haver encontrado o real objetivo do meu destino. Senti-me importante, sábia... Amo Daghor, mas ele, por sua vez, nunca me amou. Sequer me considera...

Sei o que sou, seja eu, a senhora Albaan ou Olga, tanto faz; sou fria, egoísta, cruel, muito insensível, endurecida e rebelde. Um ser invigilante que se indispõe, diuturnamente, contra as leis divinas...

– Vejo que faz, espontaneamente, um maravilhoso exame de consciência, minha amiga, num abençoado *mea culpa*.

Próximas e obrigadas a conviver, aprendemos muito uma com a outra.

Não desdenho o novo nome que Daghor me deu. Ele representará, ao longo da minha existência, esta experiência, tão extravagante quanto enriquecedora, apesar de tudo!

– O que pode ter aprendido comigo? Não consigo sequer imaginar!

– Você é a ilustração, viva e presente, desculpe-me, de como não se deve ser!

Algo incomodada, Albaan lhe responde:

– Há algum tempo, você pagaria, muito caro, este atrevimento...

Dito isso, ela se interioriza:

"Tudo se modifica ao nosso redor... Sobre as nossas cabeças, um peso estranho... Onde estará Daghor? Nossos caminhos parecem estar se afastando... Vicky promete amparar-me. Se bem não a mereça, aceitarei sua ajuda. Os outros que aqui vivem e servem são rebotalhos infelizes, perdidos em si mesmos, empedernidos no Mal e nas suas viciações. Serão os primeiros a arrefecerem os ânimos, fugir, ou perecer. O grande perigo é o Conde Luigi Faredoh, alma danada que, muito próximo, se liga a Daghor... Parasita, ordinário!... Na sua fama, ilusória, canastrão no palco da vida, se ufana de ter trazido Daghor para a sua terra e de secundar-lhe os feitiços e os bruxedos. Estranha simbiose... Enquanto ele alimenta o ego de Daghor, fazendo-lhe a propaganda, contenta-se com os despojos, tal qual um chacal... Sinto-lhe as vibrações... Preciso vigiar!..."

Perspicaz, Vicky quase pode ler os seus pensamentos:

— Nada tema, a não ser a sua própria consciência. Você e Buffone serão resgatados para uma nova realidade, mas não se esqueçam: suas dívidas serão cobradas, mais cedo ou mais tarde; a justiça divina é perfeita e para ela não existem privilégios.

A senhora Albaan começa a chorar, lamentando-se:

— Que veneno Daghor inoculou nas minhas veias? Como e por que eu me modifiquei tanto?!...

— Qualquer estímulo teria encontrado respaldo em sua alma, muito imperfeita, Albaan. "Somente lobos caem em armadilhas para lobos!", não esqueça. A invigilância pode nos levar a erros crassos e, quando se repetem e se instalam fortemente em nossas vidas, toldam-nos a visão espiritual. Bom sabermos, todavia, que a misericórdia divina jamais retira da sua criatura a chance de voltar atrás. Fomos criados para uma evolução constante, e lá, no fundo de nossas almas, clamamos, desesperados, por luz! Basta-nos um instante de reflexão, no abrir as portas do coração a algum bom sentimento, e a luz penetra-nos, inundando-nos... Um insopitável desejo de voltar atrás, de nos redimirmos, então, nos visita a alma.

Albaan suspira, profundamente, aperta o peito com ambas as mãos e conclui, arrasada:

— Não desconheço as verdades que acaba de citar. Eu, assim como Daghor, conheço as veras leis que nos regem, apesar da vida que levamos. Guardamos para depois, imprudentes que somos, as consequências que sempre nos alcançarão, mais dia, menos dia! Todavia, você, uma flor de estufa, buscou com afinco a vera sabedoria.

— Sim. Desde a adolescência, eu e Astrid estudamos. Nas faculdades espirituais *sui generis*, que nos caracterizam o entendimento maior e mais amplo, os fenômenos alcançam-nos, diuturnamente, e desafiam o nosso entendimento. Como já sabe, enquanto estou aqui, prisioneira, posso me deslocar, espiritualmente, vê-la, e ir até ela. Para as asas do espírito não existem barreiras.

— Entendo... Tudo que diz ratifica aquilo que já sei.

— Infelizmente, os conhecimentos que você adquiriu foram usados para o mal.

— Odiei você, desde o primeiro dia, por causa de Daghor...

— Seu ciúme não procede...

— Da sua parte e neste presente, talvez! Todavia, sabemos dos laços que os unem, Vicky. Ele nunca negou que a trouxe porque reconheceu em você um antigo amor! Pensando vingar-se de algo que deixara no espaço e no tempo, ele apaixonou-se de novo, e irremediavelmente, por você.

— Desde que aqui cheguei, e lá se vão três anos, envolvendo-me em ameaças, de início, ele me concedeu, logo depois, a sua amizade e transformou-se em meu protetor, a despeito da determinação de jamais libertar-me.

— Para não se separar de você.

— Sim, eu sei. Nessa convivência, Albaan, eu recordei alguns passados ao seu lado. Do horror da primeira hora, passei à compreensão e à indulgência, quando, em desespero, rogava a Deus que me livrasse da revolta e de desejos de vingança. Passei a orar, muito, não apenas por ele, mas por vocês dois, que me agrediam e magoavam, muito!

— Odiávamos você, Vicky. Seu jeito de ser, sua boa vontade, nos agrediam, incomodando, demais. Não se iluda quanto a Daghor, porque ele é bom somente para você! Ele prossegue nas suas crueldades, e não há como sair delas. E, quanto a mim, também, não perca o seu tempo. Sou um espírito obstinado naquilo que faço e não gosto de mudanças!

— Não julgue sem saber, Albaan. Daghor possui os seus próprios caminhos. E você tem se modificado, paulatinamente. Veja, antes seria impossível este diálogo entre nós, mas agora...

Albaan abaixa a cabeça, reflete e algo emocionada declara:

— Sim, é verdade... Nesse momento no qual você parece devassar-me a alma, penso em minha mãe e acho que ela ficaria feliz em conhecê-la. Subjetivamente, ela deve ter encontrado em você um ponto de referência espiritual, uma ligação, para ser ouvida nas suas preces a Deus por mim...

Albaan silencia. Pensa em Daghor...
Mais uma vez, Vicky esclarece:
— Onde quer que ele esteja, fará aquilo que quiser, no exercício do seu livre-arbítrio!
— Ele não tem salvação?
— Naturalmente, tem! A misericórdia divina nos alcança a todos, mas para ele, infelizmente, é chegado o tempo da colheita... Ele sabe... Oh, quanta dor o alcançará!
Vicky respira fundo e sacode a bela cabeça.
Albaan fita-a, admirada, e desabafa:
— Admiro você!
— Obrigada! Tudo caminha no rumo da perfeição, por isso, os conhecimentos que você e Daghor hoje manipulam a serviço do orgulho, da ambição, do egoísmo e de todos os vícios humanos, um dia, serão usados para o bem por vocês mesmos! Não se iluda; se hoje vivo mais vigilante, ontem, sem dúvida, agi como vocês. Não houvesse ligação entre nós, e eu não estaria aqui. A duras penas, devo ter aprendido o caminho do bem! Que Deus seja louvado!
Vicky está iluminada, olhos pregados no alto, faces translúcidas, bem-aventurado sorriso...
Tocada, até as últimas fibras de seu coração, Albaan roga:
— Perdoe-me, caso possa, os desmandos, as torturas morais e... as pancadas!
Ela fita Albaan e declara:
— Esquecidos, estão! Cuide-se para manter-se nesses novos propósitos e agradeça aos céus o início da própria transformação!
— Não se engane, demais, comigo, peço-lhe... O que me move, de fato, é o medo do próximo futuro de desgraça que prevejo!
— Ainda assim, ainda assim... Com o tempo...
— Sim, o tempo é nosso grande aliado... O que será de nós quando Daghor regressar?
— Sua presença ou sua ausência, em nada modificará o destino que se abaterá sobre este castelo. Sobretudo, você, reze e se ligue, espiritualmente, à sua mãe. Nela, você haurirá as forças de que precisa.
Esgotados os assuntos referentes aos próximos acontecimentos, silenciosas, elas buscam os seus interesses mais urgentes.

Nos seus aposentos, Vicky ora, fervorosamente.

À distância, Daghor muito incomodado, prevê um futuro negro e conclusivo para a própria existência.

Em casa, Astrid despertou sob grave opressão no peito. Seus pensamentos voltam-se, poderosos, para a irmã querida, mais uma vez.

Dirige-se até o oratório e ali se ajoelha. Pressente que Ingrid precisa, urgente, de muito amparo espiritual.

Profundamente concentrada, ela se desloca e vai até a irmã. Dirige-lhe pensamentos de força, fé e coragem.

Vicky chora. Apesar da força que transmite àqueles que precisam mais que ela, está fragilizada, nos seus limites físicos e espirituais.

Enquanto tudo isso se passa, Daghor à distância estremece em convulsões, alcançando as vibrações poderosas que estão invadindo o seu castelo.

"Preciso fazer algo! Uma tormenta se aproxima e há que desviá-la da minha vida! Todavia, não posso regressar... Não agora... Que fazer? Somente o meu pulso poderá deter os diversos elementos! Posso movimentar outras mentes, outras pessoas... O conde Luigi, por exemplo, aquele inútil e desocupado... Não é o ideal, mas enquanto isso, ganharei algum tempo... Sim, vou chamá-lo. Albaan não me desperta mais confiança..."

Decidido, concentra-se e ordena, à distância, ao referido conde:

"Levante-se, rápido, e vá ao meu castelo! Um grande perigo nos ameaça! De regresso, cobrar-lhe-ei responsabilidades!"

Sonambúlico, Luigi abre os olhos e se espreguiça.

Dentro de um esquife feito de pedra polida, sobre esquisito estrado, excentricidade que lhe agrada muito, Luigi se remexe e sai do seu 'conforto'.

Arranja as roupas, ajeita os cabelos negros e desfeitos, procura a capa, ampla e negra como os seus pensamentos, as luvas e o chapéu. Diante de um espelho, ele sorri, satisfeito, com a própria imagem. Devidamente pronto, sai porta afora, anda alguns metros e alcança a sua carruagem que está estacionada ao lado do castelo. Ali, clama pelo cocheiro.

Minutos antes, Ingrid ouvira, aterrada: "A sombra negra do senhor deste castelo se aproxima!"

Corre a avisar Albaan. Esta estremece. Conhece os instintos cruéis deste homem que segue Daghor tal qual uma fera bem treinada.

Alguns quartos de hora mais, e elas ouvem o rodar de um veículo e os gritos do cocheiro estancando a parelha de animais.

Ato contínuo, o conde Luigi galga a montanha e, após algum tempo, vencidas as normais barreiras, surpreende a todos entrando intempestivamente no castelo.

Silenciosas e apavoradas, as duas procuram agir normalmente.

Narinas dilatadas, olhos coruscantes, ele exclama:

– Sinto o cheiro de traição no ar! Ai daqueles que não forem fiéis ao senhor desta casa!

Sua voz ribomba, tal qual um trovão, por todos os espaços, fazendo os servos fugirem ou dissimularem o medo.

Ele fixa sobre Vicky o seu olhar de tigre faminto, mede cada centímetro do seu corpo, fazendo-a estremecer indignada e amedrontada. Finalmente, comenta, malicioso e cínico:

– Não fosse você a prenda mais valiosa do meu amigo...

Toca-lhe os cabelos e seus olhos infernais emitem energias perturbadoras, malignas...

Afastando-o, cuidadosa, ela se furta aos seus 'carinhos'.

Prudente, Albaan se aproxima para saudá-lo, convidando-o:

– Caro senhor conde, estamos com a mesa de refeições pronta, se quiser nos acompanhar...

Mirando-a, de alto a baixo, com as mesmas intenções de antes junto a Vicky, ele acede ao convite.

Alimentando-se, frugalmente, elas fazem uma ligeira saudação e se levantam da mesa.

Falando a Vicky, Albaan se aflige:

– O que fazer? Nossa situação se complica a cada momento!

– Não tema! Aqueles que estão a cavaleiro das nossas existências nos protegerão; reze e confie! Use clichês diferentes daqueles que nos cercam, protegendo-se e criando uma sintonia melhor.

Seguindo o seu conselho, Albaan busca os próprios aposentos e ali, pensa em sua mãe, firmando o pensamento na sua imagem querida. Quase lhe surpreende o sorriso franco e amoroso...

Alguns minutos mais e Buffone vem avisar:

– O conde Luigi nos convoca ao salão de refeições.

Vendo-os chegar, voz troante e olhar perscrutador, ele declara:

– O senhor desta casa me convocou! Ele sabe que pode contar comigo, sempre!

Terminada a refeição, ele empurra os pratos, limpa a boca e declara:

– Fazendo o meu papel, tomarei algumas providências que julgo necessárias! Daghor confia em mim e eu não o decepcionarei! Enquanto me alimentava, decidi, exatamente, aquilo que devo fazer para mantê-los obedientes! Como podem ver, mesmo à distância, ele tem as rédeas nas mãos! Nunca se esqueçam disso!

Enfatuado, ele se levanta e caminha, lentamente, teatral.

Todos estremecem. O que virá?

Súbito, ele se agita e começa a distribuir ordens e mais ordens, umas atropelando as outras, ruidoso e confuso.

Após um tempo que a todos pareceu interminável, ele se volta para os três que, perplexos, observam tudo, sem se alterar, e aponta-os com o dedo:

– Agora nós!

Ato contínuo, fazendo um gesto àqueles que ali obedecem, cegamente, mostra-os, enquanto apontando para baixo, indica os subterrâneos.

Os três estremecem. Olham-se e silenciam, em pânico.

Juntando-se ao grupo, Luigi desce rumo às celas infectas das prisões, auxiliando a arrastar Vicky, Albaan e Buffone.

Ali, secundado por dois servos truculentos, escolhe um cubículo, sorriso nos lábios e, empurrando os três, tranca-os. Percebeu-lhes a cumplicidade e captou-lhes as vibrações contrárias.

Toma as chaves nas próprias mãos e pendura-as do lado de fora, num lugar alto. Nos seus negros pensamentos inconfessáveis intenções...

Retorna ao andar de cima e decide comandar, a seu modo, o castelo.

Os servos correm de um lado para o outro, obedecendo-lhe as ordens, sofrendo pancadas, cruéis, de braços vigorosos que, a seu serviço, tornam-se cegos e selvagens.

Satisfeitíssimo com a própria atuação, 'digna dos maiores palcos do mundo', segundo ele mesmo, e algo cansado, bem servido, reflete, sem nenhuma cerimônia ou respeito:

– Ora, ora, meu amigo Daghor sabe viver! Isto aqui é um paraíso infernal!

Ri a bandeiras despregadas da própria piada.

Caminha pelos ambientes de trabalho de Thilbor, apreciando tudo e gozando a chance de andar livremente por espaços geralmente interditos.

Acaricia os móveis luxuosos, toca, reverente e deslumbrado, as diversas obras de arte, admira a decoração exuberante e exótica, respira fundo e compara, contrariado, com o seu castelo, onde tudo é ruína, sem cor e sem brilho. E como não ser assim? Enquanto Daghor brilha e enche os bolsos, ele fica à margem das melhores coisas, um instrumento que ele estende a mão e encontra; que lhe faz as vontades e se submete, sempre, ao talante do seu poder!

"Ah! E as mulheres que frequentam este castelo? São de arrepiar! Venham elas por causa dos seus interesses ou por causa do poder e dos encantos do seu proprietário, passam por aqui, como se estivessem nos espaços mais grandiosos de todo o mundo, vaidosas, ricas em sua maioria, algumas de beleza inacreditável!...

Em sociedade ele, só ele, é incensado e envolvido numa aura dourada de poder e de mistério!..."

Geralmente se contenta com aquilo que sobra; quantas vezes a exaltar-lhe os dons e as qualidades *sui generis*, diante de pessoas que o idolatram pelo poder que carrega, seja intelectual, seja na magia...

É preciso dar um basta a tudo isso! Quando convidou-o a vir para a Moldávia, imaginava-se ao seu lado, dividindo os louros e os recursos financeiros... Ele, porém, nem bem chegou, demarcou, claramente, os limites da nova relação de amizade, deixando muito clara a certeza de 'quem manda e quem obedece'.

"Fui apenas usado por ele na sua ânsia de mudar de país!... Por causa da belíssima Vicky! Sim, ele nunca me disse, mas é visível e claro como a água, que ela é prisioneira da sua vontade e do seu poder!

Todavia... Ele a ama! Ora, se ama! Salta aos olhos a sua patente adoração! E convenhamos, a belezinha faz jus a tudo que ele possa fazer ou sentir!

Agora, ela está lá em baixo, à minha disposição!... Caso ele chegue, inopinadamente, direi que ela tramava contra ele... Mas, caso ele se demore mais que o previsto, ah, que me fartarei de tanta beleza e exuberância! E por falar nisso, a senhora Albaan não lhe fica atrás em beleza e esplendor!

É... Preciso me demorar mais aqui. Ter tempo para usufruir de tudo, sem entraves. Esta é a minha melhor oportunidade.

Daghor poderia ficar onde está ou ser impedido de regressar... Eu estaria muito bem a comandar tudo... Afinal, sou o seu herdeiro mais direto!"

A este pensamento ele estremece. Diante das suas elucubrações, as decisões passam a ser suas e de mais ninguém. O momento é este, nenhum outro mais haverá. As forças do mal lhe oferecem uma ótima saída para a sua vida melancólica e sem futuro...

"Ah, o meu futuro! O que será de mim nos anos que virão? Nada possuo de meu, que já não esteja empenhado! Oh, escuridão e miséria! Oh, velhice, atormentada e infeliz!...

Não, Daghor não pode voltar... Preciso se faz tomar providências atinentes... Afinal, o mundo é cheio de surpresas! Quem poderá explicar a sua ausência tão prolongada? Misterioso, como é, e dado a tantas viagens! Algum acidente pode mudar tudo, de um momento para outro! E eu, seu sócio – é assim que Luigi vê a sua relação com Daghor– tomarei posse de tudo!

Muito principalmente daquele alfenim que está preso lá embaixo e que alegrará, em muito, os meus dias!"

Sua estrondosa gargalhada repercute em todos os espaços. Está decidido. Daghor nunca mais pisará ali.

Tornando-se, repentinamente, sombrio, ele caminha pela sala onde está.

Afagando a barba preta e cacheada, declara, entre dentes:

– Sempre desejei tudo que ele possui! Talvez agora, eu possa realizar o meu maior desejo de ser-lhe igual! Que todos os demônios da Moldávia o levem para o Inferno!... Posso usar alguém que odeie Daghor. Isso será muito fácil... Lamentável, ele manter junto a si seres que o detestam e que fariam qualquer coisa para destruí-lo... Por algum dinheiro, o suficiente, para encher os olhos de algum tolo que aceite a incumbência, riscaremos do mapa a presença de Daghor para sempre...

Livre de qualquer impedimento, ele faz uma inspeção por todo o castelo, altivo, arrogante e autoritário; olhos cúpidos, sorriso muito enigmático. Já se sente dono e senhor de tudo e de todos.

Ao chegar ao laboratório, porém, descobre que está bem trancado. Talvez Albaan esteja com a chave...

Desce até o cubículo onde eles foram trancados e ameaça-a com todos os castigos possíveis e imagináveis. Albaan nega mesmo espancada e revistada sem o menor respeito.

Ciente de que ela fala a verdade, ele se vai, não antes de concluir que Vicky jamais a teria. Daghor não seria tão imprudente...

(Albaan, no entanto, sabe onde está a chave, mas teme a reação de Daghor.)

Cansado dos próprios rompantes e das 'primeiras providências', Luigi alcança o gabinete de Daghor, entra e senta-se na sua rica cadeira de encosto alto. Ali sonha; imagina-se a atender os clientes; enchendo os bolsos de muito dinheiro e outros valores...

Recostado, põe-se a divagar:

"Uma boa tocaia resolverá o meu problema!... Ainda hoje providenciarei tudo, nos mínimos detalhes! Finalmente, realizarei meu antigo sonho de ser o único senhor deste castelo e de tudo que ele comporta, inclusive... das duas belas mulheres que ele sabe tão bem manobrar... Sim, sim! *Alea jacta est!*

Recosta-se, mais confortável, e sorri, prelibando as alegrias e os gozos futuros... Subitamente, sente uma mão de ferro a apertar-lhe o pescoço. Sufoca. Em desespero vai sucumbindo sob o guante da dor. Escorrega e cai de joelhos.

A mão, poderosa, aperta e afrouxa, mecanicamente, a fim de que ele respire por minutos fugidios, voltando a esganá-lo, intencional.

Enquanto sofre, em pânico, ouve uma voz muito conhecida a dizer-lhe, exprobrando-o:

"Traidor! Vampiro folclórico! Mistificador ordinário! Eu o matarei com as minhas próprias mãos, me aguarde! Não haverá buraco capaz de escondê-lo da minha ira e da minha vingança! Há muito espero uma boa oportunidade para livrar-me da sua presença incômoda! Biltre! Pavão idiota!"

Enquanto ele se debate, as suas forças vão diminuindo, consideravelmente. Perde os sentidos enquanto ouve o espocar de uma sonora e terrível gargalhada.

Depois de um tempo que não pôde precisar, desperta. Olha ao redor, toca o pescoço e apalpa-o; está inchado, extremamente dolorido e arranhado. Olha-se no espelho e constata os vestígios de dedos enormes numa mancha arroxeada. Sua respiração tornou-se curta e pesada. Sente-se enfraquecido; a cabeça lhe roda... No ar, uma estranha presença e um cheiro acre...

Com as pernas trêmulas, coração disparado, estranhos roncos saindo pela boca aberta, ele decide safar-se da sanha de Daghor.

"Ele cumprirá, ponto por ponto, o que prometeu e praticamente começou... Caso ele decida materializar-se para destruir-me, de vez, poderá fazê-lo num estalar de dedos!..."

Enquanto assim pensa, já se encaminha em direção às saídas.

Precipitado, ele desce a penha, trançando as pernas, tal o seu medo, tropeçando em si mesmo, vermelho e ansioso, até alcançar o seu veículo. Com voz rouca, ele clama pelo cocheiro, fazendo gestos desesperados.

A correr, desabaladamente, o serviçal chega, assustado e demonstrando que não estava pronto para essa arrancada, no mínimo, surpreendente.

Arranja as roupas, afivela o cinto nas calças largas e encardidas, abotoa a camisa rústica, passa as mãos sobre os cabelos e, em poucos minutos, está sobre a boleia do veículo.

Embarcando, presto, e ordenando pressa, desarvorado e em pânico, ele, indolente e lento por natureza, olhando ao redor, esquadrinhando cada ângulo do caminho, foge, incontinenti.

Afobado, dando de ombros e já completamente indiferente ao que o seu senhor faça, o cocheiro obedece. E num tempo que a Luigi pareceu arrastar-se, em desespero, chegam ao seu velho castelo.

Ali a aparência é desconcertante, desde o seu frontispício, numa patente ruína, piorando ao adentrarmos o seu interior...

Ligeiro, ele salta do veículo, corre para dentro e arruma atabalhoadamente algumas malas (de repente, decidiu visitar um parente que vive na Somália).

Ali, a sujeira se espalha; a poeira come os móveis e se acumula no chão, tal qual um tapete; as teias de aranha são visíveis em seus rendados pacientes e bem trabalhados, obstruindo as portas...

No andar de cima, os quartos guardam um amontoado de coisas espalhadas e desarrumadas. Os móveis, muito antigos e pesados, escuros e algo destruídos, exibem a falta de limpeza e de cuidados.

Enfim, um legítimo cenário de horror...

Excêntrico, alguns estranhos objetos, adquiridos por ele, fazem a esdrúxula decoração, expostos em lugares estratégicos, ou amontoados, sem ordem e sem estética alguma.

Bagagem pronta, ele tranca, cuidadoso e apressado, a porta enorme, na qual, se distingue, na aldrava, a cabeça de um dragão de boca aberta e língua de fora. Olha para tudo, ansioso e, bem antes de decorridos os minutos que perfazem o tempo de uma hora, ele foge da Moldávia.

O criado, silencioso, recorda que algumas vezes, ele faz a mesma coisa e toma o mesmo rumo. Quase sempre está fugindo de algo ou de alguém... Acomodado no seu veículo, Luigi ruma às diversas conexões que terá de fazer para alcançar o seu objetivo. Respira ruidoso, algo aliviado. Ao falar, emite um som rouco. O ferimento no pescoço, estendendo-se garganta adentro, incomoda-o demais.

Em poucos instantes, a carruagem desaparece nas curvas do caminho...

Enquanto isso, encolhida de frio e sentindo fome, Albaan blasfema. Vicky a admoesta e esclarece quanto à urgente necessidade de coragem e equilíbrio. Afinal, ela já fora avisada. Revoltada, ela retruca:

— Que tola fui acreditando em você! Imagine! Sair daqui? Como será isso, pode me dizer? Certamente, não! No temível contexto, do qual faço parte, sei muito bem como as coisas funcionam; nós não teremos chance, nem defesas! Você encheu minha cabeça de ilusões e aqui estou eu, presa e sem saber aquilo que virá! Como será quando Daghor regressar? Desta vez, ele me matará, sem piedade! Me culpará por tudo, diante das minhas responsabilidades! E, aí está o conde Luigi, para acrescentar algumas brasas a mais, nessa fogueira que nos consumirá a todos!

Compreensiva, Vicky percebe que Albaan está à beira de um ataque de nervos. Sente pena dela.

— Deus é a nossa defesa, Albaan. As coisas se darão como eu lhe disse. As informações que recebi são de fonte fidedigna, pode crer. É chegado o momento do ajuste de contas!

— E nesse ajuste, caso ele se dê, eu serei uma grande devedora! Como aguardar o auxílio que me prometeu?

— Não sou eu quem lhe promete, Albaan, mas a própria vida. Não duvide, não enfraqueça, confie no Criador e se entregue em Suas mãos! Faça um esforço e mude o teor dos seus pensamentos! Isso nos auxiliará e àqueles que virão nos libertar!

— Como posso ter esperança, se não mereço o auxílio de que fala? Antes serei justiçada, morrendo aqui! Mas, do jeito que as coisas estão, quando eles chegarem, seremos apenas três cadáveres!

— Façamos a nossa parte, que a Providência Divina fará o resto. Fortaleça-se naquela que à distância lhe envia vibrações maternais!

Calando-se, Albaan suspira. Está extremamente abalada. Sua consciência lhe sussurra que não terá chance porque não merece; todavia, segue os conselhos de Vicky e concentra-se, meditativa. Apesar do extremo desconforto físico, recorda a sua infância; sua casinha humilde; sua mãezinha querida e boa. Parece sentir, ainda, os seus afagos...

Enlevada, revê a si mesma, pequenina, ajoelhada ao seu lado, balbuciando preces, enquanto fita os ícones dos seus Santos preferidos na igreja ortodoxa russa, numa pequena aldeia de Kiev, de onde saiu para nunca mais voltar.

Parece-lhe ouvir o repicar dos sinos da singela paróquia, dolentes.

Vestida num rústico vestido de lã de cor clara, touca de babados na cabeça, faces rosadas, cabelos dourados, olhos claros e inocentes...

Sentada nos bancos de madeira da igrejinha, ela ora ao lado da mãe, aos domingos, e canta com sua voz infantil e argentina. Entusiasmada, eleva o som da própria voz, envolvida, saudavelmente, com as mensagens místicas e plenas de fé, das músicas sacras.

Emocionada, ela passa a chorar, enquanto questiona:

"Onde e quando, meu Deus, eu me desorientei e me perdi nos caminhos tortuosos da vida?"

Alguns anos depois deste tempo tão ingênuo, mais desenvolvida, belíssima, inteligente, conheceu um homem sábio; bonito, brilhante, elegante, refinado...

Seus olhos, ao fitá-la, pareciam os de uma serpente, hipnotizando-a... Ele envolveu-a de tal modo que, mesmo à distância, dominava-a, fazendo-se presente, materializado ao seu lado, sorridente, sedutor... O seu corpo exalava um perfume atordoante...

Um dia atraiu-a para si, dizendo-se apaixonado. Ela então sucumbiu aos seus encantos e tornou-se sua mulher.

Ele convidou-a para ser sua assistente. Vaidosa, aceitou a incumbência. Foi morar com ele e passou a segui-lo, submissa e apaixonada, por onde quer que ele fosse.

Todavia, oh, decepção! Ele revelou sua verdadeira face. Mas já era muito tarde... Amava-o e conformou-se com aquilo que ele determinou para a sua vida...

Distraída, invigilante, acumpliciou-se, cada vez mais, com o mal que ele exercia e representava...

Agora, Vicky lhe acena com esperanças de liberdade e de redenção...

Cansada de tudo, Albaan conclui que, enfim, sentimentos melhores estão ganhando espaço em sua alma, antes tão endurecida...

Assim, em meio aos seus conflitos existenciais, ela adormece.

Vicky adivinha-lhe os questionamentos e roga, aos céus, que a centelha, divina, que ali esteve tanto tempo sufocada, brilhe enfim, e ressurja das sombras do mal, sob as quais tem vivido.

Encolhendo-se no chão e ajeitando-se numa posição menos dolorosa, ela também adormece...

Os céus vigiarão, ela sabe...

Nos diversos ambientes do castelo, a malta que ali trabalha ou apenas convive está irritadiça, inquieta, insegura, pressentindo algo. Sente-se desamparada, sem o amo que a conduz com mãos de ferro.

Há uma grande incógnita no ar... O futuro parece não existir...

A presença de Luigi incomoda-os, sobremaneira. Estes seres, maldosos e desconfiados imaginam que ele retornará e isso os enche de raiva. Ruminam, entre si, o ódio resultante de suas naturezas degeneradas. Fortalecem-se, mutuamente, e espraiam as suas terríveis vibrações em todas as direções.

Enquanto isso, Albaan e Vicky encontram-se adormecidas...

Buffone também dorme profundamente. Vez por outra, ele estremece e balbucia algumas palavras, sonambúlico. Já viveu situações semelhantes e aguardará os próximos acontecimentos. De vez em quando, abre os olhos e procura Vicky. Não quer separar-se dela, nunca mais. Ela é a sua luz, a beleza que admira, o ídolo que criou para si mesmo...

A fome e a fraqueza dominam-nos, libertando temporariamente as suas almas que partem em busca dos seus interesses, onde quer que seja; neste ou noutros mundos; nesta ou noutras esferas; boas ou ruins; escolha de cada qual...

Em Bangcoc, Daghor se dirige ao palácio do marajá. Chegando, extremamente elegante, faz-se anunciar e aguarda.

Supervisionando os diversos procedimentos do dia, Telêmaco observa, intrigado, aquele homem estranho e de brilho intenso no olhar.

Tendo em mãos o seu cartão com nome e título, Telêmaco reflete:

"O nome faz jus à pessoa... Jamais vi alguém assim... Por que, ou para que, ele se encontra aqui?... Da sua figura, sombria, evola uma energia irritante, que parece incitar à violência e a atos ignóbeis."

Sensível, experiente, Telêmaco analisa-o com uma competência admirável.

O marajá, cansado dos atendimentos daquele dia, demonstra uma palidez e uma fraqueza, gritantes.

Mirtes aconselhou-o a poupar-se. Ele, delicado, sorriu e fez um gesto com a mão, negando-se a atendê-la.

Telêmaco entra e lhe fala:

— Meu senhor, temos no salão de espera uma estranha criatura.

— Por que diz isso?

— Porque nunca vi alguém mais exótico. Veste roupas negras, luxuosas, tem olhos de águia, sentidos muito apurados e ouvidos muito atentos. Parece aguardar alguém enquanto espera, porque, vez por outra, observa as entradas, impaciente.

— Certamente tem os seus motivos para se vestir assim, e talvez esteja mesmo aguardando alguém.

Ele é estrangeiro, Telêmaco?

— Não, senhor! Ele deve ser de alguma linhagem muito importante da Tailândia. Ele requisita uma entrevista particular e... confidencial, imagine!

— Casos assim, nós vemos todos os dias! Quanto às suas exigências, na hora da entrevista, eu decidirei, de acordo com a etiqueta e a minha real vontade; descanse!

— Ele me causa arrepios, devo dizer-lhe! Sua presença é muito desagradável!

— Ora, meu bom Telêmaco, você está ficando velho! Aja dentro das formalidades e não se preocupe. Está vendo fantasmas onde eles não existem!

— Bem a propósito, que feliz analogia, meu senhor!

— Oh, Telêmaco, estamos perdendo um tempo precioso e eu já me sinto deveras cansado! Prossiga cumprindo as suas obrigações!

— Sim, meu senhor! Desculpe-me os exageros! Todavia, cuidado com a sua saúde e com esse visitante, peço-lhe encarecidamente!

Com um assentimento de cabeça, Hamendra sorri levemente, pensando no quanto este homem lhe é dedicado, e à sua família... Devem-lhe muito...

Respira fundo e se dispõe a prosseguir no seu atendimento real.

Nesse instante, Richard Arjuna faz sua entrada triunfal no palácio, na intenção de alcançar o gabinete do pai.

Luxuosamente paramentado, como convém a um herdeiro real, ele atravessa o salão imenso. Suas passadas largas repercutem no piso brilhante.

Súbito, se depara com Daghor.

Este, fino sorriso nos lábios, parece satisfeito ao vê-lo.

"Enfim, meu irmão! Ora veja, você é um Apolo! Com efeito, minhas informações são fidedignas!"

Sem entender-se, Richard parece esquecer a pressa anterior e passa a observá-lo, mais de perto. Ao defrontar-se com o seu olhar aguçado, estremece, como se estivesse diante de um inimigo perigoso, mas prossegue medindo-o de alto a baixo, sendo por sua vez, também, analisado minuciosamente...

Por fim, dá-se conta do escândalo que causa e decide seguir o seu caminho. Enquanto o faz, Daghor pensa:

"Você e os seus irmãos me tomaram tudo e, sequer, sabem que eu existo! Seu pai, nosso pai, o maldito marajá, pagará muito caro por tudo que fez e por tudo que deixou de fazer!..."

Richard que já se distanciava, estanca, retorna sobre os próprios passos e inquire-o, frontalmente:

– O que disse?

– Eu? Nada, sequer falei!

– Pois eu ouvi, perfeitamente, você ameaçar-me e ao meu pai! – Richard declara, olhos coruscantes, mão na arma que carrega na cintura.

Atento, Telêmaco constata que, mais uma vez, Richard desafia alguém. Este um hábito seu, muito antigo. Ele pensa ouvir o que os outros não dizem e torna-se possesso diante das negativas que recebe.

Antes que as coisas piorem, aproxima-se e aconselha:

– Meu filho, acalme-se! Este senhor está aguardando para ser recebido por seu pai!

– Sim? E quem é ele?

– O senhor barão Daghor Phanton, da Moldávia!

– Muito bem, e o que ele pretende?

Daghor se adianta:

– Caro príncipe, aqui estou, como qualquer outro, à espera de ser recebido por seu pai, o marajá! Sou um comerciante e venho a negócios. Como não trocamos palavra, concluo que alguém fez uma brincadeira, irresponsável, conosco!

Muito desconfiado, Richard concorda, aparentemente convencido:

– É, deve ter razão...

Telêmaco compreende, por vias muito sutis, que ali sucede algo que lhe foge à compreensão racional.

Impositivo, Richard ordena:

– Telêmaco suspenda a ordem das visitas agendadas, porque pretendo falar ao meu pai, sem pressa. Temos assuntos pendentes e hoje pretendo concluí-los. Depois, você dará continuidade ao seu trabalho!

Em seguida, ele mede Daghor de alto a baixo, fazendo-o entender que, provavelmente, a sua intenção será abortada.

Enquanto vê o irmão se distanciar, ele conclui, num sorriso debochado:

"Caso eu mesmo não pretendesse exterminá-lo, você o faria! Eu sabia que hoje o conheceria, meu irmão! Somos semelhantes em tudo! Nascemos, ambos, sob o mesmo estigma maldito!..."

Ousado e desrespeitoso, Richard entra no gabinete do pai sem ser anunciado, com estrépito, surpreendendo-o.

Telêmaco decide falar à Marani:

– Senhora, permita-me!

– Naturalmente, entre, meu amigo! O que deseja?

– Minha senhora, hoje meu coração está mergulhado em sombras! Algo me segreda, ao ouvido, que fatos inesperados modificarão a vida no palácio, abalando-o nos seus alicerces! Meu velho coração parece querer fugir do peito!

Estremecendo, Mirtes indaga-lhe:

– Por que diz isso, Telêmaco?

– Não sei ao certo! Um perigo, desconhecido, parece ameaçar-nos a todos! Ontem tive sonhos muito ruins!

– Sonhos são apenas sonhos!

– Não os meus, e a senhora Marani sabe...

Em silêncio, ela concorda. Aguarda, e ele prossegue:

– No salão, temos uma personalidade muito exótica, a aguardar uma entrevista com o nosso marajá. Quando essa sinistra criatura chegou, senti arrepios e divisei sombras a espalharem-se em todas as direções, enquanto vozes estranhas e abafadas, que nada tinham de humanas, somavam-se a estranhos ruídos...

– De fato, é muito estranho, Telêmaco. Mas quantas vezes temos recebido pessoas esquisitas? Muitas! Descanse, meu velho, e cumpra as suas obrigações. Hoje, o nosso marajá parece muito cansado.

Coçando a cabeça, Telêmaco anui:

– Sim, já pude constatar isso, também. É, devo estar ficando muito velho, como disse o marajá! Perdoe-me, senhora!

– Todos nós envelhecemos, amigo e colaborador incansável! Não há o que desculpar e, sim, a agradecer, sempre! Você tem sido nosso anjo-guardião, Telêmaco!

– Grato, minha Marani! Em todos estes anos, aprendi a amá-los, de verdade, como se meus parentes fossem! Os anos passam, senhora, e hoje a roda da vida está se fechando, para este seu mais humilde servo! Nascemos, vivemos e morremos, não há como escapar disso!

– Felizes aqueles que aproveitam, com sabedoria, os anos que a divindade lhes concede para viverem neste mundo; e nesse sentido você, meu bom amigo, é dos melhores exemplos! Mas, diga-me, há algo mais?

— Sim. Peço-lhe que aconselhe seu marido a diminuir o teor dos trabalhos, mormente hoje quando prevejo algo que não consigo identificar... Sobretudo, eu gostaria de barrar o acesso à pessoa do marajá, desta estranha figura de que lhe falei. Com Richard, ele já se indispôs, se bem que o próprio Richard foi o culpado.

— Conte-me o que houve.

— Richard supôs ouvir, do estranho, algo que o desagradou demais, e enfrentou-o, cobrando-lhe explicações que não vieram, porque o outro negou tudo. Richard quase sacou a arma...

— Onde ele se encontra agora?

— No gabinete do pai.

— Tomara não se desentendam mais uma vez! Vá para lá, eu irei em seguida! Richard me põe em alerta, cada vez que se aproxima do pai!

— Sim, senhora, e que Brahma nos proteja!

Telêmaco se vai, como pode. Os anos já lhe pesam. Seus movimentos já não são tão ágeis como antes...

Enquanto ele se afasta, Mirtes se dirige ao altar das divindades védicas e ali se inclina, reverente, suplicando:

— Espíritos poderosos desta terra! Pai, Criador, misericórdia para nós que temos a espada de Dâmocles sobre as nossas cabeças! Dai-nos forças para enfrentarmos as tempestades da vida! Bênçãos e proteção para todos nós!

Ela se ergue, acende velas votivas e se dispõe a ir até o gabinete do marido.

À entrada intempestiva de Richard, o marajá interrompe o que faz e aguarda-lhe, contrariado, o pronunciamento.

Antes de abordar o pai, inquieto, ele anda de cá para lá, preparando-se para dizer o que pretende. Alguns minutos se passam, pesados, para ambos. De súbito, ele estanca diante da secretária, na qual seu pai despacha, respira fundo, cruza os braços à altura do peito e avisa, direto:

— Vim lhe dar um *ultimatum*!

Atônito, o pai aguarda-lhe o prosseguimento do discurso.

— Não me olhe assim! Eu não estou blefando!

— Eu não disse que estava! O seu *ultimatum* me serve para quê? De que está falando, filho insensato? Explique-se melhor, pois que estou ocupado demais para suas infantilidades!

— Não me subestime, meu pai! Esse tem sido o seu grande erro! Pretendo e posso subir ao trono! O senhor já está cansado! Dentro em pouco, será um velho senil! É a lei da vida; a vara verde substitui a seca, que só servirá para o fogo! Nosso povo precisa de floração e frutificação, abundantes e ricas! Eu tenho direito de governar! Agora é a minha vez, conscientize-se disso e saia daí, de uma vez por todas!

Hamendra cruza os braços, respira fundo e indaga, desgostoso:

— Até onde vão os seus desvarios, Richard? Desde quando dá ordens a mim, seu pai, o marajá? Enlouqueceu, por acaso, seu estúpido?

Ele está irado com o filho que tão desrespeitosamente o desafia. Avermelhado, possesso, indaga:

— O que pretende, de fato? Arrastar-me daqui, ou matar-me, de vez?

Bufando tal qual um touro bravo, Richard responde categórico:

— Uma e outra coisa! Depende da sua atitude e entendimento. Passarei sobre o seu cadáver se for preciso! De qualquer modo, eu me apossarei desse trono que parece ter nascido colado ao seu corpo! Desapegue-se, marajá! O seu tempo já passou, e o meu, mal está começando! Não terei piedade, nem me deterei diante dos nossos laços consanguíneos!

— Pensei que ignorasse isso, filho desnaturado! Você terá sido, mesmo, algum dia, meu filho? Entre nós, jamais existiu qualquer laço, a não ser aquele que a Natureza nos concedeu, sem sabermos para quê!

— Assim me sinto, também. Mas ouça, eu não vim discutir, mas ratificar o que tenho pleiteado há muito! O tempo passa e preciso se faz que eu me dedique, de vez, ao nosso povo, com o direito que me assiste!

— Nosso povo, Richard? De que está falando?

— Não me confunda com palavras!

— Não preciso de muitas para demonstrar-lhe que, nesse terreno, você sabe tanto quanto um pária qualquer!

— Já lhe disse que não vim para conversar! Não use de sofismas e me atenda! Vá descansar, enfim, num lugar qualquer, enquanto ainda está vivo e pode fazê-lo!

— Em verdade, você me dá duas opções: o exílio ou a morte! Isso, caso você tivesse autoridade, ou direito, para tanto! Desprezo suas ideias e a sua existência que só me trouxe atropelos de toda sorte, e almejo, antes de morrer, vê-lo bem distante desse povo do qual fala e ao qual desconhece, completamente!

– Vivo misturado a ele! Saio dessa redoma de vidro, na qual vocês vivem, e convivo com todos, aqui e ali!

– Você vive misturado com o que há de pior, convivendo com a escória, mergulhado nos vícios, na desonestidade, na rapacidade e na violência!

Aproximando-se mais, Richard mal pode sopitar a vontade de avançar sobre o pai como uma fera. Entre dentes, fala, sibilante:

– Cale-se! Não lhe dou o direito!

– Direito que não possui e a vida me concedeu, à sua revelia! Cale-se você e me respeite! Senão eu o ponho daqui para fora, de uma vez por todas, porque criei e alimentei, na minha casa, que nunca pareceu sua, uma serpe venenosa! Não fosse por sua mãe, você já estaria refocilando junto aos porcos que tanto aprecia!

Richard investe contra o pai, mas a guarda, atenta, faz movimentos de defesa.

Hamendra sequer estremece. Fita-o, desafiando-lhe a arbitrariedade e o desrespeito gritantes.

– Saia daqui! Já me tomou tempo demais! – O marajá ordena, indicando-lhe a saída.

Numa dificuldade extrema para falar, tal a sua raiva, Richard alega, incansável:

– Você continua debatendo comigo, em vez de ouvir-me as justas requisições! Sou jovem, forte, e o único herdeiro capaz de suceder-lhe!

– Capaz?!...

Possesso, violáceo, ele grita:

– Eu provarei o quanto sou competente, verá!

– Engana-se, ninguém pode ver aquilo que não existe! Desista! Jamais me sucederá, mesmo que eu morra. Você não possui estofo para tal!

– Agora, é o senhor que me dá, apenas, duas opções: ou o destituo do seu reinado, ou mato-o, em última instância!

– Muito direto, deveras!

– O senhor, meu pai, não me deixa alternativa! Os meios não importam e, sim, os fins!

— Muito prático!
— Vamos, meu pai, renuncie!
— Jamais! E você seria o último dos mortais a quem eu entregaria o poder! Além do desastre que seria, você o perderia no primeiro embate com outro tão ambicioso quanto você!
— Quando eu estiver no seu lugar, ai daquele que se atrever a ameaçar-me! Passarei, como um elefante, furioso, por cima daqueles que ousarem me desafiar!
Falando mais baixo, como se falasse a si mesmo, ele aduz:
— Afinal, foi este o exemplo que tive em toda a minha vida! É assim que se faz? É assim que farei!
— É apenas o que vê? Você jamais se preparou para reinar, Richard! Preguiçoso e inútil, enfatuado e leviano, você tem vivido a boa vida, sem se preocupar com o que quer que seja! Este reinado, nossa família o tem preservado, há muitas e muitas décadas!
— Preservado para mim! SSeu filho mais velho tornou-se um verdadeiro inglês; sua filha segue os mesmos ideais; somente eu fiquei para requisitar aquilo que me é de direito!
— Eu entregaria o trono a qualquer infeliz das ruas miseráveis de Bangcoc, antes que a você!
Hamendra, exaltado, levanta-se, não suportando mais o debate.
Possesso, Richard avança para ele e o suspende pelas roupas, quase a bater-lhe.
A guarda do gabinete se movimenta, mas antes que possa agir, Richard ouve uma voz muito conhecida:
— Solte seu pai, filho desnaturado!
É Mirtes que irrompe portas adentro e o surpreende a agredir o pai.
Arrogante, ele se volta para ela:
— Como ousa interromper-nos?
— Como ousa me falar assim? Deixe seu pai em paz e saia já daqui!
— Caso seja você quem pretenda suceder-lhe no trono, será a você que devo enfrentar! Nisso, eu não havia pensado, ainda...
— Você jamais deveria ter nascido num palácio, meu filho, e sim na miséria, onde amargaria a falta de tudo! Talvez assim, aprendesse a trabalhar e ser mais digno!
— Ora, é só moralismo! Despertem, todavia, pois o tempo de vocês terminou! Há que renovar-se para progredir!

— Onde você aprendeu isto? Em algum folhetim? Seu descaso por cultura e por política é notório! Os erros de seu pai e meus, com relação à sua educação, são gritantes! Nós lhe concedemos tudo! Mimado em excesso, desocupado, incensado e bem servido, você se transformou neste monstro, cruel e desalmado!

— Assim me deprecia, minha mãe!

— Ninguém precisa fazer isso, você mesmo faz! Seu pior inimigo é você mesmo!

Por instantes fugidios, ele reflete quanto ao que ouve da mãe; sempre tão sensata... Ela lhe deu a vida... É dedicada, sempre, até a abnegação... Tenta educá-lo desde cedo, todavia, ele reage, foge-lhe à influência e busca os parceiros, as aventuras, a rua...

Subitamente, recobra ânimo e, dirigindo-se ao pai, volta à carga:

— Seu tempo acabou! E o meu está apenas começando! Eu o tirarei daí, de uma forma ou de outra, aguarde!

Desviando-se da mãe, sem olhar para ela, ele sai, tão intempestivo como chegou. Como um tufão passa pelo salão empurrando aqueles que lhe estão barrando o caminho. Tem pressa de sair...

Daghor que o vê sair esbaforido, sorri, sombrio.

À saída do filho, Mirtes atrai o marido para o seu peito amoroso:

— Meu amado! Razão maior da minha vida! Estamos a naufragar num mar encapelado e furioso! Confiemos, apesar de tudo, nos nossos protetores espirituais!

— Estou muito, muito cansado, Mirtes, sem ânimo para prosseguir, todavia devo... Sinto-me, de algum tempo para cá, cercado e perseguido por fantasmas... Diviso meu pai e ele não me parece um vencedor, como sempre julguei... Sequer, vejo-o feliz! Surpreendo meus antepassados, todos eles, reunidos e agitados. À frente de todos, como numa estranha procissão, nosso filho Richard, Mirtes; todavia, ele não possui as feições de agora, mas outras, nas quais reconheço um inimigo ferrenho de prístinas eras... De porte atlético e beleza admirável, assim como nosso caçula, ele me enfrenta com olhar intenso e carregado de ódio, muito ódio... A mim, ele surge como uma figura infernal. Tudo isso me abate...

Aconchegado ao peito da mulher, ele parece uma criança indefesa e amedrontada.

— Por que não me contou antes?

— Para poupá-la, minha querida.

– Não o faça; tudo que lhe diz respeito me interessa e, alcança, mais dia menos dia! Sua fragilidade física é patente, meu amado, deixe tudo como está e vá repousar, peço-lhe! Seus intendentes saberão como se conduzir!

Ele levanta a cabeça, afaga-lhe o rosto e responde, profundamente triste:

– De modo algum, a morte me encontrará trabalhando; no exercício das minhas obrigações como soberano!

Mirtes sente um estranho arrepio a percorrer-lhe o corpo. Beijando-o, pede:

– Por tudo que ama, pense em você!

Num sorriso que mais parece um *rictus* de dor, ele responde, quase num fio de voz:

– É o que tenho feito a vida inteira!...

Mirtes se cala. Não há como negar. É igualmente cúmplice de tudo.

– Surpreendo no filho ingrato, Mirtes, o anjo vingador! Mesmo que não seja ele o meu executor final, terá me destruído dia a dia, aniquilando-me física e moralmente! Nele, um terrível espelho de mim mesmo!

A essa altura, ele desabafa, num pranto inconsolável.

Mirtes o aconchega mais, como faria a um filhinho muito querido:

– Acalme-se, Hamendra, acima de tudo vou amá-lo sempre!

– Sim, eu tenho você... Nosso amor é tão grande e verdadeiro... Fosse eu, um pária, você me amaria?

O momento não comporta sinceridade contundente, por isso ela se arma de entusiasmo e responde:

– Jamais duvide disso!

Como dizer-lhe que não? Que os princípios que a nortearam, toda a vida, são iguais aos dele?

Alcançando-lhe as naturais reflexões, ele pede:

– Não esqueça, jamais, o quanto eu a amo! Sou-lhe imensamente grato por tanta felicidade e dedicação! Jamais poderei agradecer-lhe o quanto você merece!

Em transportes de sentimentos, difíceis de traduzir, sua voz saiu trêmula, quase em pranto.

O coração de Mirtes se aperta... Sente uma dor quase física:

– Acaso estamos nos despedindo? Assim me assusta, Hamendra!

– Perdoe-me, hoje estou muito pessimista...
Fitando a mulher, pensativo, ele se esforça para sorrir:
– Descanse este coração, minha vida, meu amor... Eu estarei bem, verá... Aguarde a conclusão do meu expediente para fazer-me todos os carinhos de que preciso...
Abraçam-se fortemente, ambos com uma imensa vontade de chorar e de permanecerem um nos braços do outro.
Desprendendo-se, com a alma em suspense, Mirtes se vai e retoma as suas atividades.
Ao vê-la sair, Telêmaco observa-lhe os vincos na testa e algumas lágrimas que apesar do seu esforço caem sobre suas belas e luxuosas roupas. Conclui, muito intranquilo:
"Este dia não terminará bem... Grandes e trágicas mudanças se aproximam, velozmente... Eu, todavia, não poderei vê-las... O que tenho? Por que esses pensamentos sombrios? Apesar de tudo, sinto-me como se estivesse flutuando... Há em mim duas vertentes; uma de medo, e outra, de êxtase... Não me entendo, mas me entrego aos céus... "
Ele segue pelos corredores, conduzindo tudo com muita competência.
As horas se escoam e o marajá continua despachando, diligente.
Muitas vezes, esse tempo se estende pela noite adentro e alcança a madrugada. Ainda assim, Telêmaco secunda-o, solícito e competente, como sempre.
Num movimento mais forte, porém, ele sente as pernas enfraquecerem e a vista escurecer. Apoia-se na parede e, tateando, procura um assento. Escorrega para ele e perde a condição de raciocínio. Cai suavemente, deitado, e ali permanece ignorado por todos. Está num lugar por onde poucos passam, quase escondido.
No salão, seguindo-se a ordem pré-estabelecida, Daghor é convocado.
Enquanto isso, o marajá aperta o peito num sofrimento que se faz visível na expressão do seu rosto contraído. Há algum tempo vem sentindo aquela dor aguda e constringente. Recompõe-se e aguarda a entrada do estranho personagem que deixou Telêmaco tão incomodado.
Daghor entra, esquadrinhando cada ângulo da sala enorme e toda voltada para as atribuições do soberano.
Hamendra observa-lhe a alta e elegante figura. Seu coração bate mais forte a cada passada que repercute no piso. Disfarçando seu mal-estar,

analisa, cuidadoso, esse homem que lhe parece estranhamente familiar...

Apruma-se no assento e suporta o olhar enigmático e intenso que incide sobre sua pessoa. Nesse exato momento, lamenta não haver encerrado antes o seu trabalho de entrevistas...

A dor aumenta mas, estoico, suporta o terrível desconforto.

É chamado à realidade pela voz que explode aos seus ouvidos:

– Enfim! Parece-me ter levado séculos para chegar até aqui! Não, não lamente este encontro que já se faz tardio e do qual não poderia fugir indefinidamente!

Profundamente surpreso, Hamendra indaga irritado:

– O que está dizendo? Explique-se melhor!

– Falo deste encontro que a vida nos devia!

– Continuo não entendendo! Diga de uma vez, a que veio, pois tenho muito a fazer! Não tome meu tempo mais que o necessário!

– A partir deste instante, eu dou as ordens e decido o que fazer com o "seu tempo"!

– É louco, por acaso? Por que me fala assim, pois sequer o conheço?

– Engana-se, redondamente, e me conhece e muito bem!

– Mais um minuto de enigmas, caro senhor, e o farei sair daqui a pontapés, pois é o que está merecendo!

– Pontapés eu já recebi ao longo de toda a minha existência! Hoje, venho cobrar-lhe aquilo que, de fato, me deve!

– Devo-lhe o quê?!...

Hamendra faz menção de se levantar, mas num aperto maior que os outros, a dor o impede de fazê-lo.

Daghor o enfrenta, gozando-lhe a patente perturbação.

– Diga-me a que veio, senão, além dos castigos que receberá, irá mofar numa prisão! Meu tempo é precioso!

Enquanto fala, lutando para manter as forças, Hamendra estuda-lhe as feições e o olhar incendiado.

Subitamente, uma luz se faz no seu cérebro e ele julga enlouquecer... Será possível? Após tantos anos? Está diante do filho rejeitado que, um dia, prometeu matá-lo! De que abismo infernal ele saíra?!...

Surpreendendo-lhe as naturais perplexidades, Daghor respira fundo e declara, braços cruzados ao peito:

– Vejo que já me reconheceu! Sou aquele que vem cobrar tudo que lhe negaram ao longo da existência!

O marajá decide blefar:
– De que está falando? Já nos vimos antes?
– Sim, apenas uma vez, diante da casa onde eu morava como filho adotivo de Boris Sarasate e de sua mulher, Marfa!
Hamendra sabe, recorda muito bem... Nunca, jamais, esqueceu daquele encontro...
– Infelizes que foram! – Daghor prossegue – Nunca me disseram o seu nome! Caso não saiba, eles já morreram!
Ignorando-lhe a informação, Hamendra decide 'harmonizar-se' ao estranho e indesejável diálogo:
– Como deve concluir, nada disso me interessa. Todavia, para não perder a viagem, fale, desabafe, o que espera de mim?
– Minhas intenções excedem tudo que possa imaginar!
Hamendra estremece. Daghor disse essas palavras com um acento terrível na voz. Desgraçadamente, entendeu.
A prudência aconselha-o a interromper a entrevista e prendê-lo, rápido, pelo crime de lesa-majestade...
Tentando alcançar o sino de ouro que lhe está próximo, ele sente as mãos gelarem e todo seu corpo ficar pesado e insensível. Terá de ouvi-lo e se submeter aos seus ataques – verbais, por enquanto, mas imprevisíveis, depois...
Como se estivesse num terrível pesadelo, ouve-lhe as exprobrações:
– Abra bem os seus ouvidos: Venho cobrar-lhe, duramente, a paternidade negada; os cuidados dos quais precisei e nunca tive! O amor! Oh, irrisão e cegueira, pensar que alguém pode viver sem amor! E, mais que isso, os recursos para a minha sobrevivência e o supérfluo, ao qual tenho tanto direito, quanto os seus outros filhos... meus irmãos!...
As duas últimas palavras soaram cavernosas...
Controlando-se, enfim, Daghor comenta, irônico:
– Hoje, conheci aquele que se assemelha comigo e que nasceu sob o mesmo estigma maldito! Somos, ambos, almas negras! Carregamos em nossa bagagem espiritual, duras cobranças com relação à sua pessoa!
Surpreendentemente, Hamendra consegue expressar-se, apesar de sentir-se tolhido fisicamente. Suspeita, acertadamente, que de algum modo ele consegue dominá-lo. Afinal, ele não é um renomado feiticeiro?

Revoltado, declara:
— Infelizes que são, os dois! Fúrias infernais que caíram em cima de minha casa!
— Do seu palácio, marajá, não menospreze aquilo que tão bem usufrui!...
— Causa-me espanto aquilo que requisita, pois me parece muito bem! Poucas pessoas ostentam tanto poder e riqueza!
— Ah, observou isso? É verdade, a despeito de sua indiferença e insensibilidade paternais, eu venci!
— E por que está aqui e não cuidando dos seus interesses?

Daghor explode numa sonora e tétrica gargalhada, enquanto raciocina, entendido: " Ele está apavorado, já concluiu qual é, de fato, a minha intenção... Trema, pai desnaturado!..."

Cofiando sua bem tratada barba e gozando, maldoso, o receio que o marajá não consegue disfarçar; esclarece:
— O pequeno "aviso", que já lhe concedi, fala por mim! Alimentei, ao longo da minha vida, minuto a minuto, o meu desejo de vingança! Pois bem, o dia chegou!
— Onde adquiriu tanto poder? Solte-me, você não tem esse direito!

Enquanto fala, Hamendra se esforça para mover o pescoço e clamar pela guarda.

Compreendendo-lhe a intenção, Daghor fixa nele seus olhos negros e aconselha:
— Olhe! Veja como eles estão!

Hamendra sente-se livre. Vira-se para os guardas e surpreende-os, extáticos como bonecos de cera.

Perplexo, ensaia sair do gabinete, mas Daghor, deliciando-se com seu desespero inútil, avisa:
—Caso pretenda sair pela porta principal, ou por outra qualquer, desista, elas não se abrirão e som algum alcançará o exterior! Quer tentar?

Com um gesto indicativo, ele desafia o pai.

Hamendra não pensa duas vezes. Corre para a porta que, como ele dissera, não se abre. Conclui que será inútil tentar as outras.

Em pânico, Hamendra fala, amargurado e agressivo:
— Aquele que conheceu hoje e que muito me custa chamar de filho, deveria ter morrido! Ambos ensaiaram mas, desgraçadamente, não concretizaram a ação! E quanto a você, seu bastardo, nunca

deveria ter vindo aqui! O seu poder falece diante de tudo que eu represento! Você terminará os seus dias numa prisão infecta, longe de tudo que parece ter adquirido ao longo de uma vida misteriosa! Foi muita ousadia, e alguma ingenuidade, imaginar que pudesse alcançar-me numa pretensa vingança, seu tolo!

Decide e toca o referido sino, que não emite som algum.

Precipitado, ele se encaminha para a outra saída, constatando que a porta parece ter sido erguida junto com a parede.

Ao redor tudo está mergulhado num estranho silêncio...

Prosseguindo, tenta alcançar e usar as outras saídas, inutilmente.

Daghor, braços cruzados ao peito, ri do seu desespero.

Estarrecido, Hamendra que julga estar vivendo um terrível pesadelo, conclui que Daghor tem parte com o diabo. Boris lhe havia contado coisas incríveis, mas colocou as suas narrativas sob suspeita. Ele, assim como sua mulher, Marfa, eram muito supersticiosos.

Em pânico, quer saber:

– O que pretende?

– Esqueceu o que eu lhe disse naquele dia?

– Você era apenas um menino!

– Nem tanto! Acho que jamais o fui!

– E como pretende cumprir a sua promessa, ou melhor, a sua ameaça? Tornar-se-á um parricida? Não teme os poderes divinos?

Gargalhando, Daghor lhe responde:

– De quais poderes está falando? Por acaso, já se submeteu a eles, alguma vez? Caso o fizesse, não teria me abandonado como fez e não seria tão mau!

– Pretende me matar com as próprias mãos, ou evocar os seus poderes infernais contra a minha pessoa?

– Não, não precisarei tocá-lo! Ser-nos-ia extremamente constrangedor se eu o fizesse! Bastará a minha vontade e tudo será feito!

O marajá ensaia fugir, mas o filho aborta-lhe a intenção, cercando-o; tenta gritar, mas a voz lhe morre na garganta.

Refugia-se em sua mesa, sentando-se na cadeira, pois que tudo nele estremece e se nega a prosseguir nas suas habituais funções físicas... Num patente desespero, ele pensa em tanta coisa... A vida lhe foge... É o seu fim, não tem dúvida... O destino lhe cobrará duramente todos os erros...

A dor que o acompanha, há muito, intensifica-se, tirando-lhe a condição de defesa, de exprimir-se, de respirar...

Ainda divisa Daghor que, na sua frente, observa-lhe as reações.

A respiração lhe falta e uma implosão insuportável acontece portas adentro do seu coração...

Olhos esgazeados, tenta desesperadamente gritar, pedir socorro, mas ao seu redor se instala uma noite fechada, sem luz, silenciosa, indevassável... Sente-se rolar num abismo interminável...

Num baque surdo, parece ter chegado a algum lugar que desconhece, completamente... Ao seu redor, o caos... Outros seres se estorcem, em meio a dores que outros ainda mais assustadores lhes infligem...

Ali, em meio às sombras, o fogo irrompe, incendiando sem queimar, tudo que lhe está ao redor; gritos e uivos de dor são ouvidos; sombras passam velozmente, em fácies de horror; pântanos escuros e fétidos exibem estranhas criaturas a mergulhar e a emergir, ininterruptamente...

– Por todos os deuses! Onde estou? O que é este lugar? Se estiver sonhando, despertem-me, por amor a tudo que lhes seja mais caro!

Um silêncio aterrador parece ser a sua resposta, e gargalhadas sinistras se fazem ouvir...

Aperta a cabeça com ambas as mãos e cai num pranto inconsolável, desgraçado, sem resposta e sem consolo... Subitamente, em meio a tudo isso, ele surpreende a presença de Dhara e de seu velho amigo Guilherme, cercados por uma coorte de espíritos luminosos.

De onde vieram? Como chegaram ali?...

Aparvalhado, ele os fita, julgando-se em alucinações. Sua dor parece diminuir. Um raio de luz balsamiza-lhe as dores e o desespero inauditos.

Vê a si mesmo no seu gabinete, no qual Daghor, de pé, goza-lhe o passamento. Este, exaltado, surpreende a chegada de Dhara e de Guilherme, e clama, revoltado:

– O que fazem aqui? Quem os convocou? Afastem-se! Enfim, consumei a minha vingança!

Dhara aproxima-se e esclarece:

– Seus atos parricidas, meu filho, foram abortados, porque seu pai entrou em agonia, antes das suas ações deletérias! Sua hora seria esta! O tempo dele se esgotou! Deixe-o!

Em pensamento, sem articular palavra, Hamendra lamenta a Dhara:

– Seu filho veio para destruir-me!

Fitando-o, profundamente triste, ela lhe responde:

– Independentemente da presença dele e dos acréscimos que ele trouxe à sua situação já tão precária, Hamendra, hoje era o dia do seu retorno à pátria espiritual!

– Infeliz que sou! Há tanto, ainda, por fazer!

– Engana-se, nada mais há a fazer! Agora terá de prestar contas Àquele que nos julga com verdadeira justiça!

– Voltarei 'para lá'?

– Sim, terá de cumprir o seu destino, o qual você mesmo traçou... Ali estão muitos outros que lhe foram afins e que o precederam, muitos deles, por sua crueldade. Eles irão cobrar-lhe, duramente, Hamendra...

"A sementeira é livre, mas a colheita é obrigatória!..." É assim que o homem volta ao local do crime!

Voltando-se para Daghor, Guilherme aconselha:

– Quanto a você, reflita! Ouça àquela que lhe deu a vida e que o ama, acima de quaisquer circunstâncias, e modifique o seu caminho!

Identificando Hamendra entre eles, enquanto o seu corpo está caído sobre a cadeira, espumando de ódio, Daghor cobra-lhes, revoltado:

– Com que direito se arrogam em defensores de um ser maldito como este?

– Contenha sua revolta, homem imprudente e arbitrário! Quem é você para julgar a quem quer que seja? Você não ignora que sua vida, boa ou má, é fruto do seu livre-arbítrio! Maldito é aquele que assim se faz! Filho rebelde do Criador, você espalhou espinhos nos quais teve de pisar! Numa escolha infeliz enriqueceu e fez-se poderoso às expensas do mal! Criou infernos em vida para muitos!

Rindo, rancoroso e sarcástico, Daghor retruca:

– Se criei os infernos de que fala, foi porque eles mereciam! Sou um mero instrumento de justiça!

– E quem o autorizou a fazê-lo? Quem é, para se arrogar em cobrador de dívidas espirituais destes ou daqueles, quando você mesmo tem as suas, e escabrosas? Situe-se, espírito equivocado! Volte-se para dentro de você mesmo, em vez de cuidar das vidas alheias! Olhe para o abismo que carrega dentro do próprio coração e atente para a grande possibilidade de se privar, compulsoriamente, da fa-

culdade de discernimento nas próximas oportunidades de vida!
Guilherme lhe fala com autoridade e força.
Ele estremece a cada palavra que sai da boca desse espírito que traz a força da verdade.
Possesso, precipita-se furioso sobre a barreira vibratória que se fez ao redor do marajá, mas se vê rechaçado. Alguns ruídos se fazem ouvir, estranhos, como o choque de elementos físicos, uns contra os outros. Sente estremecimentos, enfraquece, vai, aos poucos, perdendo as forças.
– Desista, meu filho, e volte ao caminho do Bem! – Dhara insiste, amorosa.
Com voz rouca, em estremecimentos, ele indaga:
– Voltar? Como, se jamais estive nele?!
– Reflita, meu filho! Não culpe apenas o seu pai por suas desgraças! Ele pagará aquilo que deve, não apenas com respeito a nós, mas quanto ao poder que representou diante do mundo! Não aumente a carga de cobranças que ele, por sua vez, enfrentará diante de Deus!
Peça perdão aos céus e encontrará o auxílio de que necessita para a sua redenção! A evolução espiritual é fatal. O mal, no qual você ainda se compraz, é passageiro! Um ser inteligente como você consegue ajuizar a própria situação!
Guilherme, Dhara, e os outros espíritos lhe dirigem energias diferentes daquelas nas quais ele vive mergulhado e ele se sente muito mal. Enfraquece mais ainda. Precisa fugir...
Silencia, concentra-se, cobre-se com a capa do seu traje luxuoso e, num ruído seco desaparece, deixando no ar um odor desagradável.
Materializa-se do lado de fora, convoca, aos gritos, um veículo de aluguel, onde entra e se acomoda, enquanto grita ordenando:
– Vamos! Quero a rapidez dos ventos nas patas dos cavalos! Depressa, depressa!...
Em poucos minutos o veículo desaparece.
No gabinete do marajá, um estranho silêncio se fez. Nos pensamentos, a certeza de que aquele instante dramático terá sido de grande valia para o filho de Dhara. Mirando os próprios despojos, Hamendra fala a Guilherme:
– Sempre pensei que, quando nos reencontrássemos, só um de nós sobreviveria!

– E isso se deu, meu caro! – Guilherme lhe responde com um sorriso triste.

– Ora, não estamos todos mortos?

– Não, eu! Estou vivo no Himalaia, onde moro há muitos anos. Hoje, Hamendra, eu sou um monge. Com uma vontade poderosa, concentração espiritual e conhecimentos científicos, eu me transporto, algumas vezes, à distância.

– Entendo... Veio para me socorrer...

– Sim, nós viemos!

– Peço-lhes que sustentem Mirtes, ela sofrerá muito com a minha partida...

– Descanse, ela será devidamente amparada.

– A dor que me constringiu e me matou ainda me maltrata... Como pode ser isso?...

– Acalme-se, esqueça-a, e ela o deixará... Ao menos por enquanto.

– Ela retornará, assim que me deixem? – ele indaga, aterrorizado.

– Prepare-se para ela e para muitas outras, a partir da sua nova situação.

– Por Brahma! Morrer é pior que viver!

–Depende das escolhas, Hamendra. Somos, na morte, aquilo que fomos em vida; nem mais, nem menos! Carregamos conosco as nossas virtudes e os nossos vícios por onde possamos ir!

– Triste e tardia constatação! Agradeço-lhes por tudo, em nome de Brahma! Retornem ao Nirvana, porque lá eu jamais irei!

– Engana-se! Irá, sim, um dia, depurado dos seus erros! Quanto a nós, não se engane que ainda não temos acesso a esse ansiado lugar de felicidade e bem-aventurança! Se já refletimos a respeito de tudo que nos cerca e cuidamos de escolher, com acerto, entre o bem e o mal, é porque aprendemos isso a duras penas! Um dia, que dependerá de ambos, você e este seu filho, que daqui saiu tão desavorado, aprenderão a se amar de verdade!

– Afirmação que devo respeitar, mas que não consigo imaginar...

– Não se preocupe com isso, por enquanto. Deus possui meios inimagináveis para estimular os Seus filhos ao verdadeiro progresso!

– Nós nos reencontraremos?

– Certamente, e reencetaremos a velha amizade, porém, espero, em melhores condições de entendimento! O tempo urge, e precisamos todos tomar os caminhos que nos são próprios! Adeus, Hamendra! Que Buda e o Deus Todo Poderoso tenham misericórdia de você!

Guilherme se afasta, seguido de outros espíritos.

– Agora, meu amor, venha comigo, venha... Estarei com você até que seja convocado para o necessário acerto de contas. – Dhara convida e completa o desligamento dos laços que ainda o prendem ao corpo, amparando-o.

Confuso, já liberto, Hamendra divisa Telêmaco e quer saber:

– O que faz ele aqui? Por onde entrou, se todas as portas estão trancadas?!...

Sorrindo, iluminado, Telêmaco responde-lhe, reverente:

– Hamendra, amigo e companheiro de tantas jornadas, estamos ambos mortos para o mundo!

– Como pode ser isso? Você está vivo!

– Não, meu senhor, marajá Hamendra, morri e me juntei àqueles que vieram auxiliá-lo. Hoje, era o meu último dia de vida, também. No palácio todos ignoram, ainda, a minha partida. Junto a Dhara, eu me esforçarei para ajudá-lo na sua nova realidade!

Emocionado, Hamendra se adianta e abraça-o, respeitoso e grato.

Ato contínuo, percebe que eles lhe aguardam os últimos pronunciamentos. Volta-se para Dhara e confessa:

– Tenho medo, muito medo...

– Confie. Dentro das possibilidades, estarei próxima...

– Se não fiz por merecer tanto amor nessa vida, eu me esforçarei nessa intenção, no futuro...

– Que assim seja!...

Fitando o semblante iluminado e amorável daquela que o amou acima de tudo, ele adormece, sendo levado por aqueles que permaneceram junto a Dhara.

O marajá Hamendra Sudre, de Bangcoc, será preparado para o seu julgamento, particular e intransferível...

Enquanto isso, um estranho silêncio se faz no palácio do marajá e tudo volta à normalidade:

Os guardas despertam, sem perceberem que estiveram adormecidos. Observam que o marajá está caído em sua cadeira.

Um deles se incumbe de chamar a Marani. Numa observação mais atenta, eles concluem que o soberano adentrara o mundo de Brahma.

Com o coração disparado, Mirtes atende ao chamado. Esforçando-se para vencer, presto, a distância, chega quase a correr ao gabinete do marido. Num rápido olhar compreende tudo: O seu Hamendra se foi para sempre...

Ela se avizinha dele, solene, em choque. No seu peito, explodem soluços incontidos. Toma-lhe as mãos fortes e fita-o, hebetada... Ali, não existe mais vida... Sequer pode despedir-se...

Chama-o, baixinho, como a querer despertá-lo sem susto.

Toma-o entre os seus braços e aperta-o de encontro ao coração, num pranto convulsivo.

Ao redor, todos se agitam, em busca de um médico, dos filhos, de Telêmaco... Uma pequena, agregada, do palácio, entra correndo e grita:

– Senhora, venha, por favor! Telêmaco foi encontrado morto!

Aturdida, Mirtes não sabe o que fazer. Raciocina rápido, ordenando que levem o marido para os seus aposentos e convoquem o médico da corte.

Logo, segue a menina e se depara com Telêmaco, caído sobre si mesmo, morto... Julga enlouquecer. Contava com a sua habitual competência... "Pobre e querido amigo, morreu sozinho, sequer teve ajuda, ninguém deve tê-lo visto aqui!..."

Ajoelha-se diante do seu cadáver e exclama, arrasada:

— Você tinha razão, meu amigo, este palácio nunca mais será o mesmo, depois de hoje... Por que não lhe ouvi os avisos? Peço-lhe, uma vez mais, não abandone o seu senhor! Amou-o como a um filho, agora o conduza pelos caminhos difíceis da última travessia! Conto com você!...

Beija-lhe as mãos calosas e envelhecidas, reverente e grata.

Entregando-o, enfim, àqueles que cuidarão das providências atinentes, ela manda chamar os filhos, principalmente o caçula, que deve estar próximo ao palácio, bem assim como os parentes e amigos; as diversas autoridades políticas e religiosas.

Conduz as diversas atividades referentes ao caso em si, como se estivesse sonhando...

Como continuar vivendo? Sem o amor de Hamendra, seu companheirismo, carinho e solicitude?... Ficará muito, muito só...

Ouve então o vozerio, que se vai tornando insuportável. Enxames de pessoas, parentes mais próximos, comensais, meros conhecidos, membros das diversas embaixadas, representantes de grupos étnicos e sociais chegam aos magotes e se espalham por todos os espaços disponíveis.

Identifica o ruído de passos muito conhecidos... Vira-se e divisa Richard Arjuna que chega, intempestivo, pálido e muito agitado.

Ele fita a mãe, silencioso, segue adiante e vai constatar aquilo que está se espalhando como um rastilho de pólvora.

Constatando a morte do pai, assume atitudes impositivas de sucessor legítimo. Nos lábios um sorriso de vitória; nos olhos e postura, o orgulho, a ambição desmedida, a arrogância. Olha, demoradamente, o trono. Aproxima-se a passos lentos, acaricia-o, reverente, e suspira.

Desrespeitoso e irreverente, nele se senta, com a alma convulsionada de emoção e expectativa:

"Enfim, poder e glória! Agora tomarei posse daquilo que de fato e de direito me pertence! Governarei com Deus, com Brahma... Ou... sem eles!..."

Explode numa estrondosa gargalhada que escandaliza aqueles que ali estão. Indiferente, levanta-se, devagar, muito devagar, e dirige-se ao interior do palácio. Precisa planejar o evento, providenciar os seus trajes, os rituais de sagração, as cerimônias protocolares e palacianas, as festas para a populaça, e outras coisas mais.

*

Enquanto isso, o universo de Daghor encontra-se convulsionado.

Conhecedor das leis que regem os destinos das criaturas adivinha aquilo que virá. Profundamente frustrado, por não ter conseguido, como queria, vingar-se do pai, volta à Bucovina.

Agora, após a viagem estafante, ele se sacode no balanço do veículo que velozmente o leva para casa.

Muito antes que o veículo chegue, no entanto, ele é visto, como por encanto, no topo da sua sinistra montanha.

Estacionando, enfim, a carruagem, o cocheiro dá de ombros e decide cuidar dos animais que se encontram famintos, sedentos e resfolegantes. Se o seu passageiro já desceu do veículo sem que ele soubesse como, tanto faz, pois já recebera o pagamento da corrida.

Enquanto isso, Daghor fala sozinho, desarvorado. Ainda não digeriu tudo que viveu no palácio do pai. Prageja, recita fórmulas, faz gestos de ameaça, domina os elementos...

Suspende os braços, e um estranho vozerio se faz ouvir; abaixa-os e o silêncio é aterrador.

Agitado, caminha em várias direções, ao mesmo tempo.

Aproxima-se, perigosamente, do grande abismo que cerca o seu castelo e, tal qual um personagem de tragédia grega, conclama:

— Fúrias! Poderes infernais! Eu vos convoco! Pressinto que o meu tempo está se esgotando! Serei perseguido e justiçado! Serão tão cruéis comigo, como tenho sido com tantos! Diviso, desde já, o meu fim. E que visão pavorosa! Quisera não possuir tal poder! Sofro, duplamente! Enfim, tudo se extinguirá num caos total! Oh, todos vós que vivestes comigo e por mim, poupai-me desta hora! Livrai-me deste abismo que se abre aos meus pés! É um imenso sorvedouro, escuro e fétido! Ainda tenho muito a fazer!

Faz uma pausa e, respirando fundo, olha à sua volta, arrasado.

Instantes depois, reinicia o trágico monólogo:

— Ora, de que me queixo, eu não sabia que seria assim? Foi escolha minha! Nisso aqueles espíritos têm razão! Usei a minha faculdade de discernimento e me lancei naquilo que achei melhor e mais aprazível! Agora, tudo se esboroa... Um dia tudo acaba! Nada fica para sempre, nada! Entregamos, tolos que somos, nosso corpo e nossa alma, em nome daquilo que desejamos, como se fôssemos eternos, numa caminhada que, mais dia, menos dia, bum! Termina! Tudo cai no esquecimento! Assim, como Boris e Marfa... Ora, que referência mais sem propósito!...

Inútil tentar justificar-me! Tive acesso à ciência... Obtive conhecimentos valiosos... De que me valeram? Para agir no mal; transgredir as mesmas leis que julgava aproveitar, adequadamente, em prejuízo dos espíritos insensatos! Quem foi mais insensato que eu mesmo? Dizei-me, representantes de todos os males que assolam a Terra!

Equilibrando-se, perigosamente, sobre os contrafortes, ele grita, em voz cavernosa:

– Serei exterminado e expurgado deste mundo! Quando disparei a flecha certeira do arco da vingança, dos senhores das sombras? Ora, como se eu não soubesse! Quando me apaixonei por Vicky e me descobri amando-a de fato! Esse sentimento, avassalador, me agride e transtorna completamente!

Suspendi o véu para a completa visão daqueles que me espionavam, atrás das cortinas do tempo, pesando-me e medindo, ao longo dos séculos! Excedi todas as medidas!... A justiça se cumprirá, ponto por ponto, a despeito da minha vontade!

De súbito, as suas terríficas visões se repetem.

Põe o braço sobre os olhos, como se assim pudesse evitá-las:

– Não, não! O que vejo é de assombrar a qualquer um! Desafiei, imprudente e louco, os grandes poderes, e caí em desgraça! Tremo de pavor!... Por que tenho de ser mortal e perecível como qualquer outro?...

Extenuado, física e moralmente, desaba sentado sobre a penha. Mete os dedos afilados por entre os cabelos e conclui arrasado:

– É o fim!...

Abstrai-se e volta ao passado. Revê a si mesmo, menino, irascível, infeliz; cara suja, roupas esfarrapadas, fome insuportável, frio de doer, corpo moído de pancadas, desprezado, esquecido nas suas mais elementares necessidades humanas, e lamenta-se...

– Oh, saí de uma desgraça para cair em outra!

Apurando os olhos e os ouvidos, ele olha ao longe e distingue uma esteira de seres luminosos que se dirige para o castelo.

Próximo, uma voz vibrante e harmoniosa se faz ouvir:

"Suas escolhas determinaram, mais uma vez, espírito rebelde, os sucessos e as derrotas desta sua existência, assim como o trágico epílogo que já pode vislumbrar!

Se os desafios são quase sempre os mesmos, é porque a lição ainda não foi assimilada! Quando as dores prosseguem, é porque a doença ainda não foi curada!"

Tapando os ouvidos para não ouvir, ele se movimenta lentamente, algo desequilibrado, vencendo os altos e baixos, num pé e no outro, como uma ave de asa quebrada, enquanto exclama, desarvorado:

– Oh, minha alma convulsiona!...

A voz continua:

"Acima das misérias dos mortais, a misericórdia divina se faz presente! Por isso, veja!"

Arrasado, submisso, Daghor divisa imagens que vão se transformando em cenas vívidas de outros tempos.

Ele se revê numa anterior existência, sofrido e infeliz.

Ao seu lado, bela e boa, uma menina que divide com ele os parcos alimentos conseguidos através de esmolas.

Pedir? Não! Ele morreria de fome, sem pestanejar! Roubar, matar, se preciso for, mas nunca, jamais, implorar a piedade alheia!

Todavia... Quem é esta menina que consegue amenizar-lhe o mau gênio?... Ela lhe sorri, abraça-o, e o alimenta, sorriso aberto, carinhosa... De súbito, ele reconhece:

– Minha Vicky, você! Somos irmãos! E esta, quem é? Nossa mãe, Dhara!... Ela, mais uma vez! Nossa amorosa e sofrida genitora!

Daghor compreende, enfim, o porquê de Dhara defender Vicky.

Fita o abismo que tem sob os pés e pensa em atirar-se lá embaixo... Terminar tudo, de vez...

Todavia o instinto de sobrevivência o detém e, mais que tudo, a certeza de estar complicando, ainda mais, a sua situação espiritual com um ato execrável...

A voz emudecera.

Firma os olhos e distingue a esteira luminosa que se espraia e se aproxima.

Envolvido no seu drama pessoal, conclui:

"Ao enfrentar meu abominável pai, determinei o meu último pesadelo!... Um alto preço por algo que sequer consegui realizar!"

Possesso, ele arranca a capa e o chapéu e atira-os no vazio do abismo. Abre a bela camisa de seda e rendas, obra de primoroso artesão, e desafia:

— Venham! Assim como enfrentei e submeti as hordas de espíritos das trevas, me submeterei ao meu próprio julgamento! Sequer, pedirei clemência!

Os ventos que ali rugem, quase sempre, sacodem-no, furiosos.

Súbito, ele estremece diante da uma ideia:

— Sim! Farei melhor que isso! Vede, espíritos, meus adversários e meus perseguidores! Darei início ao vosso trabalho!

Senta-se, concentra-se poderosamente, e assim permanece por alguns minutos.

De sua aura, fagulhas, avermelhadas e negras, começam a se espalhar e tomar a direção do castelo no qual, tão próximo, ele ainda não adentrou.

Lá dentro, Vicky, a senhora Albaan e Buffone, em pânico, escutam ruídos muito estranhos, como se um tufão estivesse varrendo o interior do castelo, enquanto sons de objetos e móveis se partindo lhes alcançam os ouvidos.

A senhora Albaan declara:

— O senhor deste castelo já voltou e está trabalhando!

Atenta, Vicky aconselha:

— Cuidemos para não sermos arrastados de roldão! Oremos com todo o fervor dos nossos corações! Deus nos proverá de tudo que precisarmos, principalmente da nossa sobrevivência!

Enquanto isso, procurando apoio, uns nos outros, em flagrante estupor, os seres terríveis são arrastados... Eles se debatem e gritam furiosos, sem, contudo, impedirem a força que carrega-os, para os abismos, aos magotes. Suspendendo os braços e dirigindo-os na direção do castelo, Daghor expulsa-os todos.

Alguns minutos mais, e tudo silencia.

Orgulhoso, proclama:

— Eu fiz, eu desfaço!

Abaixa os braços e relaxa, nervos lassos.

Volta a pensar na recente visão:

"Vicky, minha irmã, tão boa, cuidando de mim... Morreu tão cedo, pobrezinha! E voltou como Ingrid, hoje Vicky, por determinação minha... Oh, como posso ver tantas coisas e ignorar aquelas que são mais importantes?...

Mas, ora veja, eu aqui envolvido em recordações enquanto o tempo urge, cobrando-me atenção redobrada!...

Todavia, como não fazê-lo, se brevemente terei deixado de existir?!... Como o último dos condenados, o quanto eu gostaria de poder confessar-me a um coração amigo!... "

Precípite, enfim, adentra o castelo. Procura Vicky e não a vê. Sente-lhe, porém, as vibrações. Numa rápida procura, descobre-os onde Luigi os aprisionou e liberta-os, silencioso. Não reage, nem faz perguntas. Agora, nada mais importa.

– Dentro de poucas horas vocês estarão livres, completamente! Esse tempo, um dia, será apenas uma lembrança de tudo que viveram ao meu lado – declara, constrangido e algo envergonhado.

Fita Vicky com uma ternura e gratidão que seriam difíceis de imaginar num ser como ele. Gostaria de pedir-lhe perdão, mas não se atreve...

Albaan sente ciúmes, mas se controla.

Eles sobem os degraus que levam aos corredores do castelo, inquietos. Estão surpresos com a nova postura de Daghor e registram-lhe uma tristeza muito grande, além do seu extremo abatimento físico.

Daghor se afasta e, depois de um tempo que lhes pareceu interminável, reaparece vestido em roupas de viagem e carregando uma pequena valise.

Antes de sair, dirige-se aos três, cortês e com isenção de ânimo:

– Nada temam! Os próximos acontecimentos favorecerão aos três e a cada qual. Sei quando devo me submeter ao destino; destino este que eu mesmo forjei! Digam àqueles que vierem à minha procura que terão notícias minhas!

Voltando-se para Vicky, avisa:

– Permaneça aqui para ser encontrada. Enfim, eles resgatarão aquela que choram, inconsoláveis, há três anos!

Volte para o seu lar e seja muito feliz junto aos seus! Você fez por merecer a riqueza e o conforto que hoje possui e que, no passado, nos foram negados! Agradeço-lhe a compreensão e a solidariedade de todos os tempos! Hoje, minha vítima, sequestrada por mim e longe dos seus, você jamais me condenou! Dirigiu-me sempre, pensamentos de compreensão e perdão, incondicionais! Este comportamento me incentiva a uma transformação que ainda não sei como ou quando se dará. Aquilo que fizer, de futuro, será um hino de louvor à beleza de sua alma! Num futuro melhor, eu me esforçarei para ser digno do seu amor!

Desculpe-me a ousadia! Peço-lhe que rogue aos céus por mim, pois, tão breve quanto você será recambiada aos seus, estarei condenado a uma morte horrível, nas mãos daqueles que se vingarão, cruelmente, dos males que lhes causei! É justo!...

Tomando-lhe as mãos, fita-a bem dentro dos olhos, silencioso, memorizando o seu amado semblante... Finalmente, num profundo suspiro, lhe diz:

– Siga, em paz, antiga rainha do Egito, mulher querida de minh'alma e cúmplice dos meus desmandos!

Seja feliz, irmã querida e boa, que soube aproveitar a chance que os céus lhe deram para se redimir e que, ao me reencontrar mais uma vez, soube amparar-me através do exercício do amor e do perdão!

Chorando, Vicky estuda-lhe as feições e observa-lhe a sinceridade.

Numa emoção incontida, na qual o passado fala mais alto que o presente, ela repete, amorosa, a frase de Jesus:

– "Só o amor cobre a multidão de pecados!", Daghor! Que suas dores, físicas e espirituais, sejam balsamizadas! Conte sempre com as minhas orações e com esta antiga afeição, porque o verdadeiro amor vence as barreiras do espaço e do tempo, da dor, da miséria e até mesmo do desespero! Que tudo aquilo que viveu e que irá viver, ainda, lhe sirva de lição, diante do Eterno que nos criou para o progresso, mesmo através de altos e baixos, dores e alegrias, sucessos e insucessos! Nós escolhemos os caminhos e as mais variadas formas de crescimento. Alguns seguem mais tranquilos pelas vidas afora, por terem sido mais prudentes e submissos à Grande Lei; outros, como você, caem e se levantam um sem-número de vezes, ferindo-se e ferindo o seu próximo. Mas um dia, mais cedo ou mais tarde, se firmarão sobre os próprios pés, na certeza de que o uso do livre-arbítrio é sagrado e está condicionado, acima de tudo, Àquele que nos julga em última instância!

Enfim, meu caro, agradeço-lhe a preciosa oportunidade que tive de estar-lhe próxima e poder inspirar-lhe, ou melhor, recordá-lo deste amor que nos acompanha há tantos séculos! Que os céus abençoem este amor e muitos outros amores! Assim o mundo gira e executa, fiel, as ordens do Grande Arquiteto do Universo!

Siga em paz e leve o meu perdão, afeto e muita compreensão, para com seu espírito, rebelde e obstinado, que um dia será tão luminoso quanto os Anjos dos céus! Esta, a nossa real destinação! Que as suas penas lhe sejam leves, Daghor!

Enquanto ela falava, Daghor surpreendeu-lhe ao redor uma belíssima luz. Abaixou a cabeça e ouviu-a até o fim, numa prece muda de rogativa desesperada. Ao soarem no ambiente as suas últimas palavras de carinho, perdão e auxílio moral, inclina-se, beija-lhe as mãos, amoroso, retendo-as entre as suas por um tempo que lhe pareceu atemporal, e augura:

– Sei que nos reencontraremos outras vezes e, em cada uma destas, espero estar mais vigilante, a fim de merecê-la!

Os aguilhões de minh'alma imperfeita e recalcitrante, todavia, se embaraçam nos meus pés! Necessito, sempre, e por isso mesmo, de amores verdadeiros, de abnegação, mas como alcançar aquilo que rechaço ao primeiro vagido da vida?!... Um dia serei melhor, eu acredito nisso! Grato por tudo!

Liberta-lhe as mãos, abaixa a cabeça e exclama, de si para si:

– Que os poderes celestiais, num rasgo de misericórdia infinita, concedam-me a coragem que vou precisar...

Albaan se remexe, inquieta e muito incomodada com tudo que ouve e assiste. Daghor volta-se para ela e fala-lhe, melancólico:

– Fomos unidos no mal, por endurecimento dos nossos corações, por ambição e falta de bom senso! Desejo-lhe sorte, daqui para frente. Comece a sua redenção a partir de agora, pois sobreviverá e regressará ao ninho. Você ainda terá a chance de fechar os olhos da mãezinha querida, depois de aproveitar-lhe ainda os carinhos maternais. Que tudo que viveu sirva-lhe de lição e, no futuro, seja mais prudente, não aceitando os amores do primeiro que lhe aparecer com promessas vazias e perigosas! O mal será sempre o mal, Albaan, nunca justificado sob qualquer alegação ou sofisma! O mal que existe em nós destrói os outros e depois nos destrói também!

– Para onde irá? – Ela indaga, um grande nó na garganta. Ama este homem tão estranho e sombrio...
– Não sei, ao certo... Lutarei com todas as forças para sobreviver...
Num estremecimento, ele conclui:
– Preciso ir! Adeus!...
Olhando para Vicky, brilho intenso no olhar, ele se precipita para fora e, descendo pela trilha íngreme, ordena ao seu cocheiro que imprima a maior velocidade ao veículo, enquanto nele embarca, depois de apreciar, mais uma vez, o lugar e o seu castelo...
Numa corrida louca, a carruagem segue o roteiro que vai sendo escolhido por seu ocupante, o poderoso barão Daghor Phanton, ex-Thilbor Sarasate, filho do marajá de Bangcoc, Hamendra Sudre, e da belíssima Dhara ...

A DESPEITO DA ambição de Richard Arjuna, o conselho diretor do reino se reúne e vota, unido e unânime, na Marani. Ela deve suceder ao marido, e não o seu filho caçula, jovem estouvado e arrogante, que nada entende de política e de diplomacia.

Os anos de dedicação ao reino e ao marido concederam a Mirtes condições legais e legítimas para assumir a vacância do trono.

Sua inteligência brilhante salta aos olhos, e o próprio marajá jamais teria reinado tão bem, não fosse a sua atuação competente.

Outros herdeiros, indiretos, tiveram de conformar-se com a decisão, inquestionável e irrevogável, do referido conselho.

Mirtes, porém, sofre duplamente, por temer o peso da coroa sem a presença daquele que sempre conduziu tudo com mão de ferro, e pela certeza da revolta do filho como seu adversário, oficial, inconformado.

Richard, enlouquecido pelas intenções que assiste e pelas diversas providências que estão sendo levadas a efeito, dirige-se a ela com ameaças e muito desrespeito, fazendo-a chorar muito.

Em meio a muitos despautérios, garantiu que não lhe permitirá acesso ao trono, o qual segundo afirma, pertence-lhe de fato e de direito, após a morte do pai.

Antes da decisão oficial, Mirtes sonhou com Telêmaco, e tão real foi o sonho, que ele parecia vivo. Tomando-lhe as mãos, reverente, ele lhe dissera:

– Ilustre e digna Marani, siga o curso do seu destino,

independente da vontade arbitrária de seu filho! Honre mais uma vez o amor que sempre dedicou ao marajá, estendendo-o ao seu povo, que sofre as injustiças de um sistema antigo e cruel! Dentro das suas possibilidades, senhora, modifique esse passado a golpes de sabedoria e bondade!

Entre muitas lágrimas, Mirtes lhe respondera, grata, mas muito aflita:

– Todavia, meu nobre Telêmaco, tenho sido conivente com esse regime de que fala!

– Uma razão a mais para modificá-lo, senhora! Crie leis melhores e amenize as dores do povo! Sua inteligência privilegiada será conduzida pelos deuses do progresso! Conte, sempre, com a minha atuação ao seu lado! Nos momentos mais difíceis, será amparada, sempre!

Embora intimidada pela luz que o amigo reflete, Mirtes ousa:

– Posso, meu bom Telêmaco, pedir-lhe notícias do meu adorado Hamendra?

– Sim, senhora! Ele se prepara para enfrentar o tribunal justo e poderoso de Brahma. Sofre, duramente, o peso da própria consciência, mas tem ao seu lado um espírito que o ama e protege, fique descansada.

Mirtes agradece aos céus a certeza de que seu amor não está abandonado, nem sozinho...

Quanto às orientações de Telêmaco, ela argumenta:

– Telêmaco, eu poderia renunciar, em favor do meu filho! Quem sabe ele nos surpreenderá sendo um bom governante? Estarei sempre ao seu lado, como fiz com o seu pai!

– Mirtes, Mirtes, filha querida! – Quando Telêmaco fala assim, o coração da Marani parece um favo de mel. A voz meiga e boa de Telêmaco soa docemente dentro de sua alma. – Use mais a razão e menos o coração, pois dos seus atos dependerão muitos destinos!

Cabeça baixa, alquebrada, ela lhe responde, convencida:

– Sim, tem razão... Meu filho há de conformar-se, assim deve ser! E, caso ele queira, terá muitas atribuições dentro do palácio, ao meu lado!

Silencioso, Telêmaco inclina-se, beija-lhe as mãos e se despede, com um olhar de muito carinho e admiração.

Ela fica ali, em sonho, a pensar...

Instantes depois desperta, consciente das suas obrigações.

Um novo tempo, então, se instala naquele reinado, melhor e mais justo, dentro das possibilidades e particularidades de um povo tão ligado ao sistema de castas e às suas tradições milenares...

Um dia, cabelos brancos como a neve, corpo curvado pelo peso dos anos, ela se prepara para transmitir o poder ao seu intendente maior, homem fiel e bem preparado. Sendo ele parente próximo de Hamendra, torna-se mais viável a sucessão.

Nesse momento, enquanto reflete e recorda tantas coisas, Mirtes pensa no filho sem juízo, que perdera a vida numa briga, na mesma semana em que ela fora entronizada em Bangcoc.

Naquele dia, antes de sair, ele ameaçara:

"Somente a morte me impedirá de ser o legítimo marajá! Não se atreva a tomar o que me pertence por direito!"

Isto dito, saíra em rompantes. Nas ruas, arrogante e irascível em excesso, meteu-se em arruaças que degeneraram em pancadaria e violência. Sendo detido junto aos outros, desacatou um dos soldados e atirou-se sobre ele, dando-lhe murros e pontapés.

O soldado, vencido por Richard, envergonhado e no exercício das suas funções, sacou de uma pistola e atirou duas vezes contra ele, acertando sua bela cabeça e o seu peito. Richard caiu numa poça de sangue, olhos arregalados, perplexo...

Ali mesmo, agonizou e morreu...

A notícia correu pelas ruas, esquinas, lojas, templos, casas de comércio; por entre os párias, no meio das festas; nos pagodes e nos quiosques... Alcançou velhos, moços e crianças, e chegou ao palácio!...

Por mais que possa viver, Mirtes jamais esquecerá a voz do servo que lhe trouxe a notícia:

"Minha Marani! Perdoe-me em nome de Brahma, pois lhe trago uma notícia terrível! Seu filho Richard Arjuna, belo como um deus e valente como poucos, encontrava-se com os amigos numa rua distante, quando se envolveu numa temível peleja! Sendo admoestado e detido pelos policiais que ali faziam o seu trabalho, agrediu um deles, puxando-o pelo uniforme e incitando-o a lutar com ele. Ambos rolaram no chão sob os olhares escandalizados dos passantes. O outro se defendia com bravura, mas seu filho, muito mais forte e afeito às lutas, aos poucos, dominou-o, atirando-o de cara numa poça de lama!

Revoltado com a humilhação sofrida, o soldado levantou-se e, sacando a arma, estourou-lhe os miolos e o coração numa pontaria certeira!

Rolando no chão e convulsionando, em meio a muito sangue, ele deixou esta vida para sempre! Conseguimos trazer o seu corpo para cá, senhora! O depositamos no salão de recepções!...
Chumbada ao chão, Mirtes ouvira tudo que aquele homem dissera de um único fôlego...
Estaria desperta ou num terrível pesadelo? Precisava, desesperadamente, despertar! Mas, não, era verdade! Outros chegavam, em profusão, confirmando tudo, num alarido infernal!
– O que foi feito do referido soldado? – quis saber.
– Foi massacrado, ali mesmo, pelos amigos de vosso filho. Uma grande luta se generalizou, terminando somente com a chegada de reforços policiais!
Ouvira tudo como se estivesse ouvindo a recitação de um poema épico... Não, seu filho não podia ter perdido a vida de maneira tão estúpida!
Todavia, sabia que o rapaz colhera o que plantou!...
Depois das exéquias do marido e do filho caçula, seus dois grandes amores, ela subiu ao trono, aclamada por seu povo, que via com bons olhos esta ascensão real, na habitual esperança que ele carrega, sempre, no coração...
Na hora da sua sagração, Mirtes surpreendeu Telêmaco, sorridente, aprovando-lhe a decisão e a coragem... Respirou fundo, devolveu-lhe o sorriso na mesma medida e entregou-se, conformada e consciente, à tarefa pesada e difícil de governar num outro tempo e sob novas condições...

*

Danilo pede ao barão Mateus que convoque uma reunião com as pessoas envolvidas na intenção de resgatar sua filha Ingrid.
Rápido a ansioso, ele o faz.
No dia aprazado, horas antes, Danilo se faz presente e requisita uma entrevista com Astrid.
No jardim de inverno, ele a aguarda, inquieto. Emocionado, ele a vê chegar entre sedas e rendas, bela e perfumada. Cumprimentam-se e sentam-se num banco de pedra, ao lado de frondosa árvore.
Ele lhe toma as mãos e declara:

— Venho, Astrid, pedir-lhe uma nova oportunidade! Não posso mais viver sem você. Os dias correm monótonos... Quase não consigo trabalhar e os meus pensamentos se negam a responder-me racionalmente, já que me tornei um sonhador incorrigível! A partir do instante no qual eu a vi, tudo se modificou. Ouça os apelos do meu coração comprometido, peço-lhe!

Embevecida, apaixonada, Astrid respira fundo, fita-o com extrema meiguice e confessa:

— O mesmo acontece comigo: meus dias se arrastam sem cor, sem brilho e sem luz! Sua ausência me magoa tanto quanto a de minha querida irmã. Bem sabe que o ciúme e o despeito falaram por mim, Danilo, perdoe-me...

Aproximando-se mais, lábios bem próximos ao dela, respiração quente e ofegante, coração na boca, ele indaga:

— Confessa que corresponde ao meu amor, Astrid?

— Sim, sim! Amo você, Danilo! Não posso viver sem você!

Como se poderoso magneto os atraísse, eles abraçam-se, forte, entre beijos e carícias.

Mais uma vez, o barão Mateus, que vinha falar-lhes, recua, satisfeito e comovido.

Após a explosão das emoções, Astrid quer saber:

— Diga-me, por favor, temos esperanças de resgatar minha irmã? Eu a vejo muito aflita, mas confiante. Ela me faz entender que muito breve estaremos juntos de novo.

Danilo sorri e comenta:

— Há algum tempo, Astrid, venho pensando em aproveitá-la no trabalho de intercâmbio entre o mundo físico e o mundo espiritual. O que me diz?

Olhos brilhando, entusiasmada, Astrid responde prontamente:

— Esperava ansiosa que me pedisse isso!

Atraindo-a para si, carinhoso, ele sugere:

— Poderíamos abreviar o nosso noivado! Desejo casar-me logo, o que me diz?

Matreira, sorriso nos lábios, ela desafia:

— Ora, mas estamos apenas nos reconciliando, nem retomamos o noivado ainda!

Apertando-a de encontro ao coração, ele retruca:

– Não seja maldosa, belíssima! Bem sabe que, mesmo distantes, continuamos fiéis um ao outro! Nosso noivado jamais foi rompido de fato!

Recostando a bela cabeça no ombro dele, ela concorda:

– Sim, você tem razão. Nunca deixei de pensar em você um minuto sequer, ainda que muito zangada...

– Assim que resgatarmos sua irmã nos casaremos, concorda?

– Sim! Sua profecia se cumprirá, assim que minha irmã regresse para nós!

– Profecia?

– Sim, Danilo, você profetizou que seríamos todos muito felizes!

Abrindo a mão, ela exibe o mesmo anel que entregara ao seu pai, a fim de que ele devolvesse a Danilo, e declara:

– Ponha, novamente, este anel no meu dedo, por favor!

– Nego-me a fazer isso, cara senhorita! – Ele responde, divertido.

– Ah, sim, tem razão! Eu mesma o tirei, eu mesma devo recolocá-lo!

– Assim deve ser!

Cerimoniosa, ela põe o anel no dedo e o exibe a Danilo, num sorriso iluminado. Fascinado, ele a arrebata para si e beija-a. E assim permanecem, abraçados, silenciosos, até que Danilo volta a falar:

– Que tal viajarmos para a Itália, após as nossas núpcias? Lá possuo muitas propriedades, trabalho, como aqui, em determinados meses do ano, e tenho, meu amor, um mimo de casa que alegra em muito o meu coração...

– Onde, onde? Diga-me, que ardo de curiosidade!

– Em Veneza!

– Maravilha das maravilhas! Amo a Itália e Veneza mora no meu coração; com seus canais, suas gôndolas e seus cantores apaixonados!

– Então fica decidido assim! – Ele confirma, encantado com o seu entusiasmo.

– Muito bem, senhor cientista! Agora vamos ao encontro daqueles que já começam a chegar! – Ela convida, puxando-o pela mão.

Ali, amigos e, entre eles Deborah, detetives, policiais e criados, todos convocados pelo dono da casa. Haverá uma primeira reunião com aqueles que estão ligados à lei e uma segunda, geral.

Dando início à primeira, conferidas as diversas presenças, o barão Mateus se pronuncia:

– Meus caros senhores, indico a pessoa do conde Danilo de Abruzzos para organizar e conduzir os diversos assuntos desta reunião que tem por objetivo o resgate de minha filha caçula, Ingrid!

Tomando lugar na mesa, e convocando outros para secundá-lo, Danilo se pronuncia:

– Desde já lhes agradeço a boa receptividade! Planejaremos de comum acordo a melhor forma de trazer Ingrid de volta.

Algo irônico, um policial comenta:

– Fala como se ela estivesse ao alcance das suas mãos!

– Desculpem-me a assertiva, mas a mesma não é irresponsável como possa parecer! Numa ação bem planejada e consentida por Deus, sei que isso se dará!

O mesmo policial reforça:

– O que o faz pensar assim?

Dirigindo-se a ele, com fidalguia ímpar, Danilo responde:

– Bem, assim como os senhores, da lei, nem sempre declaram os pormenores das suas investigações, eu também não o farei, porque uso de recursos diferenciados e que aqui não seriam entendidos!

– Pretende nos convencer apenas com algumas especulações? – Ele insiste.

– Não, absolutamente, não são apenas especulações, dou-lhes minha palavra de honra!

O barão percebe que o policial tenta desacreditar Danilo, em nome de sua vaidade profissional, e interfere:

– Peço-lhes vênia para interferir! Ratifico as declarações do conde Danilo e aprovo-as todas! Tenho acompanhado, nesses meses, a sua dedicação e o seu empenho, admiráveis! Praza aos céus ele consiga, junto aos demais que aqui se encontram, o sucesso que almejamos, e tenhamos finalmente, de regresso ao nosso lar, aquela que sempre foi a alegria esfuziante da nossa casa e das nossas vidas!

O senhor conde Danilo é digno de todo crédito e altamente conhecido nos meios científicos e sociais do nosso país!

Sentada próxima, Astrid aprova as declarações de seu pai. Enquanto o faz, sorri feliz e lhe exibe o anel de noivado no dedo.

O pai lhe devolve outro sorriso, na mesma medida da sua alegria, olhos brilhando.

Agradecendo ao barão com uma inclinação de cabeça, e sem ter perdido um único gesto dos dois, Danilo sorri e prossegue:

– Possuo, com segurança, as coordenadas exatas de onde Ingrid se encontra.
– E como as conseguiu? – O mesmo policial quer saber.
– Posso lhe afirmar que são de fonte limpa! Desculpe-me e aceite a minha palavra!
– Parece-me ter vindo aqui para ouvir bazófias, senhor conde! Assim sendo, e tendo muitos outros compromissos, me despeço! – Assim dizendo, põe o chapéu e sai, apressado.

Em silêncio, Danilo aguarda. Aqueles que pensam como ele, certamente, aproveitarão para sair. Todavia, todos os outros permanecem. Intimamente, Danilo agradece aos céus aquela retirada de alguém que certamente só teria prejuízos a oferecer.

Voltando a falar, declara:
– As coordenadas que possuo são dignas de crédito!

Expondo-as, detalhadamente, Danilo ouve as diversas apreciações, concordando com umas e ignorando outras por lhe parecerem absurdas. Em alguns quartos de hora, todos se pronunciam e se organizam de acordo com as circunstâncias.

Finda a primeira parte, Danilo conversa a sós com o barão e alguns policiais mais chegados.

Passando para outra sala, tomam um chá com biscoitos, em conversas animadas sobre as intenções que os animam.

Meia hora depois, ele convoca a segunda reunião.

Deborah está muito ansiosa. Sente-se culpada pelo desaparecimento da sobrinha. Só terá paz no dia em que ela regressar para casa. Logo de início, antes que alguém se pronuncie, ela se dirige a Danilo:
– Caro Danilo: onde está Ingrid, como faremos para trazê-la de volta e por que somente agora podemos fazê-lo?

Sorrindo, compreensivo e educado, Danilo aconselha:
– Calma, minha cara senhora! Cada coisa a seu tempo! Iremos esmiuçando os diversos assuntos numa ordem pré-estabelecida! Gratos por sua amorável presença! Sabemos o quanto ama esta casa e os seus parentes! Muito amor e muita coragem é o de que precisamos nesta empresa!

Voltando-se para todos, Danilo declara:
– Aqueles que pretendem participar do resgate, preparem-se para viajar! Ingrid, atualmente, vive num país distante!

– Que país é esse? – Deborah quer saber.
– A Moldávia, mais especificamente, a Bucovina!
– Oh, meu Deus! Aquela terra maldita!... – Ela exclama, estremecendo.

Mais uma vez, compreensivo e providencial, Danilo esclarece:
– Nenhuma terra é maldita! Serão, talvez, malditos, aqueles que ali transgridem as leis de Deus, e esta ação abominável, nós vemos em todos os lugares, mormente neste no qual estamos. Um país é dignificado por aqueles que o honram, e muito prejudicado, por aqueles que o desonram. Devo dizer-lhe que conheço bem aquele lugar, e que já tive o ensejo de admirá-lo, naquilo que possui de mais belo e atraente. As lendas que ali correm, ficam por conta do folclore, criadas por mentes fantasiosas! A história daquele povo é muito antiga e feita de muita bravura! Não se deixe influenciar por boatos!

Deborah concorda e silencia. Como ajuizar o que nunca viu de perto? Gosta, cada vez mais, de Danilo. Ao longo do tempo, ele tem conquistado a todos, inclusive a ela, que vê com bons olhos o seu casamento com Astrid.

Sorri, e faz um gesto com a mão, deixando o dito pelo não dito.

Entendido, Danilo lhe sorri, agradecido, e prossegue:
– É justo esclarecer que, aqueles que fizerem parte da caravana, o farão às suas próprias expensas. Os recursos da família há muito vêm sendo lapidados, pelos mais diversos investimentos, feitos em função da constante procura da nossa querida Ingrid. Por isso, terão de prover as suas necessidades pelo tempo que permanecerem em trânsito.

É preferível um grupo reduzido de pessoas.

Aqueles que forem por vontade própria, e sem nenhuma atribuição mais direta, permanecerão distantes, no início operações.

O grupo diretor será: o barão Mateus, eu mesmo, as diversas autoridades legais e alguns detetives mais chegados que, ao longo das sindicâncias, têm conquistado a nossa confiança e amizade.

– Por que não evitou a saída do policial durante a primeira reunião? – Alguém indaga.

– Digamos que por intuição! Precisamos de boa vontade, acima de tudo, e amor ao que fazemos! Não me pareceu ser o caso daquele profissional...

– E por que nos convocou a todos, se apenas um pequeno grupo deve ir? – Outro quer saber.

– A fim de informá-los sobre esta ação, previamente programada, na qual seguiremos os ditames da lei! Temos aqui, também, o aval do senhor barão Mateus de Monlevade e Balantine, pai de Ingrid, e o de sua irmã, a senhorita Astrid, os interessados mais diretos neste empreendimento.

Um representante incontestável da lei, na Rússia, levantando-se, declara:

– Bem, diante dos fatos e dos planejamentos seguros, quero confirmar a minha presença nesse cometimento! Desde já, aviso-os: somente aqueles que estiverem autorizados para tal, terão acesso, em primeira instância, ao local e à vítima!

Diante dessas declarações, há um burburinho no ambiente.

Pedindo silêncio, enfim, Danilo completa, encerrando a reunião:

– Agradecemos a todos e que os céus premiem esta família com a alegria do retorno de Ingrid!

O barão convida-os a passarem para a sala ao lado.

Os criados retomam seus postos e servem um saboroso lanche, adredemente preparado por Deborah e repleto de guloseimas que fazem a delícia do paladar.

Depois, despedindo-os, com elegância e refinada educação, o barão reúne-se, de novo, com Danilo e com as autoridades que farão parte do grupo de resgate:

– Tenho, em mãos, os documentos necessários – declara Danilo – registrados em cartório e assinados pelo barão Mateus, aqui presente. Já entramos em acordo com as autoridades daquele país. Teremos entrada franca e auxílio competente para os procedimentos legais!

Acertos concluídos, Danilo aperta-lhes as mãos, respeitoso.

Após a saída dos demais, permanecem os quatro.

Respirando profundamente, Danilo observa-os a todos e sugere:

– Agora, exponham as suas opiniões particulares, por favor!

– Como sabe, meu caro Danilo, confio plenamente nos seus bons propósitos e, mais que isso, na sua competência, mas devo dizer que os meios usados por você para obter os devidos pontos de referência quanto ao paradeiro de Ingrid me são completamente desconhecidos. Todavia, sinto-me confiante e feliz ao imaginar-me abraçando a filha querida, de novo!

– Talvez tenha chegado a hora, meu caro barão, de compreender, melhor, os recursos diferenciados que a divindade usa para nos defender e fazer-nos razoavelmente felizes, neste mundo tão difícil!

Astrid, silenciosa, balança afirmativamente a cabeça, aprovando a declaração do noivo.

– Devo dizer-lhes que, a princípio, temi pela segurança de todos, mas já não é mais assim – ele volta a falar.

– Por quê? – Astrid quer saber.

– Acompanhando subjetivamente os sucessos, no local onde Ingrid está, já sei que os perigos foram afastados!

Em suspense, todos que ali estão aguardam-lhe maiores explicações. Ele não se faz de rogado e informa:

– O seu sequestrador caminha a passos largos para a terrível experiência da expiação à qual fez jus! Ele mesmo, pasmem, deixará o terreno preparado para o nosso sucesso!

– Ora! E por que o faria? Difícil de acreditar, Danilo! – Alega Deborah, questionadora.

– Por que, senhora, o homem que, até ontem, era um demônio em forma de gente, abateu-se completamente, por amor!

– Por amor?!...

– Sim, por amor à sua sobrinha que, sem intenção, modificou a existência desta sinistra personagem!

– Como pode ser isso? – Ela insiste, muito curiosa.

– Bem, devemos primeiramente citar a filosofia das múltiplas existências...

– Certo! Prossiga, peço-lhe!

– Entre aquele que a levou de nós e sua sobrinha, existem laços antigos e comprometedores! Por isso, ele ficou fascinado quando a viu, reconhecendo-a de pronto. Na intenção de vingar-se e reconquistá-la, fazendo-se amar, sequestrou-a.

Na convivência estreita, porém, além de sentir-se novamente atraído por ela e apaixonar-se, de fato, outros fatores e outras recordações se instalaram, culminando na sua perplexidade ao reconhecê-la numa experiência filial e fraterna, muito emocionante para o seu coração, antes tão endurecido.

Confuso em meio a conflitos existenciais, abatido moralmente, ele se enterneceu, dando entrada à luz!

Devo dizer-lhes que, por razões maiores, ele nunca conseguiu conspurcá-la, nem física, nem moralmente, se bem a isto estivesse inclinado!

A esta declaração, o barão estremece e leva a mão ao peito. Controla-se e continua ouvindo.

– Ele... morreu? – Deborah quer saber.

– Ainda não, mas isso se dará brevemente! Será uma morte inglória, terrível!

– Ele sabe? – Astrid indaga, mal impressionada.

– Sim, fazendo uso dos seus poderes, ele quase sempre conhece o futuro! Esse dom, adquirido através de estudos e muita prática, é uma faca de dois gumes!

– Oh, eu gostaria muito de vê-lo pagar por tudo que fez à minha sobrinha!

Respirando fundo, Danilo declara, melancólico:

– Não... A senhora não gostaria, eu lhe garanto. Pobre e infeliz ser! Ele sabe o que o espera, desgraçadamente. Ele se debaterá como um peixe fora d'água...

– Meu Deus! Danilo, como pode saber tanto? – Astrid se surpreende.

Fitando-a, ele responde, categórico:

– Faz parte da minha vida, Astrid. E todo saber nos vem de Deus!

Os olhos de Astrid brilham de admiração, respeito, e muito amor. Deborah explode, assustada e admirada:

– É surpreendente como se comunica com os planos invisíveis, Danilo! Quando tudo isso passar, requisitar-lhe-ei maiores esclarecimentos!

– Terei o maior prazer em atendê-la! Se desejar, poderá inscrever-se nas fileiras daqueles que estudam os mistérios da vida e da morte! À guisa de curiosidade, aconselho-a a consultar duas passagens muito interessantes e esclarecedoras: No Antigo Testamento: I Samuel 28, "Saul consulta a médium de En-dor". E, no Novo Testamento: Atos, 2: de 1 a 18.

– Ótimo, conheço-as! A partir de agora, vou analisá-las num entendimento mais amplo! Deborah exclama, entusiasmada.

– Assim é, minha senhora!

Astrid não se contém:

— Minha querida tia, vejo Ingrid algumas vezes e nos falamos...
— O que está dizendo, Astrid? Como pode ser isso?
— Apesar da distância, sabemos uma da outra, nos atraímos e trocamos impressões, diante da nossa grande dor e da necessidade de nos socorrermos, mutuamente! – Astrid esclarece.
— Céus, que interessante! O que estou vendo e ouvindo, abala todas as estruturas antigas das minhas crenças; meus conceitos de bem e de mal; de religiões e de fé!

O barão sorri e acha Deborah, sua cunhada, muito fascinante. Como não notara antes? Depois que tudo passar precisa pensar melhor a respeito...

A Astrid, não passou despercebido o novo interesse de seu pai.
— Onde e como estará o sequestrador de Ingrid, neste momento? – Ela indaga.
— Ignoramos! Sem dúvida, sofrendo! – Danilo responde.
— Não sei se o lamento...
— Pois deve, minha querida, porque esses seres são dignos de muita piedade! E, não podemos nos esquecer de que, um dia, todos fomos assim, ou parecidos! Nossos passados foram de muito atraso espiritual.
— Tenho muito a aprender com você, Danilo!
— Terei um prazer inusitado em instruí-la, minha querida!

Deborah e o barão riem, compreensivos.

Retomando a palavra, Danilo avisa:
— Preparem os criados e a casa, pois receberemos dois hóspedes!
— Eles serão muito bem-vindos! – O barão afirma.

ALGUNS DIAS DEPOIS, Ingrid sai para um passeio ao redor do castelo, aproveitando a vista, magnífica, que se desdobra aos seus pés, quando divisa, ao longe, uma carruagem que lhe parece muito, muito familiar.

Lívida e ansiosa, detém-se e aguarda...

Minutos depois, o mesmo veículo se dirige para a estrada sinuosa que leva ao castelo.

Observa, cuidadosa, a chegada e a porta da carruagem se abrindo. Dela desce, primeiro, o conde Danilo que, por sua vez, auxilia seu pai a descer...

Emite um grito que é ouvido lá embaixo, levado pelo vento.

Em seguida, mais alguém... Bela e elegante, Astrid aparece (ninguém conseguiu convencê-la a ficar na hospedaria), olha para o alto e divisa o perfil amado da irmã. Desaba num pranto que faz Danilo socorrê-la, sustentando-a, amoroso.

Outros veículos vão chegando e, igualmente, parando, lado a lado. Deles saem outras pessoas desconhecidas de Ingrid. Ela supõe, acertadamente, serem autoridades que acompanharam seu pai e Danilo.

Seu amado pai, vacilante e emocionado, gostaria de ter asas para alcançá-la mais depressa.

O segundo grupo detém o primeiro e se adianta, ordenando-lhes que aguardem. Ingrid reconhece mais alguém que lhe é muito cara: sua tia Deborah.

Seguindo o exemplo de Astrid, ela insistiu e ali está, acompanhando o resgate da sobrinha querida.

Revista levada a efeito e constatada a segurança, o

grupo familiar recebe o aval das autoridades e alcança o topo da penha.

Emoções indescritíveis, lágrimas em profusão, beijos apertados e longos, exclamações múltiplas, numa algaravia maravilhosa, marcam o reencontro.

Após as primeiras sindicâncias, as autoridades se deparam com a presença de um senhor de meia idade, que ali ficara para vigiar.

São feitas as apresentações de Albaan (Olga) e de Buffone.

Falam todos ao mesmo tempo enquanto percorrem os diversos departamentos do castelo, curiosos e admirados.

Antes de saírem definitivamente dali, o que será feito junto às autoridades locais que fizeram o flagrante e que selarão, judicialmente, a propriedade, Ingrid não se contém e cai num pranto muito forte.

Ali ela vivera estranhas experiências... Ali, tomara conhecimento de um mundo completamente ignorado, antes; e se envolvera, espiritualmente, com pessoas que passaram a fazer parte do seu destino, aprendendo a ser mais equilibrada, mais serena e mais confiante na Divina Providência! Ali se deparara com o seu passado, que lhe cobrava antigos acertos; e ali, tocara o coração de um homem profundamente equivocado, atormentado e desiludido do mundo e de si mesmo...

Afasta-se, caminha a esmo e se detém diante do abismo que cerca aquele castelo, no qual ela viveu, contrariada, durante tanto tempo. Pensa em Daghor... Estará vivo, ainda, ou terá sido sacrificado, como previa?...

Ali, no alto da penha, local preferido dele, ela olha para o infinito e roga pelo seu raptor, mais uma vez. Jamais o esquecerá, mesmo que viva cem anos. Ele fará parte das suas orações, todos os dias da sua vida.

Recorda agora como tudo começou:

As premonições de Astrid, seu fascínio pela pulseira que teria pertencido à famosa Cleópatra, rainha do Egito... Sua vaidade e reverência, ao afivelar a mesma no próprio braço... Passara a viver com ela, dia e noite. Nem ao dormir se separava de tão querida e apreciada joia... Que fatos, quantas existências, quantas histórias, este adereço terá assistido, mudo e indiferente, à sorte daqueles que o possuíram?!... Frágeis mortais que, assim como tudo, passam e se tornam poeira, vestígios ou simples lembranças, quando não caem num total esquecimento!...

Daghor chamou-a, docemente, de antiga rainha do Egito...

– Será?!... Não! – ela exclama, em alto e bom som.
Respira fundo e decide, determinada:
– Basta de mistérios e de incertezas! Já tive a minha cota por esta vida! Que me importa quem eu tenha sido nas outras? Importa aquilo que sou, e serei daqui para a frente e nas existências que vierem!
Olha para o céu muito azul e reflete quanto aos próprios arrebatamentos, emocionada. Acariciando a pulseira, confirma:
– Você estará comigo, sempre, até o fim dos meus dias, nesta existência. Será a recordação, sempre presente, desta tão surpreendente quanto enriquecedora experiência. E acima de tudo representará, também, a presença de Daghor na minha vida. Que a misericórdia divina o alcance, onde quer que ele esteja!...
Que me importa como ou porque aconteceu? Era o meu Maktub nesta vida! Sou um espírito imortal, devedor, e em perene evolução!"
Sacudindo os belíssimos cabelos, agora muito negros, ela desce, sorri para aqueles que ali estão numa agradável alacridade e se prepara para acompanhá-los de regresso ao lar...
Isso feito, bagagens prontas, descem a penha, juntos e felizes.

\*

Voltemos, agora, aos sucessos e insucessos do nosso protagonista:
Ao sair dali, dias antes, após as despedidas, consciente dos próximos acontecimentos, Daghor ingressou no seu negro veículo e ordenou ao seu cocheiro, Creonte, que partisse sem destino, ele lhe daria as coordenadas ao longo do caminho.
Depois de algumas horas de corrida, numa distância considerável, ele desce do veículo e dispensa o cocheiro:
– Fico aqui! Volte para casa! Quando precisar de você, mando chamá-lo!
– O meu senhor vai se demorar? – Ele quer saber, desconfiado.
– Alguns dias! Tenho compromissos nesta área! Agora vá!
Estranhando o comportamento do patrão, o cocheiro obedece. Mas, a caminho, um estranho sorriso surge no seu semblante sinistro...
Daghor anda mais alguns metros, segue por outras ruas, desemboca numa delas e hospeda-se numa estalagem. Paga regiamente e se acomoda da melhor maneira.

Dia seguinte, fugirá para a Rússia. Não mais para Smolenski, onde acabaria sendo reconhecido, apesar da nova identidade, mas para os Urais, onde pretende se radicar, salvando a pele e construindo uma nova existência. Para isso, usará uma terceira identidade.

Seu sono é tumultuado, cheio de pesadelos, nos quais ele foge, foge, sempre, sem descanso...

Ao despertar pela manhã, está cansado e febril... Tenta levantar-se, mas não consegue. Sua cabeça roda e as pernas se negam a obedecer. Seu estado piora a cada novo momento.

O estalajadeiro lhe traz as refeições e as leva de volta, intocadas. Apenas líquidos Daghor consome, sedento.

Dia seguinte, superando as dificuldades, decide testar as próprias forças e surpreende-se algo melhor. Estima, em polvorosa, o tempo que está perdendo. Precisa fugir, mas sem forças não irá longe...

Uma suspeita lhe acorre: pode ter sido narcotizado pelo proprietário da estalagem. Qual a sua intenção? Provavelmente mantê-lo ali, para usufruir, o mais possível, das diárias – muito caras, por sinal.

Não pediu a presença de um médico, a fim de não ser identificado. E mais um dia se passou, sem que pudesse fugir. Exasperado, blasfema.

Altas horas da noite, ouve murmúrios estranhos.

Levanta-se com dificuldade e surpreende o estalajadeiro a conversar com um embuçado.

Estremece. Julga reconhecer, nele, um antigo desafeto. A despeito do capuz, as suas maneiras, o timbre da voz e o porte avantajado são muito raros num ser humano...

Escondido, vê quando o estalajadeiro recebe as moedas que o outro lhe derrama nas mãos. Falando baixo, ajustados, eles se separam.

O embuçado dirige-se a uma das mesas e requisita uma garrafa de rum dos mais caros.

Não, não pode mais esperar! Seja como for, precisa fugir, antes que seja muito tarde. Veste-se, apressado, improvisa uma corda com os lençóis encardidos da cama, abre a janela e desce por ela, silencioso e ágil.

Distancia-se, cauteloso, alcança uma carruagem próxima e desprende as correias que prendem um dos cavalos, belíssimo ginete, negro e fogoso. Leva-o pelas rédeas até distanciar-se.

Com a cabeça a rodar, numa fraqueza extrema, ele monta e procura manter-se sobre o animal, que relincha inquieto. Aperta as esporas e desaparece dentro da noite escura, sem lua e sem estrelas...

"Que surpresa terão, seus malditos, quando demandarem o aposento sórdido no qual eu estive! Sim, aquelas bebidas foram de molde a manter-me fora do ar. Assim, eu poderia ser aprisionado e morto com facilidade! Ah, Elesbão, fera insaciável! Como soube onde me procurar?

Em meio a suores abundantes, sentindo-se fraco, ele reflete, em pânico:

"Minha tragédia particular se aproxima, célere como um relâmpago, assim como, um dia, a vida me permitiu uma nova oportunidade!"

Distante e fazendo uso de caminhos que poucos conhecem, ele apeia do animal e procura recompor-se. Solta o animal e este procura o pasto nas redondezas.

Enfim, conseguiu chegar aonde queria, próximo à estação. Escondido, decide esperar o dia amanhecer. Dali poderá viajar rumo às diversas conexões que terá de fazer para voltar à Rússia.

Esquecido de si mesmo e das suas necessidades, ignora a fraqueza física e a exaustão que sente. Recosta-se numa parede escura e aguarda, muito ansioso. Por vezes, desperta com algum ruído próximo e volta a dormir, extremamente cansado, até que os pássaros anunciam um novo dia com seus cantos.

Daghor se põe de pé, arranja as roupas e os cabelos. Dormira sobre a valise e a mesma está ali, intacta. Respira, aliviado, e se dirige à estação.

Enquanto o faz, seus instintos o avisam de que não irá longe, que o perigo que ronda sua vida chegará a qualquer momento. Cauteloso, olha ao redor. Dirige-se aos responsáveis, contrata, paga e embarca num dos veículos, o mais caro e o mais confortável.

A viagem tem início e ele se sente mais seguro. Recosta-se, enfraquecido e sentindo-se muito mal.

Pensa em Vicky, como ela estará?

Concentra-se e consegue vê-la. Envia-lhe pensamentos de muito amor, despedindo-se... Nunca mais a verá!...

Súbito, ouve-lhe a voz:

"Tenha coragem! Estarei rezando por você! Receba meus votos de paz e de conformação! Adeus!..."

Vê, entre brumas, o seu sorriso afetuoso. Seu coração se constringe numa dor quase física. Nestas horas de testemunho, está só, como qualquer outro. Tudo que sabe e usa de nada lhe vale... Triste, abominável certeza!

Sente ímpetos de terminar com a própria vida para furtar-se às dores que virão... Deve prosseguir viagem ou modificar os rumos das suas intenções? Onde estará a cobradora fatal? De onde surgirá?

Acaricia a pistola presa na cintura, com um sorriso sombrio. Não, não terá coragem! Ama por demais a vida! As coisas podem se modificar de uma hora para outra!

Decide seguir os primeiros planos. Já esquadrinhou, muito bem, o cocheiro... Será ele alguém contratado para perdê-lo? Como saber? Seus poderes parecem ter-se se esvaído, como areia fina por entre os seus dedos. Não consegue manipular as forças como antes. Não se insurgira contra as mesmas, antes de deixar o seu castelo? As mesmas energias que agiam a seu favor, agora, estarão a favor daqueles que pedirão a sua cabeça!

Num patente desespero que raia à loucura, ele ouve as patas dos cavalos na estrada, fortes, levantando a poeira... Arrepia-se e estremece. Não, não chegará ao seu destino; nunca mais verá a Rússia, nem lugar algum!...

– Pare! – Ordena ao cocheiro. Ainda não sabe o que fazer, mas precisa descer, sentir o lugar, a estrada, os arredores...

Estranhando, o homem para e quer saber:

– O que há, meu senhor? Algum problema?

– Não! Quero apenas esticar as pernas!

Resmungando, o outro dá de ombros e vai procurar, bem perto, água para os cavalos. Como Daghor viaja só, não precisará dar satisfações a mais ninguém. Está por conta dele e da sua vontade... Ele paga, ele é bem servido.

Daghor anda ao redor, respira fundo, sente-se num estranho estado de espírito. De dentro das árvores parecem vir sons estranhos, quase inaudíveis... Estará enlouquecendo?

O cocheiro, após dar água aos animais, fica no aguardo, na posição de trabalho.

Daghor embarca novamente, senta-se e ordena que ele toque o mais rápido que puder. Imprimindo uma velocidade inusitada, o cocheiro quase voa com o veículo, obedecendo. Se o seu passageiro tem pressa, por que parou e perdeu tempo? – Suspira e prossegue.

Alguns quartos de hora, depois, um grupamento de cavaleiros

cerca-os e ordena ao cocheiro, aos gritos, que pare.
 Este, sem aguardar uma segunda ordem, estanca os animais.
 Dentro do veículo, Daghor estremece. O que virá? Quem são aqueles homens? Saca a arma e se coloca em posição de defesa.
 Tudo acontece muito rapidamente: identifica Elesbão que se dirige, rápido, em sua direção. Aponta a arma, atira, mas a bala se perde, encravando-se no teto do veículo, porque o seu inimigo salta sobre ele como um felino, desarmando-o, rápido e violento.
 Elesbão o arrasta de dentro do veículo e atira-o ao chão.
 Agarrado à valise, ele fita o seu adversário, sem saber o que fazer. Levanta-se, devagar, olha ao redor e avalia a própria situação. A pequena distância, mais quatro cavaleiros, armados e mal-encarados.
 Precisa fugir... A pé? Impossível, será alcançado, em poucos minutos!
 Súbito, ouve a voz estrondosa do seu arqui-inimigo:
 – Pensou que escaparia, Daghor? Ou prefere que o chame de Thilbor? Você escolhe! Temos velhas contas a acertar, lembra?
 Impossível retrucar ou tentar argumentar. Com esse gigante, as palavras não funcionam... Mas o que está pensando? Quem é para censurar qualquer outro ser na face da Terra?
 Elesbão adianta-se e tenta arrebatar-lhe a valise.
 Revoltado, Daghor reage, sem ela não chegará a lugar algum...
 Elesbão revida e dá-lhe um soco no rosto, que o atira longe, no meio da poeira do chão.
 Daghor levanta-se com dificuldade. Adoentado e sem forças, jamais será páreo para um gigante como esse. O outro, sorriso nos lábios, estuda-lhe as feições e o terror que o invade, gozando-lhe a desgraça.
 – Enfim! Cá estamos nós! Longe do seu ninho de abutres, você é indefeso como qualquer outro!
 – O que deseja de mim? – Daghor balbucia, certo de que ele quer vê-lo morto, apenas se diverte antes. Não há como negar, diante das premissas, está em pânico. A que hora se dará? Pelas mãos deste ou de outro qualquer? Como será?...
 – O que desejo? Melhor seria perguntar o que tenho! Pois eu o tenho em minhas mãos, enfim! A desgraça de minha filha e de muitos outros, hoje, serão vingadas, exemplarmente!
 – Quem me traiu? – A voz de Daghor saiu cavernosa, odienta.
 – Nem preciso lhe dizer! Você já desconfia, não?

– Sim, Creonte, maldito dos infernos!... – Daghor pragueja.
– Assim como você também o é! Para lá você retornará, enfim! Sem dúvida, será recepcionado pelo próprio demônio, sendo você o seu servo mais fiel!
– Elesbão, ouça, além daquilo que esta valise contém, possuo muito mais em vários bancos da Europa. Posso lhe dar tudo, em troca da minha vida!
– A sua valise já está em meu poder. O mais, não me interessa, porque o que me leva a agir assim é a vingança, há anos acalentada, em meio aos pesadelos que você criou para a minha vida!
Daghor se interioriza. Talvez consiga usar dos poderes que possui e desaparecer dali.
Concentra-se, enquanto o outro o observa.
O cocheiro percebe que ali estão homens envolvidos em dramas muito particulares. Já ouviu a palavra "filha" e se lembra da sua, que ficou em casa, cuidando de tudo e dos irmãos menores... Caso alguém lhe fizesse algum mal, estaria assim, como esse que ali parece cobrar algo feito à sua filha... Fica no aguardo dos acontecimentos, sem interferir.
Desalentado, frustrado, porque as próprias forças lhe faltam em todos os sentidos, Daghor respira ruidoso, completamente aterrorizado. Enquanto se interioriza, ouve de novo a voz do seu adversário:
– Bem, chega de frioleiras! Venha comigo!
Ato contínuo apanha Daghor pela nuca, fazendo-o gemer e segui-lo sem reagir.
Assobia, e de dentro das árvores surge uma carruagem toda negra com o brasão do próprio Daghor. Seu condutor, outro não é, senão o próprio Creonte que sorri, debochado e maldoso.
Daghor dirige-lhe um olhar, tão carregado de ódio, que ele estremece e sente vertigens. Aturdido, desvia os olhos.
Elesbão dá algumas ordens aos homens que chegaram com ele e estes se dispersam. Faz um gesto de mão e despede o cocheiro e o veículo.
Subindo na boleia, o cocheiro decide sair dali o mais rápido possível. Grita e os cavalos saem em disparada. Em poucos minutos desaparece na estrada sinuosa...
Daghor é embarcado, aos empurrões, para dentro da sua própria carruagem. Ao seu lado, vigilante, Elesbão, sorridente e rea-

lizado, com a sua presa...

Eles rodam pelas redondezas até alcançar uma aldeia de pessoas rústicas e muito pobres. Ali seu raptor reside, como simples lenhador. Ele e a comunidade trabalham para uma famosa madeireira.

Estancam e Elesbão obriga Daghor a descer. Impositivo e truculento, ele o arrasta até uma das casinhas e o faz entrar.

Na humildade do ambiente, parece morar uma tristeza enorme e muito antiga.

Na parede da sala principal, Daghor reconhece o retrato de belíssima jovem loura, tal qual um anjo dos céus; fita no cabelo, sorriso largo e luminoso... Olhos de brilho incomparável...

Elesbão percebe-lhe os estremecimentos nervosos e, em silêncio, obriga-o a parar diante do retrato.

Daghor sente-se muito mal. Ensaia fugir, mas Elesbão o alcança, como um gato faz ao rato.

A pequena e humilde habitação se enche de pessoas curiosas e igualmente revoltadas. Ali, entre outros, Daghor reconhece velhos inimigos, cobradores incontestes de algumas das suas mais cruéis ações. Confiante no grupo que os cerca, Elesbão solta-o. Não há como fugir. Todos os lados estão tomados.

Daghor treme de fraqueza física, de horror, e de ansiedade quanto ao que virá. Encolhe-se, fita o chão, gostaria de ter um buraco no qual pudesse se esconder...

Elesbão cruza os braços e convida:

– Que venham os cobradores! O feiticeiro, aqui, pagará a todos, com lucros inacreditáveis! Aproximem-se!

A turba se fecha sobre Daghor. Alguns lhe batem em plena face, outros rasgam-lhe as roupas, furiosos.

Ele se defende como pode, mas, são tantos a atacá-lo, que ele perde o equilíbrio e cai ao chão, esperneando.

Enquanto o puxam pelas roupas, ele escorrega. Vestido apenas numa peça única e pequena, ele passa por entre as pernas dos seus carrascos. Sem saber onde encontra forças, sai pela porta e corre em direção às árvores, apavorado.

Elesbão gargalha, satisfeito com a cena degradante e ordena:

– Deixem, deixem! Daremos a ele algum tempo de vantagem! Assim será mais emocionante! Depois, quando eu apitar, iremos à caçada!

Todos silenciam e observam Daghor correr com todas as forças que lhe restam. Algo distanciado, ele procura um lugar, um abrigo, e se interna mais na floresta. Eis que, surpreendentemente, trovões, ensurdecedores, se fazem ouvir.

O dia se anunciava claro e límpido! Nada que fizesse supor o aguaceiro que se anuncia, agora!

Correndo ou parando para respirar, dormindo sem sossego ou desperto, olhos arregalados de pavor, Daghor vê as horas passarem.

Andando em círculos, ele não tem mais noção de onde está.

Eis que uma tempestade assombrosa se precipita sobre a terra.

A princípio, ele se sente melhor... A água molha seu corpo e, de certa forma, lava as suas feridas... Bebe, ávido, o líquido precioso que cai em catadupas, matando a sede que o devora... Mas, ao mesmo tempo, os pingos grossos e pesados, magoam-lhe os mesmos ferimentos.

Em desespero, ele prossegue fugindo, fugindo, sem saber para onde...

Às vezes, tão cansado se encontra, que se arrasta ao invés de andar. A lama é uma constante. Por vezes, febril, adormece inesperadamente para despertar, depois, assombrado.

Ninguém reconheceria, neste homem de faces encovadas, sujo de lama, de olhar esgazeado, o rico e poderoso sr. barão Daghor Phanton, ou o não menos brilhante, sr. Thilbor Sarasate...

Agachado, ouvidos atentos, coração em disparada, imprecando contra tudo e contra todos, ele espera... Algumas horas depois, ouve ruídos e surpreende a aproximar-se, veloz, sua própria carruagem.

Seu cocheiro a conduz sob a tempestade telúrica, encabeçando a busca de muitas outras pessoas que vêm no seu encalço. Ao seu lado, Elesbão.

Abaixa-se mais e se esconde, silencioso, sentindo-se perdido.

Todos o procuram, espalhando-se pela região.

Num tenebroso solilóquio, ele discute consigo mesmo (e conosco...) e com a fúria dos elementos. Os minutos passam... Encolhido sobre si mesmo, como um feto no ventre de sua mãe, ele se surpreende com a aproximação de algumas pessoas.

Fora descoberto!...

Súbito ouve vozes alteradas:

– Vejam, ali está ele, o maldito! Caiam-lhe em cima, não poderá escapar!

De todos os lados, surgem rostos congestionados e molhados de chuva, fixando-lhe as feições e o horror do qual está invadido.

Nos olhos deles, distingue a própria morte...
Daghor reconhece algumas pessoas, as quais prejudicou gravemente, desgraçando-lhes as vidas...
Dezenas de mãos lhe caem em cima, ferindo-o de todos os lados, com as armas que possuem: facas, estiletes, punhais, paus e pedras...
Sangrando, olhos esgazeados, urros selvagens, ele se estorce, agonizando. Elesbão goza-lhe os estertores, gargalhando, debaixo da chuva torrencial que parece querer lavar todos os pecados do mundo...
Quando decide, enfim, exterminá-lo, grita:
– O golpe de misericórdia me pertence! Afastem-se!
Ato contínuo, ele se inclina sobre Daghor, que ainda vive e geme, debilmente. Levanta o seu machado e desce-o com toda força do seu braço, separando a cabeça de Daghor do seu corpo, enquanto berra, enfático:
– Por minha adorada Helga, seu feiticeiro desgraçado!
Enquanto a cabeça se lhe separa e cai ao lado, o corpo de Daghor estremece e convulsiona por alguns minutos para, depois, inteiriçar-se e aquietar-se, definitivamente...
Todos os outros lhe caem em cima e, em poucos minutos, os pedaços do seu corpo estão espalhados, em vários locais, sujos de lama, e molhados pela chuva inclemente...
Elesbão toma-lhe a cabeça e sai a arrastá-la pelos cabelos longos e lisos, enquanto pragueja, desvairado.
Na margem de um rio próximo, ele fita o sangrento espólio da sua vingança e lhe fala, estentórico:
– Nestas águas, ela atirou a sua juventude e os seus sonhos, por desespero, Daghor! Naquele dia pavoroso, de dor e de luto, prometi que um dia o atiraria nestas mesmas águas! Que o fundo delas sorvam sua alma negra, levando-a para os abismos infernais!
Ato contínuo, ele atira a cabeça sangrenta, com força, no meio das águas.
Elesbão fica ali, à espera, até vê-la afundar. Por alguns instantes, os cabelos, negros e lisos, ainda boiam sobre as águas, para depois serem arrastados para o fundo.
Então, ele se vai, caminhar pesado, soluços a sacudir-lhe o corpo gigantesco. Alguns metros adiante, o gigante, criminoso, que se considera vingado, solta o corpo, agacha-se e cai, molemente, sobre

a terra molhada de chuva, sob a fúria dos elementos, e chora, chora, convulso, arrasado, abatido, física e moralmente...

Assim permanece, por um tempo indeterminado, até que, levantando-se segue adiante, rumo à sua vida...

Ainda estremecendo sob os golpes que seu corpo recebia, Daghor (ou Thilbor) viu sua mãe a erguê-lo enquanto lhe dizia:

– Venha, fruto infeliz do meu ventre! Venha comigo! Você, seu pai e seu irmão, são aguardados no tribunal do Eterno, para darem contas das suas vidas! Venha e se refaça um pouco, antes de apresentar-se!

Tomando-o nos seus braços, adormecido, como se ele fosse uma criança pequenina, ela o levou consigo, apiedada e em meio a orações...

Surpreendemos agora Dhara, sentada sobre o lugar onde nasceu seu filho, naquele dia de triste lembrança. Ali, ela fica a recordar... Tantos sofrimentos... Tantas lutas e tantas dificuldades!...

Súbito, sente uma presença muito querida. Volta-se e vê Guilherme que se aproxima, sorriso radioso. Iluminado, ele convida:

– Venha Dhara, para o merecido repouso!

– O que faz aqui, meu amigo? – Ela indaga, enxugando as lágrimas abundantes.

– Venho dizer-lhe que estou, enfim, tão livre quanto você! Hoje, pela manhã, libertei-me do casulo! A vitalidade que antes corria nas minhas veias, fazendo os diversos órgãos funcionarem, esgotou-se por completo! Meus companheiros de fé e de religiosidade dirão que morri dormindo. Aquele invólucro sagrado, que me serviu por longos anos sobre a Terra, será devolvido aos elementos que o formaram um dia! Eis-me aqui, Dhara, por inteiro!

– Estamos do mesmo lado, então?

– Sim e, enquanto estiver sozinha, eu estarei ao seu lado, respeitando sempre a sua vontade, naturalmente.

Recostando-se no seu ombro, ela exclama, numa voz quase sumida:

– Grata, meu querido Guilherme... Estou tão cansada e triste! Hoje, mais que nunca, preciso da sua solidariedade!

– Pois venha comigo. Busquemos os lugares de repouso e refazimento aos quais fizemos jus!

Abraçados, eles desaparecem nas brumas da madrugada...

*

Após alguns meses na Somália, como resultado de algumas falcatruas, o conde Luigi Faredoh viu seu patrimônio aumentar muito.

Soube do assassinato de Daghor e regressou à Moldávia.

Junto ao único criado que permaneceu no castelo, incumbido da vigilância e manutenção, informou-se.

O pobre homem tremeu ante a possibilidade desse trevoso e cruel senhor regressar ao castelo e ali se instalar...

E foi exatamente o que se deu. Luigi decidiu realizar os seus sonhos, agora sem empecilho algum. Com os recursos que trouxera, negociou e adquiriu-o, vitorioso.

Uma vez ali, se instalou, confortável, na intenção de ser igual ao anterior castelão, muito seu conhecido. Exercitando-se nas mesmas práticas e costumes, atraiu, novamente, para o castelo as entidades trevosas que, um dia, haviam sido expulsas dali.

Sentindo-se realizado, copiou, detalhe a detalhe, a vida de Daghor, gozando muito satisfeito, tal "herança", tão exótica e enganadora quanto ele próprio...

Seu reinado, todavia, durou muito pouco. Um dia, Luigi tropeçou no topo do rochedo e mergulhou no fundo do abismo com um grito estarrecedor que se perdeu no espaço.

Seu corpo nunca foi encontrado...

*

Buffone nunca mais se separou de Ingrid, a sua querida Vicky, acompanhando-a em todos os cometimentos da sua vida, reverente, em patente adoração.

Fazendo-se presente e necessário, acompanhou Ingrid quando esta se casou com um famoso arqueólogo que, assim como ela, diz admirar, reverente, a terra dos faraós e as pirâmides. A jovem foi então morar em Alexandria, onde seu marido trabalha a maior parte do tempo.

Ingrid, grata pelo desvelo de Buffone, informa a quantos lhes estão ao redor que, por vezes, ao fitá-lo, ele se transfigura num belo e elegante menestrel, com seu alaúde ao ombro e, de outras vezes surpreende-o noutra forma física, não menos bela, a fazer poesias, vaidoso e luxuosamente paramentado.

Apesar de, vez por outra, ainda ser chamado de Buffone, o nome com o qual, Daghor julgou depreciá-lo, hoje ele é Arquibald, muito satisfeito por ter resgatado sua verdadeira identidade.

A genitora de Olga encheu-se de espanto ao vê-la atravessar, novamente, os umbrais da velha e humilde casinha onde nascera, crescera e fora tão feliz, antes de sair dali para acompanhar Thilbor.

Ela não conseguia acreditar nos próprios olhos, ao abraçar e beijar a filha querida, há tanto esperada. Jamais duvidou que Deus ouviria e atenderia as suas rogativas. Ainda sobreviveu por mais dois anos, aproveitando os carinhos de Olga que, redimida perante si mesma, dedicou-lhe muito amor.

Num dia de sol e de beleza ímpar, no qual a Natureza parecia estar preparando o carro do triunfo para receber a alma sofrida e plena de fé desta corajosa mãe, ela expirou, suavemente, nos braços de Olga que, beijando-lhe o rosto e as mãos, dizia palavras de conforto, transmitia-lhe forças e confessava, reverente, o seu amor imenso e a sua gratidão...

Num sorriso luminoso, ela desligou-se lentamente dos laços terrenos.

Sua querida filha, transformada agora, saberia trilhar os caminhos da vida sem mais enganos. De onde estiver, prosseguirá amando-a e protegendo-a, como fazem todas as mães, por mercê de Deus.

Sábia e bela, discreta e recatada, Olga veio a casar-se com um nobre da região de Kiev, sendo muito feliz com ele.

Todavia, ela e Buffone sabem que estão, por enquanto, num oásis que terão de abandonar quando chegar a hora do acerto de contas, seja ainda na vida atual, seja nas que vierem.

As culpas instaladas nas suas consciências se farão presentes, numa necessidade de corrigenda e reajuste, mais cedo ou mais tarde.

\*

Com o brilho das estrelas no olhar, grata aos céus pelo retorno de Ingrid, Astrid contraiu núpcias com seu grande amor, Danilo.

Ele, elegantíssimo, uniu-se enfim ao seu amor maior, feliz e grato a todos os poderes celestiais.

No seu regresso, após o êxito da empreitada que trouxe de volta a filha mais nova do seu sogro, na Rússia, ou fora dela, mais famoso ele se tornou.

A notícia, nos seus pormenores, correu por todo país, fosse através de jornais periódicos, fosse à boca pequena. As notícias se espalharam nos grupos e aglomerações, nas classes privilegiadas ou nas populares. Aonde Danilo chega, sua fama o precede e acompanha...

Sorrindo, discreto, como é da sua Natureza, ele prossegue sua vida de sábio, hoje mais feliz, nos braços de sua amada que tem os olhos da cor da safira; azuis, como o céu e o mar de sua pátria.

Quando do regresso de Ingrid, o barão promoveu uma festa grandiosa, na qual as constelações dos céus seriam pouco para abrilhantá-la e dizer da sua imensa alegria por ter, enfim, resgatado a filha tão amada, que trouxe de volta a alegria para a sua casa e, muito principalmente, para o seu coração de pai amoroso.

Na mesma data e um pouco antes da festa, ele e Deborah se casaram, discretos e felizes.

Depois de tantos sofrimentos e peripécias, o barão decidiu pensar em si mesmo. Solitário e carente, até então, olhou para a cunhada, que sempre estivera a seu lado, com outro olhar...

Quando abriu o seu coração, Deborah, ruborizada como uma menina, confessou sua antiga fascinação por ele. Depois de viúvo, Mateus passara a fazer parte dos seus sonhos.

Mateus reflete quanto ao fato de Deborah jamais ter se casado, apesar de ter sido muito requestada por sua beleza, bondade e inteligência, somadas à elegância notável que sempre a caracterizou.

Muito emocionada, ela esclareceu:

–Mateus, eu já havia perdido as esperanças! Contentei-me, sempre, em ser-lhe solícita, secundando-o nos cuidados com as meninas. Agora, oh, meu Deus, você me fala em casamento!

Atraídos, um pelo outro, abraçaram-se e beijaram-se, felizes.

A surpresa, naquela sociedade de então, não foi menor que a alegria da família por vê-los felizes, a arrulhar como dois pombinhos...

Danilo e Astrid residem na Rússia, no mesmo palacete no qual ele sempre viveu, desde que ali chegou.

Durante o rigoroso inverno eslavo, eles viajam para Veneza, onde Danilo trabalha nos horários exigidos e passeia nas horas de lazer, de gôndola, com ela, entre beijos e carícias, ouvindo, enlevados, a música apaixonante na voz dos tenores italianos...

Reverente e feliz, ele a mima tanto quanto pode, fazendo-lhe as mínimas vontades.

Astrid participa hoje, dedicada, dos seus trabalhos espiritualistas, nos quais exercita os dons que lhes são próprios desde o nascimento, bem assim como Ingrid, também o fez, antes de se mudar com o marido para a Alexandria.

Deborah arrastou, amorosa, o marido, e se envolveram, profundamente nos estudos metafísicos e profundos; ilustrando-se nas diversas matérias que falam dos destinos dos homens, enquanto vivos, e depois que partem para a verdadeira pátria espiritual.

Hassan serve como orientador e guia, nos estudos e práticas, dos diversos grupos.

Quando Danilo e Astrid viajam para a Itália, Hassan segue com eles e ali continua nas mesmas atividades, enquanto se delicia com o clima do país. Além de ser o assistente mais direto de Danilo, Hassan tornou-se um querido amigo da família, sempre presente e solidário.

Ivan casou-se com Carlota, e hoje, ela o traz de rédeas curtas, "no cabresto"; como ela mesma diz.

Metáfora esquisita, para alguém que, como ele, tem a profissão de cocheiro...

Sem outro recurso, Ivan deixou as noitadas, a sua habitual *sbornia*, e constituiu família. Hoje é pai de dois filhos tão rechonchudos quanto a mãe.

Muitas vezes, Danilo se diverte ao surpreendê-lo, em patente desespero, diante do controle que sua mulher exerce, obstinada e vigilante, sobre sua pessoa. Carlota conhece muito bem o homem com o qual se casou...

# EPÍLOGO

Ainda hoje, o povo, supersticioso, conta a história do castelo e do seu castelão; feiticeiro, terrível, que fora justiçado, dentro de uma floresta, a qual se tornou, por causa dele, assombrada!

Alguns, mais fantasiosos, narram que a sua cabeça, que fora arrancada a golpes de machado, aparece a flutuar sobre as águas do rio e, molhada, cabelos escorridos, voa por entre as árvores, com os olhos em brasa, a procurar os restos do seu corpo. Para amedrontar, mais, eles dizem que os seus urros são ouvidos a grandes distâncias por aqueles que se aproximam daqueles sítios.

O castelo vazio do barão Daghor Phanton ainda está lá, sob raios e trovões, como se todas as tempestades se formassem a partir dali, sobre aquele rochedo que se sobrepõe ao nível normal do rés-do-chão, olhando a todos com desprezo...

A tétrica edificação continua desafiando a coragem de muitos, aguardando que algum aventureiro se proponha a adquiri-lo, com tudo que ele comporta, seja material, seja espiritual...

Conhecendo bem os corações dos homens, nós sabemos que este dia não está muito longe, porque alguém chegará, fascinado pelas histórias de terror e, exacerbando a própria imaginação, sentir-se-á fortemente atraído pelo misterioso castelo.

Entusiasmado e ansioso por experiências *sui generis*, emocionantes e assustadoras, este alguém fará um ótimo negócio; mesmo que o preço seja "muito alto"!

E você, meu caro leitor, se atreveria?! Ah! Ah! Ah! Ah!

Esta edição foi impressa nas gráficas da Prol Editora Gráfica – Unidade Imigrantes, de Diadema, SP, sendo tiradas duas mil e quinhentas cópias, todas em formato fechado 140x210mm e com mancha de 104x175mm. Os papéis utilizados foram o ofsete Chambril (International Paper) 75g/m$^2$ para o miolo e o cartão Supremo Alta Alvura (Suzano) 250g/m$^2$ para a capa. O texto principal foi composto em Goudy Old Style 11/13,2 e os títulos em Capitalis TypOasis 20/30. Rita Foelker realizou a revisão, André Stenico elaborou a programação visual da capa e Bruno Tonel desenvolveu o projeto gráfico do miolo.

MARÇO DE 2016